高等职业教育公共基础课系列示范教材

职业发展与就业指导

主　编　毕结礼

副主编　徐　健　从建霞　茹　玉　王　玥

编　委　刘爱荣　李　霞　靳　铮

　　　　徐海峰　王自峰　李　曼

U0361792

机械工业出版社

本书根据职业院校学生的心智发展规律与技能水平，突出理论知识和实践应用相结合，旨在帮助职业院校学生认识工作世界和自我，做好职业生涯规划，提高创业、就业能力。全书共分 3 部分，8 个模块，主要内容包括职业与生涯、工作环境探索、自我认知、职业生涯规划与管理、职场适应、就业渠道与创业选择、就业准备与求职指导、就业程序与就业权益。

本书适于高等职业院校、技师学院学生使用，也可供个人读者阅读参考。

图书在版编目（CIP）数据

职业发展与就业指导 /毕结礼主编. --北京：机械工业出版社，2021.8
高等职业教育公共基础课系列示范教材
ISBN 978-7-111-68723-8

Ⅰ.①职…　Ⅱ.①毕…　Ⅲ.①大学生-职业选择-高等职业教育-教材
Ⅳ.①G717.38

中国版本图书馆CIP数据核字（2021）第140285号

机械工业出版社（北京市百万庄大街22号　邮政编码100037）
策划编辑：陈玉芝　　责任编辑：陈玉芝　郎　峰
责任校对：孙莉萍　　封面设计：马精明
责任印制：常天培

北京机工印刷厂印刷

2021年9月第1版第1次印刷
184mm×260mm·16.5印张·402千字
0001—3000册
标准书号：ISBN 978-7-111-68723-8
定价：48.00元

电话服务　　　　　　　　网络服务
客服电话：010-88361066　机　工　官　网：www.cmpbook.com
　　　　　010-88379833　机　工　官　博：weibo.com/cmp1952
　　　　　010-68326294　金　书　网：www.golden-book.com
封底无防伪标均为盗版　机工教育服务网：www.cmpedu.com

序[⊖]

近年来，国家出台了一系列推动技能人才培养的政策和措施。2019 年国务院正式印发了《国家职业教育改革实施方案》和《职业技能提升行动方案（2019—2021 年）》，推动了职业教育培训改革发展和技能人才人力资源的提升。进入 21 世纪以来，职业教育培训日益成为国家经济发展战略、人力资源战略、创新驱动战略等国家战略的重要组成部分。

为了向职业院校学生介绍职业发展、就业指导、创业创新方面的新情况、新趋势、新知识、新政策，使其尽快适应职场、适应新就业形态，规划好职业生涯，并帮助其实现创业就业，有关专家编写了《职业发展与就业指导》《劳动教育和职业素养》《创新创业教育》《心理健康教育》等高等职业教育公共基础课系列示范教材。

在本系列教材编写中，编者坚持以习近平新时代中国特色社会主义思想为指导，全面贯彻党的教育方针，落实立德树人根本任务，积极培育和践行社会主义核心价值观，弘扬劳动光荣、技能宝贵、创造伟大的时代风尚，引导广大青年走技能成才、技能报国之路。本系列教材吸收和借鉴了国内外职业生涯规划与就业创业指导方面的专业理论和工作经验，坚持突出职业教育培训的特点，以人为本，以就业为导向，以能力为中心，以服务学生职业发展需要和可持续发展为宗旨，紧密联系实际，突出理论性与实践性的结合，既注重理论知识的系统性，又根据学生的身心特点、认知水平来定位内容的深度与广度，以够用、管用、好用为准，融理论知识和素质能力教育为一体，注意处理好内容的"深""浅"尺度，分别借助教育学、管理学、社会学、心理学等的相关理论阐明学生职业发展、就业指导、创新创业、职场心理调适的规律和方法，着重在职业意识、职业素质、职业生涯规划、求职就业能力方面引导和帮助学生树立正确的人生观、价值观、择业观，科学规划职业生涯，合理定向定位定岗，务实有效求职就业、创业创新。

希望本系列教材的出版能更好地满足学生多元化的需求，并对增强其求职就业能力有所帮助。

前　言

　　本书充分吸收和借鉴了国内外职业生涯规划与就业创业指导方面的理论和经验，根据我国职业教育规律和人才培养特点，从教育学、管理学、社会学、心理学等角度阐述大学生职业发展和就业指导的理论，加强大学生职业观念、职业素质、职业生涯规划和就业创业能力的培养，引导其树立科学的人生观、价值观和就业观，科学规划职业生涯，明确职业定位，提高就业的实效性和针对性，逐步构建适合我国大学生就业指导课程的体系和内容。

　　本书本着必需、够用、实用的原则，从解析大学生职业规划和职业发展必备的能力入手，分为工作世界认知与自我探索、职业生涯规划与职场适应、就业创业指导三部分，涵盖职业与生涯、工作环境探索、自我认知、职业生涯规划与管理、职场适应、就业渠道与创业选择、就业准备与求职指导、就业程序与就业权益等内容，对学生职业发展与就业进行全方位指导。编者综合考虑职业院校多学制、课时数较少、重视技能训练、培养模式多样化等因素，将理论与实践相结合，教师讲授与学生自主学习相结合，提高了学生职业发展与就业指导课程内容的指导性、实用性和适应性。

　　本书在写作上力求体现以下特点。

　　1）改变传统的按学科理论体系编排内容的体例，根据学生认知规律、就业创业能力培养过程。按照能力培养目标组织全书内容。

　　2）针对职业教育推行工学结合培养模式的要求，各篇相对独立，便于灵活调整教学内容和进度。

　　3）将国内外职业生涯规划的最新研究成果同我国国情和当前技能型人才培养目标有机结合起来，力求本土化，增强实用性。

　　4）理论教学与实践训练并重，通过案例强化理论教学的效果。书中实践活动要求和校园文化活动、社团活动、社会实践、职业心理测评和咨询等活动有机结合，用团队活动、模拟情境训练等来拓展实践性课程，切实提高学生的职业发展能力。

　　5）针对职业院校相关师资力量较为薄弱、缺乏学生职业发展与就业指导实践经验的现状，通过内容牵动，强化教与学的互动，教学相长。

　　本书由毕结礼（中国职工教育和职业培训协会副会长、人力资源和社会保障部职业技能鉴定中心原副主任）主编，徐健 [成都工贸职业技术学院（成都市技师学院）副教授]、从建霞《天津铁道职业技术学院副教授）、茹玉（黑龙江农垦职业学院副教授）、王玥（广东机械技师学院）为副主编。在编写分工上，徐健编写模块一，茹玉编写模块二，刘爱荣 [烟台工程职业技术学院（烟台市技师学院）副教授]、徐海峰「烟台工程职业技术学院（烟台市技师学院）]编写模块三，李霞（天津铁道职业技术学院）编写模块四，靳铮[成都工贸职业技术学院（成都市技师学院）]编写模块五，从建霞编写模块六，王自峰[烟台工程职业技术学院（烟台市技师学院）]编写模块七，王玥编写模块八的单元一，李曼（深圳技师学院）编写模块八的单元二。

　　在本书编写过程中，编者参考了部分学生职业发展与职业指导方面的书籍和互联网上相关的内容，在此向相关作者表示感谢。

　　由于编者水平有限，书中疏漏之处在所难免。敬请同行专家和读者朋友提出宝贵的意见。

编　者

目　录

序
前言

第一部分　工作世界认识与自我探索

模块一　职业与生涯 ·· 2

　单元一　学业和生涯导航 ·· 4

　单元二　专业与职业认知 ·· 11

模块二　工作环境探索 ·· 17

　单元一　宏观环境认知 ·· 19

　单元二　微观环境认知 ·· 28

　单元三　组织和岗位认知 ·· 36

模块三　自我认知 ·· 45

　单元一　自我探索 ·· 47

　单元二　探索职业兴趣 ·· 54

　单元三　探索职业性格 ·· 61

　单元四　探索职业价值观 ·· 69

　单元五　探索职业能力 ·· 78

第二部分　职业生涯规划与职场适应

模块四　职业生涯规划与管理 ·· 88

　单元一　职业目标决策 ·· 90

　单元二　职业生涯规划 ·· 100

　单元三　职业生涯管理 ·· 112

模块五　职场适应 ·· 121

　单元一　角色转变和职场适应 ·· 123

　单元二　职业形象塑造 ·· 130

　单元三　职业素养提升 ·· 141

第三部分 就业创业指导

模块六　就业渠道与创业选择 ··· 150

　　单元一　毕业去向和就业渠道 ··· 152

　　单元二　政策体系和就业服务 ··· 160

　　单元三　创业选择和创业政策 ··· 167

模块七　就业准备与求职指导 ··· 175

　　单元一　获取就业信息 ··· 178

　　单元二　调适就业心理 ··· 186

　　单元三　准备求职材料 ··· 197

　　单元四　准备笔试和面试 ··· 205

模块八　就业程序与就业权益 ··· 217

　　单元一　就业协议和就业程序 ··· 219

　　单元二　劳动合同和就业权益 ··· 235

参考文献 ··· 252

数字学习资源索引

1. 专业与职业认知拓展 ··· 11

2. 挖掘个人职业兴趣 ··· 59

3. 霍兰德职业代码 ·· 59

4. MBTI 测试 ··· 69

5. 多元能力分析自测 ··· 86

6. 可迁移的技能水平评估 ··· 86

7. 名片探索法 ·· 95

8. 职业锚问卷 ·· 102

9. 职业适应能力测试 ··· 130

10. 国家鼓励高校毕业生到基层就业政策细则 ·························· 154

11. 简历撰写注意事项 ·· 202

12. 十种面试"微表情"分析 ··· 213

13. 测测你的面试技巧 ·· 216

14. 关于试用期的权益,你都了解了吗? ······························· 247

工作世界认识与自我探索

　　无论哪一行，都需要职业的技能。天才总应该伴随着那种导向一个目标的、有头脑的、不间断的练习，没有这一点，甚至连最幸运的才能，也会无影无踪地消失。

——德拉克洛瓦

模块 一 职业与生涯

● **导读导学**

　　高职院校学生正处在人生的"拔节孕穗期"，做好学业和职业生涯规划，不断提高学习适应能力、学业规划能力、综合学习技能，提升学业心智，了解职业、职场和职业生涯，把个人的职业生涯有效地融入社会发展进程。

　　社会分工的细化是职业产生的基础。社会的发展促进了职业种类的变化，就业市场瞬息万变，职业的类别不断地推陈出新，同一种职业的活动内容和方式也发生变革。职业变迁有着鲜明的时代性，新时期新兴产业的发展对技能型人才培养提出了新的要求，引导学生增强职业认知，有利于提高学业效能，提升职业素质。

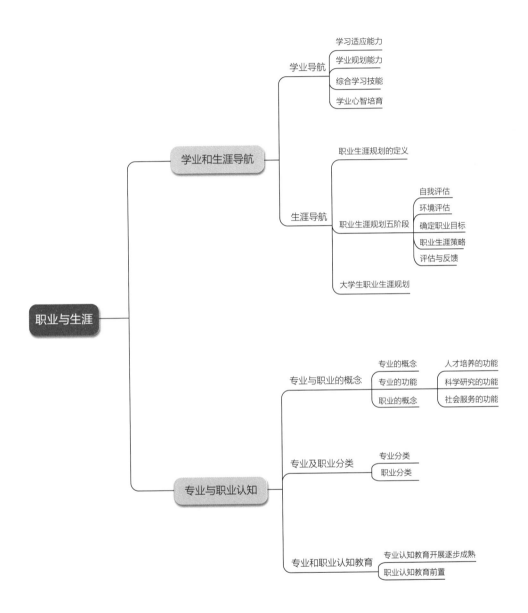

单元一　学业和生涯导航

能力目标

1. 认知学业导航的概念；
2. 初步养成职业规划意识；
3. 学会制订职业生涯规划。

案例导读

小 Z 的苦恼

小 Z 为某高职院校学生。上大学后，远离了父母的视线，自己也没有明确的学习目标，平常就是按部就班地上课、完成作业，课余时间就是在宿舍睡觉、玩游戏、看电影。一个学期过去，小 Z 挂科了，但这并没有引起小 Z 的重视，依然如故，对未来就业没有规划。一晃三个学年过去了，小 Z 面临毕业，专业成绩平平，对所学专业仅了解一点皮毛，也没有参加社团实践活动，沟通能力、交际能力明显欠缺，在就业时没有竞争力。小 Z 这才意识到自己消极学习的后果，后悔没有及早制定学业发展目标并坚持下去，没有好好把握宝贵的学习时间。

党的十九大报告指出：完善职业教育和培训体系，深化产教融合、校企合作。这是对新时代职业教育的功能思考，以服务发展、促进就业为导向，培养高技能人才，建设人力资源强国，满足社会经济对优质、多层、多样职业教育的需要，促进更高质量的就业。"立德树人、服务发展、促进就业，能力本位、工匠精神、多元平衡，保障公益、面向市场、产教融合、知行合一"应成为指导职业教育发展的理念。提升高职院校学生的职业素养和能力，是提升新时代职业教育内涵的根本所在。

一、学业导航

学业导航是院校依据人才培养目标和人才培养实践，编制学业指南，帮助学生有效认识学业发展的重要方向，提升学生学习适应能力、学业规划能力、综合学习技能，养成良好的学习心态，帮助学生有效学习，顺利完成学业。

当前，高职院校学生入学后有适应性较差、缺乏学业规划、学习技能较差、不良学习心态等方面的问题，导致学业成就不高。学习态度、学习策略、学业自我效能感、成就动机等亟须通过学业导航来予以解决，促进学生对自己的学业负起责任，挖掘潜能，变被动学习为主动学习，确立明确的学习发展目标。

（一）学习适应能力

学生在入校时，对于专业状况、自身兴趣、发展方向等都缺乏准备和思考，缺乏对专业和自我的认知。在适应阶段缺乏有效的引导，便会耽误初期的学习，影响今后的学习提升。

多数学生在入校前选定专业时，对自己的专业并不了解，更谈不上合理规划学业，一旦进入到宽松的学习环境中，容易迷失方向，陷入长时间的迷茫期。一些学生的学习动机明显减弱，也有一些学生通过不断试错，才确立学习目标，形成有效学习的方法，而这时可能已经临近毕业。

（二）学业规划能力

学生能够制定学习目标、学习任务，根据学习材料的性质和自身的特点选择最佳的学习策略，以实现学习的目标。很多院校编制了学业发展指南，引导学生尽快转变角色，养成好的学习方法，培养职业意识，尽快建立学习目标和就业目标。通过学业发展中心、学业咨询、学业活动、朋辈导师传帮带等形式，面向学生开展学业生涯规划、职业生涯规划、学业压力应对方法指导。例如，最新开发的学业诊断与导航工具（学业GPS），能为学生在专业学习与规划方面提供有效指导。

（三）综合学习技能

高效学习是指学习过程高速度、学习方法科学、学习策略运用恰当、学习有乐趣、学习结果高质量，如图1-1所示。

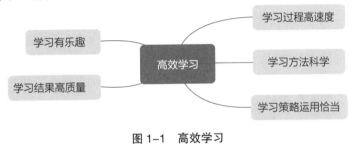

图1-1　高效学习

在大学阶段，课程学习的难度、深度、广度远远超过中学阶段。为了做到高效学习，学习方法、学习习惯、自我学习能力、时间管理能力都需要养成，以便解决专业学习和课程选择中的迷茫，发展学习能力。

（四）学业心智培育

学习心态伴随整个学习过程，不同学段的学生具有不同的心智模型，学习的心理机制、学习方法、学习态度、学业自我效能感、成就动机、学习兴趣、个性特征等都是影响学生学习的重要因素。学习是一种有目的、有计划、有组织的学习，注重目的性和有效性。学习具有超前适应性，是为了适应未来的社会而学习。在学习过程中需要认知能力、情感动机、动作技能等，积极的情感、态度和行为习惯是有效学习的必备条件。学习具有明显的意识性，需要自觉和主观能动性，学生要以一个积极的探究者身份进入学习情境，从而收获较好的学业成就。

二、生涯导航

生涯是一个人独特的整个人生的发展历程。生涯包括一个人在其职前、在职及退休后的生活中，拥有的各种重要职位、角色的总和。生涯导航即生涯规划，是一个人尽可能地规划未来生涯发展的历程，在考虑个人的智能、性向、价值观及可能性和困难的前提下，做好妥善安排，并借此调整自己人生中的位置，以期自己能适得其所。职业生涯规划在个人生涯发展中具有重要意义。

案例 1-1

名人职业规划——比尔·拉福的故事

美国知名企业家比尔·拉福，儿时的职业理想是做一名优秀的商人。中学毕业后他考入麻省理工学院，但是他没有选择很热门的贸易专业，而是选择了工科中最普通、最基础的专业——机械专业。

大学毕业后，这位小伙子没有马上投入商海，而是考入芝加哥大学，攻读为期三年的经济学硕士学位。出人意料的是，获得硕士学位后，他还是没有从事商业活动，而是考了公务员。在政府部门工作了五年后，他辞职下海经商，进入国际著名的通用公司。又过了两年，他开办了自己的商贸公司。20年后，他的公司资产从最初的20万美元发展到2亿美元。1994年10月，比尔·拉福率团来中国进行商业考察，在北京长城饭店接受《中国青年报》记者采访时，他谈到他的成功应归功于他父亲的指导，他们共同制订了一个重要的生涯规划。最终这个生涯设计方案使他获得职业成功。

下面我们来看一下比尔·拉福事业成功的轨迹图：工学学士→经济学硕士→政府部门工作（锻炼处世能力，建立广泛的人际关系）→大公司工作（熟悉商务环境）→开公司→事业成功。第一阶段工科学习，从职业生涯设计中我们可以看出，进入商贸行业必须具备一定的专业知识。在商品贸易中，工业品占绝对多数，不能了解产品的性能、生产制造情况，就很难保证在贸易中得到收益。工科学习不仅是知识技能的培养，而且能帮助建立一套严谨求实的思维体系。清楚的推理分析能力、脚踏实地的工作态度，正是经商所需要的。比尔·拉福在麻省理工学院的四年，除了本专业，还广泛接触了其他课程，如化工、建筑、电子等，这些知识在他后来的商业活动中发挥了举足轻重的作用。第二阶段经济学学习，比尔·拉福掌握了经济学的基本知识，搞清了影响商业活动的众多因素，还认真学习了有关法律和微观经济活动的管理知识。几年下来，他对会计、财务管理也较为精通，在知识上已完全具备了经商的素质。第三阶段政府部门工作，比尔·拉福掌握了开拓人际关系的能力。第四阶段通用公司锻炼，在国际著名的通用公司进行锻炼，比尔·拉福不仅为实践所学的理论找到了一个强大的平台，而且学习到了丰富的管理经验，完成了原始的资本积累。这也是大学生创业应该借鉴的地方，除了激情还应该考虑到更多的现实。第五阶段自创公司，比尔·拉福已熟练掌握了商情与商务技巧，便婉言谢绝了通用公司的高薪挽留，开办了拉福商贸公司，开始了梦寐以求的商人生涯，实现了多年前的目标。（摘编自北大青鸟网站）

（一）职业生涯规划的定义

职业生涯规划即关于个人及组织职业生涯的核心价值取向、发展目标预期、战略阶段规划、实现路径设计和具体策略调整等一系列活动的总称。职业生涯规划的目的绝不只是找一份工作，达到和实现个人目标，更重要的是帮助个人真正了解自己，筹划未来，拟定一生的方向，深入认知内、外环境的优势和限制，在"衡外情，量己力"的情形下设计出合理且可行的职业生涯发展方向。"凡事预则立""不打无准备的仗""集中力量挖一口深井",这些无不告诉我们,结合自我实际,及早制定目标,朝目标集中进发,才能较快地达成目标。

(二)职业生涯规划五阶段

职业生涯规划可以分为自我评估、环境评估、确定职业目标、职业生涯策略、评估与反馈五个阶段。

1. 自我评估

自我评估是职业生涯设计的起点,目的是认识自己、了解自己。只有在对自己有清晰认识后,才能对自己的职业生涯目标作出最佳抉择,选择自己适合的职业,选定适合自己发展的职业生涯路线。自我评估包括对自己的兴趣、特长、性格、学识、技能、智商、情商、思维方式、思维方法、道德水准及社会中的自我等进行评估分析,发掘自我的潜能,悦纳自我、成就自我。

2. 环境评估

外部环境对职业发展有着不可忽视的影响,因此,对外部环境整体分析尤为重要。如对社会人事政策和劳动政策、社会变迁(如知识经济和信息化社会发展、社会价值观的变化)、科技发展带来的理论更新、观念转变及思维的变革、技能的要求等的分析。还有对职业环境的分析,认清规划的职业在社会大环境中的发展状况、技术进展、未来趋势等。如汽车维修专业的学生应主动关注汽车制造业的发展,计算机网络专业的学生应养成了解网络发展前沿的学习习惯……此外,要关注行业环境,如行业优势和发展趋势,是否朝阳行业等,以避免职业生涯规划的盲目性。

3. 确定职业目标

不同的职业岗位有不同的职业素质要求。青春期的学生处于人生的个性塑成期,要明确我是谁、我想做什么、我会做什么、环境支持或允许我做什么、我的职业生涯规划是什么,学会全面、客观地认识自我,发现自我的性格特质和优点,并扬长避短地匹配职业,从而增强择业信心,减少试错成本,主动谋划和调整职业规划,取得未来职业生涯的成功。

4. 职业生涯策略

职业生涯策略是指为实现职业生涯目标的行动计划,一般都是具体的、可行性较强的计划。这里所指的行动主要是指落实目标的具体措施,主要包括教育、培训、实践等方面的措施。例如,在职业素质方面,计划学习哪些知识来掌握与人合作、信息处理、外语应用、交流表达、思维创新等职业核心技能。

案例 1-2

制订职业生涯策略

如果你是一名机械或电子专业的学生,目标是成为机械或电子高级技师,在制订职业生涯策略时,问自己下列几个问题。

第一,在校我需要掌握、了解哪些课程和学习哪些技能?如何争取老师在这方面给自己更多的帮助?

第二,我需要参加哪些培训、学习、考核才有资格做一名高级技师?

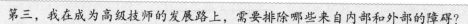

第三，我在成为高级技师的发展路上，需要排除哪些来自内部和外部的障碍？

第四，如何获得我所在公司的上司和师傅、工友的帮助？

第五，如何在我所处的企业寻得有利于自己实现目标的机会？

第六，一个高级技师应具有怎样的经验、水平和年龄层次？自己怎样做才能达到这个要求？

5.评估与反馈

对职业生涯规划的评估与反馈是通过监测评估的方式进行的，按评估的内容分为过程性评估、结果性评估、360°反馈评价三种方式，按评估主体分为自我监测评估和他人监测评估2种方式。必须不断地对职业生涯规划的执行情况进行评估，以保证职业生涯规划方案的有效实施。

三、大学生职业生涯规划

人的社会价值主要是通过职业生涯得以充分实现的。因此，大学生如何充分合理地利用这一时段，使个人进步成长、有所成就、实现人生价值，做好职业规划尤为重要。

在校大学生在自我评估、外部环境分析的基础上，应及早选择自己的职业方向，确立职业生涯发展目标。

例如，一个一年级的大学生，如果准备成为一名出色的汽车高级技师，他可以为自己确立职业早期、中期、晚期的各阶段目标和总体目标。首先确立初次择业的职业方向和阶段目标。行动计划分为长期计划和短期计划。长期计划的实现有众多不确定因素，因此，大学生要根据自身实际情况和社会发展趋势，不断地设定新的、可操作的短期目标。比如，大学一年级的时候应该怎么做，要实现怎样的短期目标；二年级又该执行什么方案，在本年级结束时需要达到什么预期效果；毕业当年有什么具体举措，如何向自己初次择业的方向和目标靠拢等。

在校大学生可按照"一核双驱"生涯管理模型思维导图（见图1-2）的八大要素来思考职业规划，制定切实可行的职业目标和实现路径。

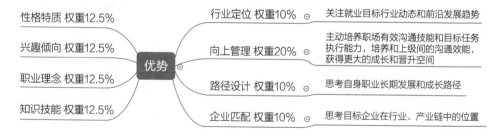

图1-2 "一核双驱"生涯管理模型思维导图

代表人物

爱德华·施恩的职业生涯周期理论和职业锚理论

美国的爱德华·施恩（Edgar H. Schein，见图1-3）教授立足于人生不同年龄段面临的问题和职业工作主要任务，提出了职业生涯周期理论和职业锚理论。

职业生涯周期理论。他将职业生涯分为9个阶段：成长、幻想、探索阶段（0～21岁），进入工作世界（16～25岁），基础培训（16～25岁），早期职业的正式成员资格（17～30

岁），职业中期（25岁以上），职业中期危险阶段（35～45岁），职业后期（40岁至退休），衰退和离职阶段（40岁至退休），离开组织或职业阶段（离职或退休以后）。

职业锚理论。所谓职业锚，又称职业系留点。锚，是使船只停泊定位用的铁制器具。职业锚，是指当一个人不得不做出选择的时候，他无论如何都不会放弃的职业中的那种至关重要的东西或价值观，实际就是人们在选择和发展自己的职业时所围绕的中心。

图1-3 爱德华·施恩

职业锚是个人在早期职业发展过程中逐步确立的职业定位。个人在进行职业规划和定位时，可以运用职业锚思考自己具有的能力，确定自己的发展方向，审视自己的价值观是否与当前的工作相匹配。只有个人的定位和要从事的职业相匹配，才能在工作中发挥自己的长处，实现自己的价值。尝试各种具有挑战性的工作，在不同的专业和领域中进行工作轮换，对自己的资质、能力、偏好进行客观的评价，是使个人的职业锚具体化的有效途径。对于企业而言，通过雇员在不同的工作岗位之间的轮换，了解雇员的职业兴趣爱好、技能和价值观，将他们放到最合适的职业轨道上去，可以实现企业和个人发展的双赢。

经典分享

卫哲的职业生涯心得

卫哲不懂财务，曾经在普华永道当了一年的小职员，减薪又没有专车的这一年直接奠定了他未来在百安居财务总监的位置。他说每一个公司都是一个完整的商学院，无论这个公司好坏，都是一门精彩的MBA案例，要把上班当作上MBA课程一样。把工作当MBA一样去认真研究，才会真正有大的所得。

发现你的优势，并努力使自己成长为想要成为的人。如果你的工作是外贸，请你去发现，自己是擅长谈判还是擅长做账；如果你的工作是公关，请你去体会，自己是擅长写作还是擅长沟通，是擅长做活动还是擅长写报告；如果你的工作是记者，请你去寻找，自己是擅长报道突发事件，还是擅长写感人故事；如果你的工作是老师，请你去感悟，自己是擅长教导别人，还是擅长创新分享。我们不可能在职场初期就那么准确地进入自己擅长的领域，即使当初认为自己擅长。专业就是你的人生赖以生存甚至成功的基础，而职业是你生存甚至实现成功的载体。理想情况下，专业是与职业匹配的，然后二者相辅相成，共同提高。在学业规划时，职业与专业之间的关系是必须面对又要解决好的重大问题。

能力训练

自我职业生涯测评

一、训练目标

请根据自我的实际情况做一次模拟测评。

二、程序与规则

查找网络、报刊、一般企业的招聘启事上的一些岗位职业描述，通过与老师、资深职业人士进行深入的交流，来获取相关职业领域的信息，初步制订自己的职业生涯规划。

1. 自我分析

认知途径	反馈
从别人对自己的态度来了解自己	
通过和别人比较认识自己	

2. 性格

类型	描述	你所属类型
理智型	通常以理智来评价、支配和控制自己的行动	
情绪型	往往不善于思考，其言行举止易受情绪左右	
意志型	一般表现为行动目标明确，主动积极	

3. 职业价值观

序号	内容	勾选你认为的重要程度
1	支持满足	A. 非常重要　B. 比较重要　C. 一般　D. 不重要
2	赞誉赏识	A. 非常重要　B. 比较重要　C. 一般　D. 不重要
3	工作条件	A. 非常重要　B. 比较重要　C. 一般　D. 不重要
4	注重关系	A. 非常重要　B. 比较重要　C. 一般　D. 不重要
5	崇尚独立	A. 非常重要　B. 比较重要　C. 一般　D. 不重要
6	追求成就	A. 非常重要　B. 比较重要　C. 一般　D. 不重要

4. 学习风格

类型	学习风格描述	你所属类型
行动型	倾向于先行动，事后再考虑结果。偏好实验操作学习	
反省型	谨慎，喜欢在做出任何结论前充分思考，缜密地收集和分析活动的相关资料，倾向于尽量推延做出确定结论的时间	
理论型	喜欢将不同的事实同化入统一的理论当中，倾向于先行动，直到所有的事情都整齐有序，纳入理性的框架之中	
应用型	关注怎样将学习内容应用于实践，渴望尝试新的想法、理论及技术，且比较实际，能够脚踏实地地去解决问题	

5. 技能

序号	能力类型	能力表现	能力程度
1	口头表达	通过口头交谈有效地向他人传递信息	A. 优　B. 良好　C. 一般　D. 较差
2	积极学习	理解新信息的含意，用于解决目前和将来的问题	A. 优　B. 良好　C. 一般　D. 较差
3	批判性思考	在解决问题时，运用逻辑分析和推理的方法，鉴别不同方案、决议或方法的优劣	A. 优　B. 良好　C. 一般　D. 较差

（续）

序号	能力类型	能力表现	能力程度
4	时间管理	管理自己和他人的时间	A. 优　B. 良好　C. 一般　D. 较差
5	协作	在相互配合时，协调自己和他人的行动	A. 优　B. 良好　C. 一般　D. 较差

　　根据测评项目，写出自身的职业测评结果，评价与预期职业目标岗位描述是否匹配，分析存在的差距及如何改进。

思考与讨论

　　请结合以下案例，谈谈自己对未来的职业生涯设想，制订学习计划、就业岗位目标。

何某的择业之路

　　在沈阳市的一次大型招聘会上，毕业于某名牌高校的何某向浙江一家汽车公司申请一个机械工程师的岗位。他学的是机械专业，在大学期间各门功课都优秀，在毕业后的五六年时间里，从事过医药、空调、摩托车等产品的销售、品质主管，换了六七个工作，但是没有机械方面的工作经历。招聘者看了他的情况后认为，如果他毕业后稳定从事过机械方面的工作，则正是公司需要的人选，但是因为没有这方面的工作经验，公司无法录用他。

　　何某的例子表明了很多大学生盲目就业给自己带来的危害。由于没有长远打算，很多大学生年轻时只是随波逐流地换工作，到了 30 多岁还没有职业定位。在这种情况下，继续下去出路不大，重新定位又要费很大力气，从而陷入一种尴尬的境地。因此，大学生在大学期间要认真做好职业生涯规划，全面剖析自己，科学地确定自己职业发展的目标和方向，并不断开发自己的潜能，才能正确掌舵自己人生的航向，驶向人生成功的彼岸。(资料来源：大学生就业在线，2015-12-24)

单元二　专业与职业认知

能力目标

　　1. 认知专业与职业的概念；
　　2. 初步理解专业与职业的联系和区别；
　　3. 学会分析专业与职业的匹配度。

专业与职业
认知拓展

专业与职业

　　小周来自山区，家庭经济困难，学习成绩一直非常优异。上大学后，他被调剂到了自己不喜欢的专业，忽然感到心中茫然，学习没有动力，生活没有目标。有时候想到辍学在家的妹妹和年迈的父母他也恨自己不争气，可他的确找不到奋斗的目标与学习的动力，学习上得过且过，生活上马马虎虎，盲无目的。如何才能摆脱这种状态？小周尚未进入社会，一是感受不到职业人士的紧迫感和危机感，二是在心理上容易产生盲目性，不能正确地认识所学专业和把握自己。这也是很多大学生的困惑所在。

　　对专业和职业缺乏认知，是造成小周学习动机减弱的原因。学生在选择专业时，首先要考虑的问题就是：这个专业毕业之后是做什么的？会从事什么职业？就业前景怎么样？大部分人存在认识误区，认为专业和职业是一致的，学什么将来就做什么；也有学生认为专业、行业、职业相关度比较高，专业、岗位相关度比较高；大部分人认为有一技之长的才算好专业，否则就不是，把专业等同于职业，不能从更高的层面理解专业和职业的关系。大量的专业还是更看重个人的综合能力，除了专业知识之外，沟通、交流、统筹、分析、创意、执行、管理等知识也是走入职场不可缺少的。

一、专业与职业的概念

（一）专业的概念

　　专业是高等和中等专业教育培养学生的各个专门领域，是高等学校和中等专业学校根据社会分工需要而划分的学业门类，是大中专院校为了满足社会分工的需要而进行的活动，如机械工程、土木工程、汽车工程等专业。潘懋元、王伟廉在《高等教育学》一书中指出：专业是课程的一种组织形式。学生学完所包含的全部课程，就可以形成一定的知识与能力结构，获得该专业的毕业证书。职业教育的"专业"是按照职业所需要的各项专门能力设立的。可以说，职业教育的"专业"是根据社会职业岗位对人才的需求和学校教育规律与培养的可能所设置的人才培养的学业门类。学生按专业进行学习，形成了自己在某一专门领域的专长，为未来职业活动做准备。专业性职业具有一个共性，即每一个专业都有一个科学的知识体系。同时，每一个职业教育的专业，都有明确的职业面向，举例见表1-1、表1-2。

表1-1　应用电子技术专业职业面向

所属专业大类（代码）	所属专业大类（代码）	对应行业（代码）	主要职业类别（代码）	主要岗位群或技术领域举例	职业资格证书和职业技能等级证书举例
电子信息大类（61）	电子信息类（6101）	计算机、通信和其他电子设备制造业（39）	电子设备装配调试人员（6-25-04）电子专用设备装配调装人员（6-21-04）电子工程技术人员（2-02-09）	电子产品安装调试电子产品生产工艺管理电子产品检测与质量管理电子产品生产设备操作与维护电子产品售后服务电子产品应用技术服务	广电和通信设备装接工（中级）广电和通信设备调试工（中级）电子产品制版工

表 1-2　汽车电子技术专业职业面向

所属专业大类（代码）	所属专业大类（代码）	对应行业（代码）	主要职业类别（代码）	主要岗位群或技术领域举例	职业资格证书和职业技能等级证书举例
装备制造大类（56）	汽车制造类（5607）	计算机、通信和其他电子设备制造业（39）汽车制造业（36）	电子器件制造人员（6-25-02）电子设备装配调试人员（6-25-04）汽车整车制造人员（6-22-02）	汽车电气系统标定员 产品试验和系统调试员 产品检验和质量管理员 生产管理技术员	电气试验员 电子元器件检验员 汽车检测员

（二）专业的功能

1.人才培养的功能

我国各行各业对训练有素的专业应用型人才的需求与供给之间有着很大的缺口。专业教育主要倾向于应用型、复合型人才的培养，能满足各用人单位对高层次专业应用型人才的需求。人才培养功能主要体现在两个方面：一是对学生人格的塑造；二是根据社会的需要因材施教，使学生获得知识、能力和素养，具备更强的社会适应能力。

2.科学研究的功能

高职院校教师通过不断获得最前沿的知识素材，不断学习前沿知识，推进在专业领域、技能领域认知的深度，促进科学研究；推动科学理论和技能知识的继续发展，使专业领域科学理论水平、认知水平不断提高。

3.社会服务的功能

依靠院校自身的理念创新、内涵提升和资源整合，提高师资队伍素质、服务水平，加强和行业企业融合，更好地为各类职业知识和技能的需求者提供培训，有针对性地帮助劳动力提升专业技能。

（三）职业的概念

职业是指从业人员为获取主要生活来源而从事的社会性工作类别。职业是人们在社会中所从事的作为谋生手段的工作。从社会角度看，职业是劳动者获得的社会角色，劳动者为社会承担一定的义务和责任，并获得相应的报酬。从国民经济活动所需要的人力资源角度来看，职业是指不同性质、不同内容、不同形式、不同操作的专门劳动岗位。职业是对劳动的分类，是社会分工的产物。在西方商品经济发达的社会，职业通常指具有一定专长的社会性工作。

二、专业及职业分类

（一）专业分类

教育部2015年公布的《普通高等学校高等职业教育（专科）专业目录》，列举专业方向746个、主要对应职业类别291个、衔接中职专业306个、接续本科专业343个。专业目录实行动态管理，每五年修订一次，每年增补一次专业。2021年，教育部印发了《职业教育专业目录（2021年）》，该目录在科学分析产业、职业、岗位、专业关系基础上，对接现代产业体系，统一采用专业大类、专业类、专业三级分类，一体化设计中等职业教育、高等职业教育专科、高等职业教育本科不同层次专业，共设置 19 个专业大类、97 个专业类、1349个专业，其中高职专科专业 744 个。

人力资源和社会保障部颁布的《全国技工院校专业目录》（2018 版）涵盖了 15 个专业大类 280 个专业。2020 年人力资源和社会保障部组织开展了《全国技工院校专业目录》增补工作，增加了云计算技术应用、工业互联网技术应用等 31 个专业，发布技工院校数字技能类专业目录，支持和引导全国技工院校积极开设数字技能类专业，建立具有技工教育特色的专业目录并实行动态调整，更加全面地体现了我国经济社会发展的新形势和新需求。

通俗的专业划分有理工类、文史类、艺术类、医学类。理工类专业是自然、科学和科技的融合，是我国的主流专业，热门专业多，入门学习难度较大。文史类专业是研究人文社会科学的专业，主要包括语言文学类、历史学类、新闻传播类、管理类等。要学好文史类专业需要大量的知识积累、多种知识信息融会贯通。艺术类专业主要包含服装表演模特专业、美术专业等，学习环境具有专一性和艺术性，适合有一定特长基础或对艺术思维敏感的学生学习。医学类专业是与人类日常生活密不可分的专业，对学习或从业者的心理素质要求较高。

（二）职业分类

《中华人民共和国职业分类大典》（1999 版）将我国职业归为 8 个大类、66 个中类、413 个小类、1838 个细类（职业）。2015 版《中华人民共和国职业分类大典》职业分类结构为 8 个大类、75 个中类、434 个小类、1481 个职业，见表 1-3。与 1999 版相比，2015 版维持 8 个大类，增加 9 个中类和 21 个小类，减少 547 个职业。

表 1-3　我国职业分类（来源于 2015 版职业分类大典）

大类	大类名称
第一大类	党的机关、国家机关、群众团体和社会组织、企事业单位负责人，其中包括 6 个中类、15 个小类、23 个职业
第二大类	专业技术人员，其中包括 11 个中类、120 个小类、451 个职业
第三大类	办事人员和有关人员，其中包括 3 个中类、9 个小类、25 个职业
第四大类	社会生产服务和生活、服务人员，其中包括 15 个中类、93 个小类、278 个职业
第五大类	农、林、牧、渔业生产及辅助人员，其中包括 6 个中类、24 个小类、52 个职业
第六大类	生产制造及有关人员，其中包括 32 个中类、171 个小类、650 个职业
第七大类	军人，其中包括 1 个中类、1 个小类、1 个职业
第八大类	不便分类的其他从业人员，其中包括 1 个中类、1 个小类、1 个职业

三、专业和职业认知教育

专业是指大学里人才培养所确定的课程体系范围，职业是指社会上各个领域不同的分工。接受过专业认知教育的学生对专业的就业及发展、知识体系、技能要求、职业素养及课程设置更了解。一般而言，对专业具有高认同感，职业目标就比较明确，竞争力就比较强。总之，专业认知教育的目的并不是简单地让新生了解所学专业，而是要通过系统规范、循序渐进、讲练结合、实际操作的专业认知教育，帮助新生树立良好的专业思想、专业意识和专业精神，提升专业认同感，明确专业内涵及目标，为其专业能力的发展注入不竭的动力。

（一）专业认知教育开展逐步成熟

在高校中培养全面发展、高素质专业人才显得尤为重要。麦可思在 2015 年和 2016 年进行的相关研究发现，本科生的专业认知教育参与度为 35%，高职生的专业认知教育参与度只有 28%。新生专业认知教育在此基础上进行改进创新，则可以提升新生的专业认同感。通过专业认知帮助学生具体了解这个专业的所学课程及所学内容是否是自己感兴趣的、这个专业未来的发展前景、毕业之后可以从事哪些工作等内容，就可以帮助学生尽早建立职业兴趣目标。

（二）职业认知教育前置

以往职业指导教育往往集中在毕业前的一个阶段，缺乏全程性和系统性。新的就业形势要求我们对学生的职业价值观、职业技能、求职技巧开展系统的全方位教育，这样才能科学有效地引导学生做好职业规划和求职准备，最大限度地帮助学生提升就业核心竞争力，并为其未来职业发展奠定良好的基础。为使学生对重要区域和关键领域的行业发展与就业市场有更加清晰及直观的认识，一些高校开展了重点企业调研、校友进课堂、名师进军营、企业导师制、产业文化进教育、工业文化进校园、企业文化进课堂等活动，积极引导学生进行科学和理性的学业生涯规划，从而提高人才培养质量。

经典分享

媒体出版行业对人才职业能力的要求

当前和今后一个时期，我国传媒行业人才问题涉及供给和需求两侧，但矛盾的主要方面在供给侧。在新媒体形态急剧崛起的时代，传媒产业遭遇前所未有的转型与变局的压力，新闻与传播技能也来到茫然时代。媒介形态的革新与巨变对传媒人才的能力结构提出新的要求。在巨大变局之下，传媒行业希望吸纳什么样的人才，需要他们具备什么样的技能？应对挑战，传媒人才需要磨炼什么样"十八般"技能？

互联网＋新媒体位于用人序列第一梯队，人才需求旺盛。除了原生互联网企业，转型中的传统媒体和传播行业的人才增量几乎全部向新媒体岗位急速倾斜，人才需求岗位全部新媒体化。

媒介技术化时代成为现实，以移动互联网为代表的互联网跨界浪潮正在以前所未有之势颠覆传统媒体产业，以前的传媒格局濒临坍塌，互联网媒体必将成为传媒产业的主导力量。不管是新媒体企业，还是传统媒体单位，都呈现不断上升的 IT 人才需求，机器学习和数字营销、大数据分析等技术直接增加了媒体对开发工程师和全媒体数字采编的需求，比如工程师、编程人才。传统的单一能力不太胜任媒体人才需求，不但要"一招鲜"，而且要"百招全"。既熟练掌握传统新闻采写编评等基本能力，又掌握图片、视频编辑处理能力和编程、运营能力的人才将会大受各类媒体青睐。（摘编自新京报传媒研究《2018 传媒业需要什么样的人才？这有一份传媒人能力需求报告》）

能力训练

认知专业与职业

一、训练目标

认知专业与职业。

二、程序与规则

请依次回答以下问题。

1.图1-4为"职业规划三圈理论图",这一图示启示我们(　　　)。

　　A. 树立正确的就业观念,自主择业、竞争就业、平等就业、多种方式就业

　　B. 要努力提高自己的从业能力,提高职业素养,增强法律意识

　　C. 要依据自己的兴趣和能力,为社会需要服务

　　D. 树立职业平等观,多种方式实现就业

　　E. 要面向市场需求,动态调整目标

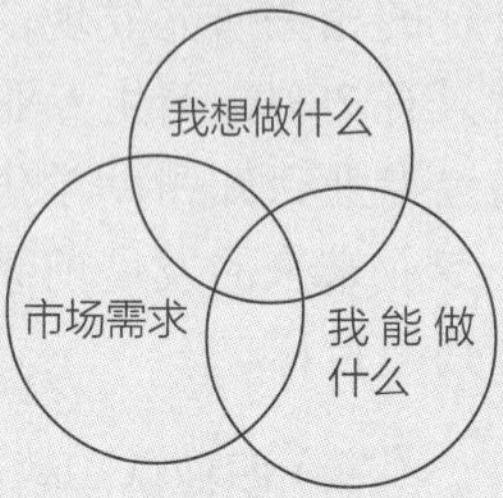

图1-4　职业规划三圈理论图

我想做什么　市场需求　我能做什么

2. 共享单车运维员、共享办公管家、信用管理师、量化交易员、时尚博主、食物造型师、无人机培训师……新职业"脑洞"大开的程度,超出想象。这说明(　　　)。(多选)

　　A. 如今职业种类繁多,变化太快,来不及做职业准备

　　B. 社会分工的细化,引起传统职业的变革和新兴职业的兴起

　　C. 人们的职业选择越来越丰富,发展空间越来越广阔

　　D. 我们应该加强学习,不断提高自身素质,以适应新工作的要求

三、思考与分析

1)你所学的专业属于哪个行业?该行业有什么特别之处?思考自己所学专业与未来求职方向的关系。

2)你对未来的职业方向有什么设想?

3)你认为进入你的目标职业需要哪类技能?

4)现在人们都是如何进入你这个行业的?

5)你将来职业所在的这个行业目前的引领者是谁?

6)你所了解的那些专业和你期望从事的职业是否会像媒体出版行业一样受到互联网变革的影响?

思考与讨论

请阅读以下材料并回答:如果你是小艾,你会怎样做决定?

小艾该怎么决定

小艾毕业三年了,在一家会计师事务所做审计,整天跟数据打交道,感觉比较枯燥。数据需要准确,小艾觉得压力很大。小艾希望能找到一份跟艺术和人有关的工作。她对艺术设计、心理学、人力资源、教师等职业都很感兴趣,但是不确定哪条路是真正适合自己的。快到年底了,她希望尽快离开现在的职业,找到更喜欢的职业方向。但她又担心万一选错了,要付出很大的时间成本和经济成本。她不知道如何做出这个对自己今后人生很重要的决定。

模块 二 工作环境探索

● **导读导学**

　　同学们，我们身处科技化、信息化的时代，这么多年的求知探索和不断地丰富、完善自己，为的就是在这纷繁的世界中能够找到一份适合自己的工作，实现自己的人生价值。但是，你是否真正了解工作世界？你理想中的职业是否依然存在？你想象中的工作环境是否真的是那个样子？做好职业生涯规划，必须要对未来的工作环境进行探索，分析环境的特点、环境的发展变化、环境对自己提出的要求或挑战及环境对自己的有利条件和不利条件等。只有充分了解这些环境因素，才能在复杂的环境中避害趋利，使自己的职业生涯得以发展。

　　本模块把职业生涯探索的视角转向对工作环境的分析，帮助同学们了解宏观环境，把握微观环境，辨清组织和岗位的相关信息，认识到工作环境是实现职业生涯目标的外部平台，促使学生用外界的职业需求与职业要求指导自己的学习生活，提升自身的职业素养。

● **思维导图**

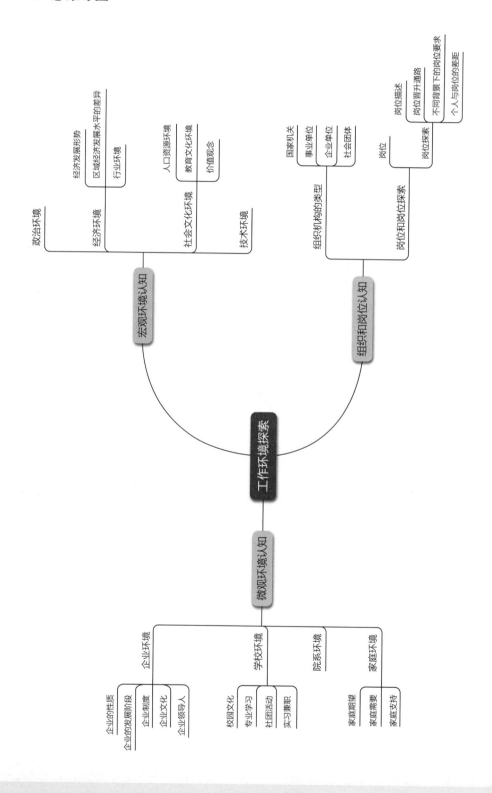

单元一 宏观环境认知

能力目标

1. 了解宏观环境因素对职业发展的影响；
2. 具备快速认知社会、适应社会、融入社会的能力；
3. 找准定位，积极应对环境的变化。

案例导读

职业教育的春天来了

曾几何时，"千万别报×××"在网络上意外走红，"千万别报国际贸易，因为听起来高大上，但还在国内混""千万别报广告设计，因为你会加班加到吐""千万别报管理，因为当不了老板很痛苦"……

职业院校　落榜考生的无奈选择

在现实生活中，很多考生在高考失利的情况下，虽然对学校的选择迷茫、焦虑，但是宁可选择学费昂贵的三本，也不愿意去职业院校。因为在人们的意识里，大学才是标准的成才之路。职业院校似乎成了没能进入大学的无奈选择。

"三本太贵了，家里供不起，就上职校吧。"报考某职业院校的王旭说，"这也许是最好的结果。"

"虽然职业院校毕业生更容易找到工作，但工资起薪比本科生低。对职业学校的学习环境和管理也不放心，做家长的无法确定孩子去了后能否学到技能。"某家长这样抱怨到。

类似种种，一些学生和家长对职业教育都流露出些许不认可的态度，如果整个社会都认为白领人士胜过蓝领工人，就不难理解为什么大学毕业生不愿意去一线工作了。

产生偏见　职业教育吸引力仍显不足

与人们认知形成强烈反差的是，职业教育的蓬勃发展大有逆袭普通本科教育之势。毕业生初次就业率呈现两头高中间低的特点，高职高专院校初次就业率最高。但职业教育的吸引力仍显不足，"社会地位低""职业学校校风不好"等观念似乎已经成为大家的共识。

放眼国外　职业教育认可度高

德国的职业教育堪称世界模板。德国有先进的职业教育体系和理念，在德国，技工是公认的高素质技术人才。德国的职业教育与高等教育都十分重要，"师傅"级别的技术工人与大学本科毕业生归为同一等级。而且，接受职业教育还有一个明显的优势，就是他们通常可以更早地进入职场。

职教改革　让中国的职业教育"香"起来

2019年2月，国务院印发《国家职业教育改革实施方案》，方案中有一个重要的观点值得特别关注，这就是开篇的第一句话："职业教育与普通教育是两种不同教育类型，具有同等重要地位。"这就意味着从国家层面进一步明确了职业教育和普通教育的定位，不管普通教育还是职业教育都是教育的一部分，只是类型不同，而且是同等重要的。社会上对职业教育往往存在一些偏见，这一定位的明确对于职业教育的发展具有重要意义。

对职业教育与普通教育同等地位的认定，对一流人才培养中职业教育重要作用的肯定，还有在职业教育中实现学历证书与职业技能等级证书互通的新的培养模式，都将在职业教育改革与发展中发挥重要作用。有理由相信，中国的职业教育进入了新的春天，进一步的发展和繁荣是值得期待的。

分析： 近年来职业教育虽被高度重视，却鲜有职业学校成为人们追捧的深造首选。2021年3月12日，李克强总理所作的政府工作报告中明确提到，增强职业教育适应性，深化产教融合、校企合作，深入实施职业技能等级证书制度。增强职业教育适应性，实施职业技能等级证书显示出国家对高职教育的重视程度，既是顺应加快发展现代职业教育之举，也是解决高技能人才短缺的战略之举。符合时代需求的职业人才，正享受着最好的教育前景。

从宏观角度来说，环境主要包括政治环境、经济环境、社会文化环境、技术环境等几个方面。宏观环境对我们的职业生涯乃至人生的发展都有重大影响，通过对宏观环境包括国际、国内与所在地区三个层次的分析，来了解国家或地区的政治、经济、法律、科技、文化建设的现状和发展趋势，了解宏观环境为我们提供的职业与职业保障，从而科学分析社会职业岗位的数量和结构，科学把握社会职业岗位的随机性和波动性。

一、政治环境

政治环境包括一个国家的社会政治制度、政府的方针政策、法律法规体系等。政治环境中的政治体制框架、经济管理体制、产业政策、投资政策及人才流动的政策导向等内容，对职业选择和职业发展有着重要的影响。大学生应充分掌握国家政治环境的动态，如政府公务员招聘政策、工时和休假制度、最低工资的强制性规定、户籍管理制度、人事管理制度和社会保障制度。

案例 2-1

2019 中国高等职业教育人才培养质量年度报告

由上海市教育科学研究院和麦可思研究院共同编制的《2019 中国高等职业教育人才培养质量年度报告》指出：

2019 年的高职质量年报有三个特征、三十个亮点、六大问题和三大挑战。

三个特征

1. 发展环境。国家对高职教育地位提升的认识前所未有，对高职教育取得成效的认可前所未有，对高职教育服务贡献的期盼前所未有。

2. 投入保障。各地公办高职院校生均公共财政预算教育经费支出均已超过 12 000 元，生均财政经费保障达到政策目标。

3. 自身发展。新增学生反馈表，新增育人成效 50 强评价，新增各地落实政策综合评价。

三十个亮点

1. 新增学生反馈表。

2. 学生对学校教学工作、学生工作满意度在提高，对学生素养提升至关重要。

3. 学生对社团活动的满意度比 2014 届高出 6 个百分点，学生在学校期间的上进心明显提升。

4. 高职院校在育人过程中强化劳动教育与行为规范，筑牢育德育人的基石。

5. 2018 届高职学生毕业半年后就业率和平均月收入比 2017 届有明显提升。

6. 学生毕业三年后的月收入比同期农民工高出 2 000 元左右，高等职业教育对提高农村家庭毕业生收入日益显现。

7. 反映职业素养的重要性，有超过 6 成的学生毕业三年内有过职位晋升。

8. 毕业生积极学习能力和设计思维满意度均超 80%，其创新创业的能力有明显的提升。

9. 新增育人成效 50 强的评选工作，体现立德树人的核心理念。

10. 教学资源 50 强继续发布，不仅是"大学校"，"小学校"也能进入教育资源 50 强。

11. 专业建设对接高端产业和新兴产业构建专业群，服务产业转型升级，助力职业教育高质量发展。

12. 校企合作的办学力度明显增大，参与现代学徒制试点的学校达到 644 所。

13. 加强院校治理，把好质量关，取消毕业前清考，严格教学管理。

14. 信息技术应用水平进一步提升。

15. 地级市政府重视高职院校办学和整改。

16. 首次发布各地落实政策综合评价结果。

17. 抓好骨干专业（群）建设，对接产业链，成为高职服务的亮点，也是"双高计划"建设的重要基础。

18. 112 个国家级专业教学资源库发挥着示范辐射作用。

19. 1344 所高职院校全部面向社会发布质量年报。

20. 高职生均财政经费保障达到政策目标。

21. 继续评选国际影响力 50 强，较大幅度优化指标，更加注重教学内涵建设的国际影响力，更多地体现在质量上。

22. 留学生规模扩大与规范管理服务同步。

23. 据不完全统计，30 余所高职院校在境外建立了 33 个海外分校，"鲁班工坊"成为中国职业教育国际交流合作的新名片，还有 595 个专业教学标准落地国（境）外。

24. 沿边境省份高职院校依托区位有利条件，探索建设"国门高职"新模式。

25. 多方共建国际合作平台，分享职教发展模式与经验。

26. 新增"到西部和东北地区就业人数""横向技术服务产生的经济效益"等指标项目，强调对接市场需求、扎根当地发展。

27. 填补人才短板，助力欠发达地区发展。

28. 150 余所高职院校横向技术服务到款额超过 500 万元。

29. 加大高质量培训力度，按照育训结合、长短结合、内外结合的要求，高职院校依托专业优势积极开展校内外职业培训。

30. 服务国家战略，成效明显。

六大问题

1. 工科专业大类毕业生的工作与专业相关度下降，学校应加强工科类专业学生对工作岗位的认同教育。

2. 专业结构不平衡、不合理现象仍然比较突出，院校需要加强与产业对接，及时调整专业设置。

3. 制约老师能力提升的因素还客观存在，如有的地区给高职院校核定的教师编制数不足，正高级职称教师岗位比例偏低，教师对学生成长与发展的关注不够等。

4. 院校本身不重视，高职质量年报没有发挥应有的作用。

5. 学校应对新生进行双创教育，让学生明白未来的发展。

6. 社会服务能力不强，科研能力差。

三大挑战

1. 高质量的大规模发展面临挑战。面对大扩招迎来高职教育发展利好的同时，必将带来高职院校教学资源更加"摊薄"和不同生源分类培养的挑战。

2. "类型教育"配套政策面临挑战。

3. 院校技术服务能力面临挑战。高职院校技术服务能力总体欠缺的现实，成为高职教育与产业发展有机衔接、深度整合的最大短板，迫切要求各级政府对高职院校提高服务贡献能力给予更多支持。

（资料来源：上海市教育科学研究院，麦可思研究院 . 2019 中国高等职业教育人才培养质量年度报告 . 高等教育出版社 .）

二、经济环境

一个国家或一个地区在一定时期内的经济发展状况会直接影响到劳动力的就业状况。大学生选择职业，不可避免地要受到当时的社会经济状况的影响，例如，今年大学生就业就会受到当前新冠肺炎疫情的影响。从整个国家范围来说，经济的发展、科技的进步、劳动生产率的提高、职业演化速度的加快、就业岗位的增加，都是关联度极高的因素。大学生在做职业生涯规划前要注意研究和分析社会经济状况，结合自身专业特点和个人发展愿景，适应产业结构升级和劳动力素质的要求，努力在科技含量高、技术密集型的产业中增强就业竞争优势，从中选择适合自己发展的职业。

另外，地区间经济发展水平的差异也会给大学生的就业选择带来一定的影响。很多同学"宁要大城市一张床，不要小城市一套房"，在就业时，他们之所以选择经济发达的城市是因为：大城市经济水平较高，物质和精神生活更为丰富，社会功能齐全、生活便利，优秀企业相对集中，工作机会多，发展上升空间大。但是机遇和挑战并存，我们也要辩证地看待大学生在就业时进行的区域选择问题。经济发达的城市，竞争激烈、生活节奏快、消费水平高，对于刚步入社会的大学生来说，生存压力会较大。所以，大学生在毕业时应对外部的经济环境进行充分的了解，结合自身的实际情况去选择适合自己的区域环境。

（一）经济发展形势

随着新发展理念逐步深入人心，我国供给侧结构性改革深入推进、大规模减税降费等政策效应持续显现，支持经济企稳向好的积极因素进一步增多，高质量发展的态势正在逐步显现，但是面临国内外复杂严峻形势，经济出现新的下行压力。我国经济发展的形势对大学生就业的影响较大，国家经济状况的好坏直接影响到就业市场的景气程度。2020 年突如其来的新冠肺炎疫情给我国经济社会发展带来前所未有的冲击，一季度主要经济指标明显下滑，一些传统行业受冲击严重，如住宿和餐饮业、批发和零售业、交通运输业等行业都受到了较大影响。同时，疫情倒逼了消费数字化转型和产业数字化升级，新产业新产品增势不减。综合来看，我国经济社会运行在常态化疫情防控中逐步趋于正常，生产生活秩序加快恢复，经济发展韧性显现，经济社会大局保持稳定。但当前国际国内经济形势异常严峻复杂，我国经济发展面临前所未有的挑战。

大学生可以从以下几个方面开展调查研究，使自己对我国经济发展的总体态势有较为全面的了解。

首先，要了解国家经济建设方针、任务和发展战略，了解产业的分类与结构及伴随经济发展出现的产业结构调整和变化趋势；了解职业的分类与结构及该职业发展的趋势，使自己总揽全局，从而更好地把握自己，在国家经济建设的大背景下找到自己的正确位置。

其次，要了解人力资源市场对大学生的需求结构信息，了解职位具体的职责要求和自己就业能力的水平，把自身的优势、能力的信息传递给就业市场，通过就业市场确立自己的价值。

最后，要了解全国各地经济形势，特别要了解与自己专业直接对口或相关的行业、部门和单位的现状和发展趋势，结合自己的实际情况有针对性地选择就业区域，从而使自己的才能得到最大程度的发挥。

（二）区域经济发展水平的差异

一般来说，经济发达地区的企业数量多，人才需求量大，个体选择职业的机会就较多，有利于个人职业发展；反之，在经济发展水平较低的地区，无论是企业的数量，还是优秀企业的数量都比较少，对人才的需求和吸引力都比较弱。很多大学生的第一择业选择都是经济较发达的地区，而这些一、二线城市早已人员饱和，不可能在短期内提供大量的就业职位，而对于那些真正急需大量高素质人才的广大欠发达地区，有着更广阔的大学生就业空间，但前去就业的大学毕业生却数量很少。

（三）行业环境

行业环境包括行业的发展前景、国内外重大事件对该行业的影响、行业目前的优势与问题、行业发展的趋势及前景预测等内容。企业的行业环境将直接影响到企业的发展状况，进而也会影响到个人职业生涯的发展。大学生对行业环境的发展趋势了解得越充分，信息越准确，在将来的职业发展道路上走的弯路就越少、职业成功的概率就越大。

对行业发展现状的分析是大学生做职业生涯规划的风向标，分析内容包括该行业在社会大环境中的地位、市场占有及发展趋势、未来行业发展中组织单位的变化情况等。随着社会经济的发展和科学技术的进步，某些行业将因不适应社会发展的潮流而逐渐萎缩、消亡，如环境污染严重的行业。这些行业中的组织单位如小型煤矿、小型造纸厂等就有可能从行业中消失。同时，许多极具发展前途的朝阳行业如雨后春笋般不断出现并发展起来，如信息技术业、旅游业、保险业、管理咨询业、电信业等服务型行业的发展空间越来越广阔。

一个行业也有其符合社会发展规律的生命周期，包括幼稚期、成长期、成熟期和衰退期。处于幼稚期的行业，因其产品或服务不知能否被市场接受，前景不甚明朗，所以风险较大，应慎重加入；处于成长期的行业，其产品和服务能被市场迅速接受，利润快速增长，人才需求强劲,适宜加入;处于成熟期的行业,其产品或服务已得到市场的普遍认可和接受,行业增长趋于平缓,人才竞争激励,也可以加入;处于衰退期的行业,其产品在市场上的需求逐渐减少,甚至被替代,是否加入要慎重考虑。

三、社会文化环境

职业选择和职业发展还会受到社会文化环境的影响。社会文化环境是指一定时期内整个社会发展的一般状况,主要包括社会道德风尚、文化传统、人口变动趋势、文化教育、价值观念、社会结构等。

(一)人口资源环境

人口资源环境包括人口规模、人口增长、人口结构、人口的地理环境分布密度等。一切职业活动、职业关系、职业现象和职业问题都同人口发展过程密切相关。我国人口多、底子薄、资源相对不足、环境容量有限、区域发展不平衡、适龄劳动人群规模庞大,解决就业问题仍将是长期而艰巨的任务。

(二)教育文化环境

教育文化环境是影响人们职业期望、职业态度和职业行为的基本因素,包括一个国家和地区的居民受教育程度及文化水平、宗教信仰、风俗习惯、审美观念等诸多内容。教育文化因素还与人们的职业意向、职业能力、职业习惯密切相关。个人是在教育文化中成长发展的,任何职业取向和活动都与教育文化相关。

(三)价值观念

一个人生活在社会文化环境中,必然会受到社会价值观念的影响。大多数人的价值取向,在很大程度上都是为社会主体价值取向所左右的。一个人思想的发展、成熟过程,其实就是认可、接受社会主体价值观念的过程。社会价值观念正是通过影响个人的价值观而影响个人职业选择的。

案例 2-2

辽宁营口探索破解留人难题——人才共享有大产出

"引不来、留不下,没想到这个困扰东北的人才供需'死扣'被营口破解了。"北京人力资源服务行业协会创始人张宇泉为辽宁营口"不求所有但求所用"的人才共享模式大力点赞。

营口市站前区离辽河入海口不远,一幢曾被弃置的8层楼就是营口市人力资源服务产业园起步时的全部家当。"1年多过去,打破地域边界的'智慧互联'思维,使这里产生了创新'核聚变':66.7亿元营业收入,3.67亿元利税。"产业园负责人李巍认为,共享人才的最大好处是,近乎"零用地",却有"大产出"。

对营口乃至东北而言,如何解开"留不住人—发展困难—更留不住人"的死扣意义重大。拼薪酬、比待遇,营口与一线城市差距明显,一味打感情牌效果也有限。多次到产业园调研后,时任营口市委书记的李强感慨,思路一转天地宽,"人分畛域,才智却无边界,特别是数字经济迸发的新业态,给人才共享提供了大舞台。营口灵活嫁接外部智力资源,我发展你分红，善用人才发展新经济。"

"'云'上就业哪需场地？我们引入的神州信华、方胜灵工等，都是现代服务众包平台等互联网新经济项目，以'云会员'方式链接了全国16.7万名自由职业者，线上兼职创业很符合年轻人的口味。"产业园运营总监王颖表示，线下看产业园已经很了不起，125个项目带动5000多名年轻人直接就业，实际上产业园的最大魅力和想象空间都在线上。家和户口都在成都的王颖戏说自己是"心"在曹营"身"在汉，营口有事做，就把心安放在此。和王颖一样的"人才候鸟"，还有园区博士后工作站的一批外地外籍人才，兼职、流动、灵活，正是他们最相中营口的地方。

人瑞人才是一家在香港上市的猎头公司，数据库有6000万份人才信息，每天调动全国人才匹配地方需求，业务可谓海量。其营口分公司运营总监隋馨锐却说"不累"。该公司全国范围兑现高管的期权奖励全部在营口一站完成，上千万元的所得税也因此留在营口。"就因为营口办税智能化、人性化。"隋馨锐心仪的是产业园的财税机器人，还有现成的"营掌柜"（共享财务中心）、"营小二"（共享运营中心），法务、财务甚至档案管理都交给产业园代运营，企业基本可以拎包入驻，省人省事又省钱。

如何为企业提供高效服务？李巍说，专业的事交给专业的人。产业园有精准的人才共享解决方案，用人讲柔性，报酬增黏性。产业园外聘的律师、精算师及研发专家等都是业内知名人士，虽不在营口任职，却可凭兼职服务计件取酬，或可技术入股、期权分成。李巍介绍，恰是这种"智慧互联"的选人用人大格局，吸引了包括百度、小红书、拼多多、知乎、饿了么等30个超大体量级的公司到营口建设互联网远程服务后台。

（资料来源：经济日报）

四、技术环境

信息产业是当今世界上发展最为迅速的产业，信息技术突飞猛进、日新月异，给人类社会带来了前所未有的冲击和变革。信息技术水平已经成为衡量一个国家科学技术水平的重要标志。在科技化、信息化时代，科技成了第一生产力，"云、大、物、移、智"的广泛应用给我们的生活也带来了深刻的变化。

科技的发展不仅会带来理论的更新、观念的转变、思维的变革、技能的补充，也会深刻影响人们的职业观念。工业自动化的普及与提高，在全方位提高劳动生产率的同时，也给就业市场带来了一定的冲击。机器取代人工制造产品，自然淘汰旧的工作岗位，也影响了传统的用人计划和雇佣观念。产业结构从劳动密集型转化到资本密集型再转化到知识密集型，这给大学生职业生涯的发展提出了新的挑战，也提供了新的机遇。这就要求大学生需要根据环境的变化不断地更新自己的知识结构，以适应产业结构的升级改造和社会的科技进步。

经典分享　BBC分析了365个职业，发现这些职业在未来最有可能被机器淘汰！

随着信息技术的发展，各种类型的机器人出现在各行各业，同时部分劳动力失去了就业机会。比起好奇心，"人类会被机器人取代吗"这一忧虑逐渐扩散。

在未来社会，人类的有些工作岗位会被不断进化的机器人剥夺。据牛津大学研究人员和美国劳工统计局共同发布的数据，人类将会损失 55% 以上的工作岗位。

那么，人类会被机器人取代吗？在这个时代，做什么工作最有可能被机器人淘汰？做什么工作最不容易被机器人淘汰？

BBC 基于剑桥大学研究者 Michael Osborne 和 Carl Frey 的数据体系分析了 365 种职业在未来的"被淘汰概率"，得出了最有可能被淘汰的几种职业。（该研究基于英国地区进行样本调查，但实际结果仍有较大的参考意义）

最有可能被淘汰的职业：

1. 电话推销员

被取代概率 99.0%。BBC 统计了 300 多个职业，这个职业被认为被取代的概率最大。这种单调、机械的工种是最容易被淘汰的。

2. 打字员

被取代概率 98.5%。语音和文字识别技术的成熟让这份工作岌岌可危。

3. 会计

被取代概率 97.6%。让大家意外的是，很多学生选择的会计专业，其实是机器人可以轻易取代的"高危职业"。会计的本质是搜集信息和整理数据，机器人的准确性无疑更高。德勤、普华永道等会计事务所也相继推出了财务智能机器人方案，给业内造成了不小的震动。

4. 保险业务员

被取代概率 97.0%。保险业的智能化也在加速。越来越多的保险公司将智能技术引入售后领域，未来更有可能替代人工成为保险管家。

5. 银行职员

被取代概率 96.8%。虽然现在不少银行机器人依然卖萌为主，但未来一定会走上大舞台。

6. 政府职员

被取代概率 96.8%。这里主要指的是政府底层职能机构的职员。这类工作有规律，重复性高，要求严谨，非常适合机器人操作。

7. 接线员

被取代概率 96.5%。智能语音系统已经很发达，未来接线员被取代显而易见。

8. 前台

被取代概率 95.6%。前台是一个展示、引导、接待为主的工作，不少机器人就已经在前台展现出自身活力。

9. 客服

被取代概率 91.0%。说一个简单的例子——Siri。事实上，这类人工智能客服平台也是这几年国内创业的热门方向。

10. HR

被取代概率 89.7%。简历筛选可以通过关键字进行，包括薪酬管理等工作也可以用机器人进行。日后人力资源管理一定是机器+人工形式的结合。

相对的，酒店管理者、教师、心理医生、公关、建筑师、牙医、理疗师、律师、法官、艺术家、音乐家、科学家、健身教练、保姆等职业被取代概率均低于 10%。

BBC 总结得出：

如果你的工作包含以下三类技能要求，那么，你被机器人取代的可能性非常小。

1）社交能力、协商能力及人情练达的艺术；

2）同情心及对他人真心实意的扶助和关切；

3）创意和审美。

如果你的工作符合以下特征，那么，你被机器人取代的可能性非常大。

1）不需天赋，经由训练即可掌握的技能；

2）大量的重复性劳动，每天上班无须过脑，但手熟尔；

3）工作空间狭小，坐在格子间里，不闻天下事。

只有打造过硬的专业实力，锻炼自己职场的软技能，才能顺应时代潮流，不怕被机器人"抢饭碗"。

（资料来源：https://kuaibao.qq.com/s/20190830A0IQ1U00?refer=cp_1026）

能力训练

说说你心仪的城市

一、训练目标

1）让学生通过研究调查，感知环境变化，提升洞察力。

2）让学生通过信息整理，积累相关资料，了解城市差异。

3）使学生更多地了解社会发展的特点和现实需求。

二、程序与规则

1.材料准备

黑笔、A4纸、活页挂纸。

2.活动要求

以小组为单位完成下列活动。

1）寻找你喜欢的一个或两个城市。

2）分析这座城市的宏观环境因素对自身职业生涯发展的影响。

要求：详细具体，能够说出这个城市为什么适合自己，有什么特色，在哪个方面有突出的发展优势。

三、评价与反馈

以小组为单位进行展示，并在组间进行评价，教师点评。

四、参考时间

课下去搜集整理信息，课上进行展示评价，课上用时20分钟。

思考与讨论

1.宏观环境中哪些因素对你的职业生涯发展影响比较大？

2.写出你眼中的工作世界，表达出自己对工作世界的想法。

3.请同学们用头脑风暴法回答下面两个问题：当今社会有哪些工作形式是我们可以选择的？这些选择带给我们的思考是什么？

单元二　微观环境认知

能力目标

1. 分析微观环境对职业选择与职业发展的影响；
2. 能够充分运用周边环境的有利条件，找到适合自身的职业发展路径；
3. 创造有利于自我职业发展的外部条件。

案例导读

欣宇的苦恼

欣宇是刚参加工作的新人，现在从事一般临床护理工作，当初选择专业的时候，是父亲帮她做的主，并且告诉她，现在中国进入老龄化社会，需要大量护理专业的人才，将来去个三甲级医院，或者家附近的社区医院都不错，小女孩还是得找个稳定的工作，再说家里人看病也方便。在大学期间，虽然她对所学专业不是很感兴趣，但是总听同学和身边人说护理专业是学校最好的专业，将来就业不成问题，因此就继续读了下来。在大三找工作时，由于担心自己找不到好工作，一有医院来招人，就去应聘，最后选择了一个大家都认为不错的三甲级医院。工作了几个月以后，欣宇发现自己非常不适合做这一行，所以想转行。

分析： 寻找适合自己的职业方向不是一蹴而就的事，欣宇遇到的职业发展问题说明她对工作世界了解不够。任何职业和个人都不可能百分之百地匹配。我们做职业规划时，不要把自己限制在一个很小的职业范围之内，而是要开阔视野，充分了解自我和职业，还要在积极的行动中根据现实情况不断调整和修正自己的职业方向，最终达到选择理想职业道路的目标。对于职业院校学生的职业生涯规划而言，在毕业时开始择业才算是真正迈上了职业生涯之路，而对就业环境的分析，直接关系到职业生涯规划能否顺利。那么，我们如何分析就业环境？有哪些因素影响就业？

除了宏观环境外，社会环境还包括微观环境。社会微观环境即社会小环境，是指个人所在的企业、组织、学校、社区、家族、交际圈子等较小的环境。这些微小的社会环境因素对个人的职业生涯有着直接或间接的影响，体现在个人具体的社会活动范围、内容及其所受到的条件限制，影响着个人职业岗位的选择和人生的发展轨迹，从而决定了个人职业生涯的具体际遇。

微观环境分析一般包括企业环境分析、学校环境分析、院系环境分析和家庭环境分析等。

一、企业环境

企业环境对个人的职业生涯有直接的影响，所有的职场人士都处于企业的小环境之中，个体的成长与企业的发展息息相关。企业环境对大学毕业生职业发展的正面影响主要体现在职业激励上。如果企业文化与社会价值取向保持一致，企业成员彼此之间有着良好的人际关系，领导善于沟通且富有宽容气度，那么个人就会充满集体的归属感并获得极大的发展空间。

大学生对企业环境进行分析，可以及时了解企业的实际发展状况及前景，把个体的成长与企业的发展联系在一起，并融入企业组织之中，从而实现职业生涯目标。

（一）企业的性质

企业是行业的末级组织。不同性质的企业在人才需求和薪酬待遇方面都有不同。一般来说，国企收入稳定、管理规范，适合谋求稳定工作的毕业生；外企善于高薪揽才，管理科学，注重绩效，鼓励创新。外企注重员工培训，能够在外企进行系统和专业化的学习与锻炼，对于青年大学生来说不失为良好的进阶平台；民营企业以机制灵活，紧跟市场应变而被大家所知，讲究实效，注重员工的业务能力，对学历、学校、专业等"硬件"看得较淡，关注员工忠诚度。

（二）企业的发展阶段

对处于初创和成长期的企业来说，企业规模小，人员少，工作职责界限比较模糊，更需要具备跨专业技能和综合素质的复合型人才，更看重人才的开拓精神、工作热情和学习能力，相比较而言会降低对专业教育背景的要求。当企业处于发展稳定期，企业的规范化管理越来越重要，职位的专业化加强，这时候企业需要更多的专业人才和管理人才，对专业人才的专业教育背景的要求也相应提高。

（三）企业制度

企业员工的职业发展，归根到底要靠企业的管理制度来保障，其中包含合理的培训制度、晋升制度、绩效考核制度、奖惩制度、薪酬制度等。企业的价值观、经营哲学只有渗透到制度之中，才能得以实现。在没有制度或制度不合理、不到位的企业中，员工的职业发展就难以实现。

（四）企业文化

企业文化是全体员工在长期的生产经营活动中形成并共同遵循的最高目标、价值标准、基本信念和行为规范。企业文化是影响企业经营效益的重要因素，往往左右一个员工的职业生涯。如果一个人的价值观与企业文化有冲突，就难以适应企业文化，最终在组织中无法立足。先进的企业文化能促进员工的发展，如鼓励员工参与管理的企业文化会比独裁专制的企业文化能为员工提供更多的发展机会；落后的企业文化则会限制个人的进步，如渴望发展、追求挑战的员工难以在论资排辈的企业文化中受到重用。所以，企业文化是个人在制订职业生涯时要考虑的重要因素。

（五）企业领导人

企业的文化和管理风格与其领导人的素质及价值观有直接的关系，企业的经营哲学往往就是企业家的价值观。企业主要领导人的抱负及能力是企业发展的关键因素。优秀的管理者善于倾听员工的心声，贯彻以人为本的思想，恰当地引导和激励员工，从而促进企业的良性循环。

很多成功的大企业都有一位出色的企业家掌舵，如华为的任正非、海尔的张瑞敏、联想的柳传志等。企业主要领导人的抱负及能力是企业发展的决定性因素。企业主要领导人是真心想干一番事业吗？他的能力足以带领员工开创新天地吗？企业领导有没有战略的眼光和措施？企业领导尊重员工吗？这些因素在进入企业之前都需要了解。

案例 2-3

"精"和"简"——苹果公司企业文化的精华

史蒂夫·乔布斯创立的苹果公司是美国的一家高新科技公司，以科技创新闻名于世，其核心业务为电子科技消费产品。2011 年苹果公司成为全球市值最大的公司，是世界上最大的高新科技企业之一。追求"精"和"简"的极致是苹果公司企业文化的精华。

苹果公司在产品的设计上注重"精"和"简"。苹果推出的知名产品有 Apple II、Macbook 笔记本电脑、iPod 音乐播放器、iTunes 商店、iMac 一体机、iPhone 手机和 iPad 平板电脑等。几乎每一款产品都注重细节，追求完美，以人为本，带给客户新的体验，引领着时代的潮流。

苹果公司在人才的使用上也强调"精"和"简"。乔布斯相信由顶尖人才所组成的一个小团队能够运转巨大的"转盘"。乔布斯把他的许多时间和精力放在了寻找优秀的人才和激发人才的创造力上，最大限度地调动员工的积极性和创造性。

分析：苹果公司能有今天的成就，与很多因素有关，其中极其重要的一个因素就是崇尚"精"和"简"的企业文化。正是这样的企业文化，使员工自觉或不自觉地接受共同的信念和价值观，激发出自己的最大潜能。

总之，通过企业环境分析，应理出一条清晰的线索，确定自己的职业生涯在这个企业中有没有足够的发展空间，衡量自己的目标能够在该企业得以实现的可能性。企业环境因素的探讨可以分为静态因素（管理型特征因素）和动态因素（发展型特征因素），具体可以参照表 2-1。

表 2-1　企业探索因素表

企业全称			地理位置	
管理型特征因素	企业类型	国企、民企还是外企等		
	组织架构	企业的部门构成及相互关系		
	组织文化	企业在其发展过程中形成的共同价值观、行为准则等		
	人员结构	企业员工的性别结构、年龄结构、学历结构等		
	人员流动	企业人员流动率以及造成人员流动的主要原因等		
	新手状况	企业新进员工的发展现状等		
发展型特征因素	所属主管部门及行业	企业的上级部门或主管部门、企业所属行业的背景		
	业务范围	从事的业务或服务		
	发展阶段	企业前身、成立时间等		
	发展规模	企业的员工人数、有无分公司、经营状况等		
	业内排行	企业在同行业内的地位		

二、学校环境

学校环境是指个体所在学校的办学理念、教学特色与专业优势、课程设置、社会影响力等。其中，办学理念是学校的灵魂，它包括学校的办学宗旨、办学目标、办学策略，具体表现在校训、校风、校规、校歌、建校原则、办学宗旨、育人取向、培养目标、育人途径、学风建设、教师形象、校园文化、工作重心等方面。先进的办学理念对内是凝聚力、向心力，对外就是核心竞争力和品牌效应。高职院校面对严峻的就业形势和高等教育的扩招压力，应当内外兼修，突出办学特色。

近年来，不同学校毕业生的就业率相差甚远。这表明用人单位在选择人才时，毕业学校仍然是个重要的参考因素，原因主要是基于人才的使用评价。用人单位认为某些高校的毕业生普遍具有更高的能力和素质。从近几年的就业状况看，大学毕业生供需比和就业率与学校所处层次及学校的社会影响有着很大的关系，这被称为"学校效应"。与此同时，在同一层次的学校中，也因办学特色、办学历史、人才培养等因素而产生品牌的差异。例如，某些高职类的学校因其鲜明的专业特色，注重学生的实验实训环节，加强学生的动手操作能力，在就业形势十分严峻的情况下，依然可以保持 90% 以上的就业率。

（一）校园文化

校园文化环境对学生的影响是直接的、持续的、潜移默化的，并且是非常重要、深远的。有没有上过正规的大学、是否度过正规的大学生活对一个人特别是对一个青年有十分重要的影响，这不仅仅是有没有坐在大学课堂里系统地听过几年课的问题，还是有没有受过校园文化环境熏陶的问题。

校园文化是以学生为主体、以校园为主要空间，涵盖院校领导、教职员工，以育人为主要导向，以精神文化、环境文化、行为文化和制度文化等建设为主要内容，以校园精神、文明观念为主要特征的一种群体文化。校园文化的本质是一种人文环境和文化氛围。健康的校园文化，可以陶冶学生的情操，启迪学生的心智，促进学生的全面发展。高职院校学生依托学校环境，以学生社团为抓手，创建具有校园特色的人际关系和生活方式，广泛开展群体活动，从而使得校园富有冉冉生机和青春活力。

（二）专业学习

大学学业与基础教育相比，最大的不同就是整个阶段都是围绕着专业学习进行的，专业特色贯穿了学习的全部过程，甚至成为大学生形象识别的标志。学习专业知识、提高专业技能、培养职业素质是大学生的根本任务。大学生要根据社会需要、时代发展和个人兴趣、特长爱好及所学专业等确立自己在大学期间专业学习的目标，并依据制订的规划及早付诸行动。

（三）社团活动

参加社团活动是对大学生学习的有益补充，有助于学生拓宽知识面，培养社交能力，提高综合素质，同时，培养自己的组织能力和语言表达能力。但参加社团活动并不是越多越好，而是应该精益求精，每个人都可以根据自身的兴趣爱好或自我提高计划的具体内容，有针对性地选择相关活动项目，量身打造专属于自己的社会活动，特别是投身公益活动，更能体现一个人关心他人、扶助弱小、奉献社会的精神面貌，应热情投入、积极表现。

（四）实习兼职

通过毕业之前的课外兼职和实习活动，大学生能够积累丰富的职业经验和社会体验。同时，可以实际验证自己的职业生涯规划，判断规划是否适合自己，决定规划是否需要调整及如何进行调整。大学生在兼职和实习期间要做个有心人，多结交相关专业的业内人士，积累自己的人脉资源，扩大自己的交际圈子，为今后的初次就业和职业发展铺垫道路。

三、院系环境

高职院校一般采用院系二级管理模式，专业建设、教学活动、学生管理、就业指导、社会实践等具体项目主要通过院系开展实施。院系的培养目标是为社会提供具备职业素质、拥有专业技能、掌握操作能力的高职人才。院系建设必须紧跟时代发展，根据市场需求调整专业和课程设置，充分发挥高职教育的职业特色，提高人才培养的教育质量，加强对毕业生的就业指导。就业困境的解决之道是以培养学生的就业本领和创新创业能力为重点，真正做到"以能力为本位，以服务为宗旨，以就业为导向"，加快院系教育教学改革的步伐，努力开创高职院校学生就业的新天地。

具体到教学实践过程中，各个院系首先要合理设置专业，调整专业的知识结构。为达到这个目的，首先，应及时了解社会对人才的需求动向和人才流动的趋势，将信息进行收集、归纳和整理，并及时以此为依据进行专业设置和课程调整，同时针对社会发展，强化专业概念。其次，改革课堂教学模式，强化职业技能、动手能力和创新能力的培养，提高学生的综合素质。课堂教学应随时把高科技、新信息引进来，不断更新学生的知识结构，还应注重培养学生的合作能力、社交能力、应变能力和心理承受能力等非技术性的职业能力。

大学生在院系学习时，首先，要提升综合素质。在学习基础知识和职业技能过程中，逐渐培养强烈的事业心和高度的责任感，树立正确的世界观、人生观、价值观。其次，要注重能力培养。能力是一个人素质的外在表现，当前社会需要大学生具有处理复杂信息的能力、处理人际关系的能力、系统分析的能力、与人协作的能力、利用资源的能力、运用技术的能力等。最后，要加强实践活动。大学生可利用课余和假期积极参加社会实践，将所学的理论知识与实际工作相结合，在实践中增加社会认知和积累工作经验，提高自身的逻辑思维能力和处理实际问题的能力，为自己的职业生涯做充分的准备。

四、家庭环境

家庭是人生活的重要场所，个体的家庭是造就其素质甚至影响其生涯的主要因素之一。人的社会化，实际上从出生的一瞬间就已开始。一个人在幼年时期，就开始受到家庭的深刻影响，这会使人形成一定的价值观和行为模式，许多人还会受到家庭中父母兄弟的教诲和各种影响，自觉或不自觉地学到某些职业知识和技能，受到某种职业价值观的影响。所以，英国教育家约翰·洛克就说"家庭教育决定孩子一生的命运"。家庭的教育方式、父母对子女升学和就业的期望、家庭的社会经济地位等都会对孩子将来的就业、择业带来影响。

有人曾对某市几所高校毕业生的职业选择进行调查，分析家庭因素对高校毕业生择业、就业的影响。研究发现，家庭经济状况不同的毕业生对待职业风险的态度也不同，父亲收入偏低的毕业生倾向于收入一般、风险较小的职业选择，如党政机关、学校、科研部门等；父亲收入较高的毕业生在择业中更倾向于外企、高新技术企业等收入较高、风险较大的职业。这种递减的绝对风险规避的心态更接近毕业生的择业实际，即证明大学生在择业时随着家庭财富的增多，可能选择更具风险性的职业。绝大部分来自农村和县镇的毕业生都不希望回到家庭居住地工作，他们往往选择离家较近的大城市，而大多数在大城市居住的毕业生则希望回到家庭居住地所在城市工作。

> **案例 2-4**
> ### 小王的选择
>
> 小王，男，某知名医学院大二学生，生长在一个医生世家，他的祖父、父亲、母亲都是外科医生，父亲是某地级市医院的骨科主任。小王从小接受的是严格的传统家教，父亲对其抱有较高期望，在学习、生活上都有严格要求，使其具备了沉稳、严谨的性格特征。小王还受家庭"救死扶伤"的职业价值观的影响，具有乐于助人的利他价值取向。尽管小王从小也有诸多的梦想，但在大学选报志愿时，他还是受父母的影响选择了医学骨外科专业。
>
> **分析：** 案例中小王的职业选择，说明家庭环境对未来职业选择会带来一定的影响，小王从小生活在医生世家，受家庭环境的熏陶和职业价值观的影响，所以在选择职业时也会选择医学专业。

（一）家庭期望

不同家庭对大学生的期望值高低不同。在期望值较高的家庭中，大学生选择的职业方向往往是社会上的"热门"，社会地位和收入等都较高。在期望值较低的家庭中，大学生则容易选择那些与自己爱好、能力等相匹配的职业方向。

（二）家庭需要

任何家庭都有正常的需要，对大学生选择职业方向也会有影响。父母的职业背景及从业经历必然对学生的职业生涯规划产生影响。如果父母是自己创业的，子女在长期熏陶中也会积累创业的意识和技能，尽管所从事的行业有可能与父母不一样。家庭经济状况及其变化不仅影响学生的就业和创业的基础，也影响他们对机遇的把握和职业理想的实现。

（三）家庭支持

家庭环境是影响大学生职业定位的重要因素，一方面，每个人性格的养成都离不开家庭的影响；另一方面，作为家庭的一员，大学生在做出自己的职业选择的时候，不得不考虑家庭的意见及实际情况。家庭是社会的"基础细胞"，父母是子女的启蒙老师，家庭的教育方式，家长的价值观都影响着大学生的心理发展。因此，大学生在就业时，其就业心理很容易受到家庭因素的影响。例如，教育模式为民主型的家庭，毕业生在就业时就自信乐观，敢于面对挑战。溺爱型家庭成长起来的大学生在严峻的就业形势面前就会感觉无助、失落，将希望寄托在家长身上。

家庭对大学生选择职业的支持态度是毋庸置疑的，但支持的力度有很大差别。这主要是由于家庭成员的社会地位、经济条件、社会关系等不同造成的。如果没有家庭的支持或家庭支持的力度太小，学生在选择职业方向时就较少考虑自己的兴趣、爱好等，而转向较容易进入的行业和较易获得的职位，反之则会寻求更高、更好的职业方向。

案例 2-5

郑铎现象

郑铎是某所技工学校高级技工班的学生，这所职业院校的数控专业比较强。三年前，由于家庭的变故，学习成绩优异的他面对家庭的贫困状况选择了收费较低的技工学校学习数控专业。郑铎选择技工学校的时候曾经对父母说："三百六十行，行行出状元，我会成为这一行里的状元的。"三年在校学习期间，他全心投入到自己的专业学习，三年后，他兑现了自己的承诺。他参加了全国数控机床技能大赛，在参加这次大赛的700多名选手中，郑铎获得学生组比赛的第一名。郑铎在大赛上的表现，吸引了众多的企业，他们纷纷联络郑铎，邀请他去工作。为了能挖来一个具有熟练操作能力的好苗子，很多企业竞相给出优厚的条件吸引郑铎到他们那里去工作，有的甚至给予他主任工程师的待遇。幸福来得有点突然，然而郑铎之所以能有现在的幸福生活完全是自己努力的结果。

分析：郑铎的成功并非偶然，面对家庭经济水平较低的现实，他选择一个专业特色突出的职业院校开始自己的学业生涯，最终通过自己的努力成功跨出了职业生涯的第一步。

能力训练

盘点你的家庭职业族谱

一、训练目标

1）通过分析家庭环境对你职业发展的影响，探索工作世界。

2）让学生通过研究调查，感知环境变化，提升洞察力。

3）让学生通过信息整理，积累相关资料，了解城市差异。

4）使学生更多地了解社会发展的特点和现实需求。

二、程序与规则

1. 材料准备

彩笔、A4纸、活页挂纸。

2. 活动要求

画出你的家族职业树（见图2-2），并讨论。

图2-2　家族职业树

1）我家族中最多人从事的职业是：_____

2）我想要从事这种职业吗？为什么？_____

3）父亲如何形容他的职业？父亲平时会提到哪些职业？他怎么说的？_____
_____

4）父亲的想法对我的影响是：_____

5）母亲如何形容她的职业？母亲平时会提到哪些职业？她怎么说的？_____
_____

6）父亲的想法对我的影响是：_____

7）家族中还有谁对职业的想法对我影响深刻？他们怎么说的？
_____

8）家族中对彼此职业感到满意或羡慕的是什么？_____

9）家族彼此羡慕的职业是什么？_____

10）对他们的想法我觉得：_____
_____

11）我的家人最常提到有关职业的事是：_____

12）对我的影响是：_____

13）哪些职业是我绝不考虑的？_____

14）哪些职业是我有考虑的？_____

15）选择职业时，我还重视哪些条件？_____

三、评价与反馈

选几名同学代表进行分享，同学探讨，教师点评。

四、参考时间

15 分钟。

思考与讨论

1. 微观环境中哪个因素对你的职业生涯发展影响最大？为什么？

2. 请你分析一下你们学校在同类院校中的特色和优势。

3. 具有什么样企业文化的公司更加吸引你？为什么？

单元三　组织和岗位认知

能力目标

1. 了解组织的类型；

2. 了解企业的类型并能进行企业探索；

3. 了解岗位的概念并能进行岗位探索。

案例导读

某公司的招聘广告

一、基本条件

1. 国内公办全日制普通高等院校统招的具有派遣资格的应届毕业生，毕业生必须取得相应的毕业证书。

2. 所学专业为石油化工类主体专业，品行端正，综合素质好，身体健康，热爱煤化工事业，能适应生产一线工作需要。

3. 学习成绩和综合测评在本专业居于平均水平以上，专业课成绩良好。

4. 优先引进学习成绩优异、获得过省（市）级以上荣誉称号和校级以上奖学金、参加重大比赛并获主要奖励、取得过相应等级的职业技能资格证书、担任过学生干部的优秀毕业生。

二、薪资待遇

实习培训期：税前 7 000 ～ 8 000 元/月，每年薪资有一定幅度的增长。

正式上岗后：执行岗位绩效工资制度，提供具有市场竞争力的薪酬。

三、福利待遇

1. 五险一金（养老、医疗、失业、工伤、生育保险和住房公积金），同时提供补充养老保险。

2. 免费提供住宿及工作餐。

3. 提供疗养补贴、保健津贴、夜班津贴、交通补贴、通信补贴、高温补贴等。

4. 发放重要节假日礼金和生日礼品。

5. 法定年休假、探亲假、婚丧假、产假、病假、事假等完善的节假日管理制度。

6. 免费定期体检等。

四、其他

1. 招聘专业：化工工艺、化工机械、高分子材料、电气自动化、仪表自动化、工业分析与检验、给排水、环境工程（水处理）、热能工程等化工类及相关专业。

2. 招聘、录用工作程序：

1）与学校进行洽谈，达成订单培养意向。

2）发布招聘公告，收集应聘大学毕业生简历。

3）招聘单位对简历进行审核，确定面试人员名单。

4）进行面试，必要时增加笔试。

5）确定意向人员，与所在学校签订订单培养协议。

6）会同学校与意向人员签订三方协议。

7）会同学校对意向人员进行为期一年的培训与考核。

8）订单培养结束前一个月，会同学校对意向人员进行考核，考核合格者办理正式录用手续，签订三方协议。

9）毕业生正式毕业的当年7月，正式录用的大学毕业生入职报到。

分析： 企业对大学毕业生的招聘条件，充分体现了企业对大学毕业生的专业、职业技能的要求。因此，大学生应关注拟从事工作岗位的招聘要求，分析其需要的技能，为就业做好准备。

组织环境是指即将步入的行业环境、企业环境的总和，是大学生面对的具体职场环境。个人所在的组织环境对个人职业发展有着重要的影响，当组织环境适宜个人发展时，个人职业更容易取得成功。但组织环境同社会环境一样，也在不断地发生变化，这些变化同样对职业提出了不同的要求。

一、组织机构的类型

组织（也称"用人单位"）是指人们为实现一定的目标，互相协作结合而成的集体或团体，如党团组织、工会组织、企业、军事组织等。这里所指的组织主要指的是学生就业的组织。

不同的组织对于人才的要求不同，当然也会面临人才不同的择业需求。国有经济类型的组织有更稳定的工作，外资企业有更多国外合作的机会和学习国外先进管理经验的机会；规模大的组织有更大的工作发展空间、更多的培训机会，而规模小的组织有更多独当一面的锻炼机会。以营利为目的的组织更看重为企业创造经济效益的能力，而非营利性的组织更看重社会公益性、社会责任感等其他方面的能力。

（一）国家机关

国家机关是指中央和地方的各级行政管理部门。它包括国家权力、行政、司法、军事等各方面的机关。国家权力机关是指各级权力机构，如：全国人民代表大会，省、自治区、直辖市人民代表大会，市、县、自治县、旗人民代表大会，乡、镇人民代表大会。国家行政机关是指国务院及其职能机构，如：部、委、办等；省、自治区、直辖市政府及其职能机构；市、县政府及其职能机构；乡、镇政府及其职能机构。国家司法机关是指各级人民法院和各级人民检察院。国家军事机关包括国家军事委员会和各级军事机构。

国家机关自设立之日起即具有法人资格。但是，并非其各级部门均有法人资格。国家行政机关的各职能机构的所属部门及其派出机构并非法人，如：财政部的各司、局，乡司法所，公安局的派出所等。在军事机关中，团以上具有独立编制的军事机关才有法人资格，而营、连、排、班则不为法人。

（二）事业单位

在我国，事业单位是指那些从事文化教育、科学技术、新闻出版、医疗卫生、体育等专业活动的社会组织。事业单位，是相对于企业单位而言的，包括一些有公务员工作的单位，是国家机构的分支，指的是以增进社会福利，满足社会文化、教育、科学、卫生等方面的需要，以提供各种社会服务为直接目的的社会组织。事业单位类型如图2-3所示。

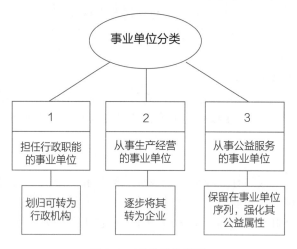

图2-3　事业单位类型

事业单位法人有两个特点：一是以公益为目的，而不是以营利为目的；二是从事文化、教育、卫生、体育、新闻等公益事业活动。它的独立经费主要来源于国家的财政拨款，也可以通过集资入股或由集体出资等方式取得。

事业单位可以分为三种情况：一种是具有管理公共事务职能的组织，如证券监督管理委员会、保险监督管理委员会、银行业监督管理委员会等，其录用工作人员参照公务员法进行管理。另一种是实行企业化管理的事业单位，这类事业单位与职工签订的是劳动合同。还有一种事业单位如医院、学校、科研机构等，有的劳动者与单位签订的是劳动合同，有的劳动者与单位签订的是聘用合同。

（三）企业单位

企业是以盈利为目的经济性组织，包括法人企业和非法人企业，是用人单位的主要组成部分。法律对不同类别企业有具体的要求，如设立的条件、设立的程序、内部组织机构等。关于企业的种类，我国的《公司法》《合资企业法》《中外合作经营企业法》《中外合资企业法》《外资企业法》《个人独资企业法》等法律及有关法规有相关规定。

企业法定分类的基本形态主要是独资企业、合伙企业和公司。法律对这三种企业划分的内涵基本作了概括，即企业的资本构成、企业的责任形式和企业在法律上的地位。

知识探索

央企与国企

（一）央企的类型

央企即中央企业，作为中国国有企业，长期以来是中国国民经济的重要支柱。按照中国政府的国有资产管理权限划分，中国的国有企业分为中央企业（由中央政府监督管理的国有企业）和地方企业（由地方政府监督管理的国有企业）。

1. 广义的中央企业

广义的中央企业包括三类

1）由国务院国资委管理的企业，从经济作用上分为三种：提供公共产品的，如军工、电信；提供自然垄断产品的，如石油；提供竞争性产品的，如一般工业、建筑、贸易。

2）由银监会、保监会、证监会管理的企业，属于金融行业，如国有四大副部级保险公司（中国人保、中国人寿、中国太平保险、中国出口信用保险）和国有五大银行（建行、农行、中行、交行、工商银行）及中国进出口银行、中国农业发展银行国家开发银行。

3）由国务院其他部门或群众团体管理的企业，属于烟草、黄金、铁路客货运、港口、机场、广播、电视、文化、出版等行业。

2. 狭义的中央企业

狭义的中央企业通常指由国务院国资委监督管理的企业

相对于其他一些国家来讲，中国国务院国资委监管的范围是比较窄的。早在2003年国务院国资委成立之初，国务院国资委所管理的央企数量是196家，经过重组，至2014年1月，国资委直接管理的央企数量113家，近几年经过多次整合重组，目前央企数量下降到了97家。

（二）国企的分类

国企，全称为国有企业，指的是一个国家的中央政府或联邦政府投资或参与控制的企业。而在中国，国有企业还包括由地方政府投资或参与控制的企业。

所谓国企的性质，就是全民所有制企业的性质。而全民所有制企业就是企业生产资料归全体人民共同所有的企业。故国企的性质就是生产资料归全体人民共同所有的企业所具有的性质。

1. 特殊法人企业

特殊法人企业由政府全额出资并明确其法人地位，由国家通过专门的法规和政策来规范，不受《公司法》规范。这类国有企业被赋予强制性社会公共目标，没有经济性目标，即它们的作用是直接提供公共服务。像国防设施、城市公交、城市绿化、水利等应该归入这类企业。这类企业需要由公共财政给予补贴才能维持其正常运行。

2. 国有独资公司

国有独资公司由政府全额出资，受《公司法》规范。这类企业以社会公共目标为主，经济目标居次。这类企业主要是典型的自然垄断企业和资源类企业，如铁路、自来水、天然气、电力、机场等。从经济学角度，这类企业的产品或服务应该按边际成本或平均成本定价，以此来实现社会福利最大化，而不是谋求从消费者那里攫取更多的剩余价值。

3. 国有控股公司

国有控股公司由政府出资控股，受《公司法》规范。这类企业兼具社会公共目标和经济目标，以经济目标支撑其社会公共目标。这类企业主要是准自然垄断企业和国民经济发展的支柱产业，如电子、汽车、医药等。需要注意的是，这类企业不直接提供公共服务，而是通过向国家财政上交股息和红利，间接提供公共服务。如果由于特殊情况，这类企业不得不履行一些公共职能，而由此造成的损失，由国家财政给予补偿。不过，在补偿以后，股息和红利不能免除。当然，通过约定和核算，二者可以相抵。

4. 国有参股公司

国有参股公司严格来说应该称之为"国家参股公司"或"政府参股公司"，不是国有企业，政府只是普通参股者，受《公司法》规范。这类企业与一般竞争性企业无异，没有强制性社会公共目标，经济目标居主导。如果它们也提供公共服务，那是它们自觉履行社会责任的行为，应该予以鼓励和支持。对于这类企业，政府参股只是为了壮大国有经济的实力，除此之外，政府对这类企业没有任何其他附加的义务。

（三）央企和国企的区别

所有的央企都是国企，但国企不都是央企。因为央企是指直属于国务院有关部门（如国资委等）的国有企业（"央"即中央，指中央人民政府）。另外，现在各个省市国资委都有下辖的国有企业。在中国，各级国资委代表国家行使出资人权利。

央企不同于国企的根本处在于以下几点：

1）央企归国务院国资委直接管理，部分央企负责人由中组部直接任命；一般国企既有隶属于地方政府管辖的，也有归口于中央其他部委管理的。简单说，地位不同，有如部长与市长之差别。

2）央企多为规模超大的企业，中国 500 强企业中，上榜的国有企业，85% 以上为央企。

3）央企是真正意义上的全民所有制企业，是国民经济的支柱。

4）央企都会明确主业，基本上都是行业内的龙头企业，大有可为。

（四）社会团体

按照《社会团体登记管理条例》的规定，社会团体是指中国公民自愿组成，为实现会员共同意愿，按照其章程开展活动的非营利性社会组织。社会团体的情况比较复杂，有党派团体，工会、共青团、妇联、工商联等人民团体和群众团体，文学艺术联合会、足球协会等文化艺术体育团体，法学会、医学会等学术研究团体，各种行业协会等社会经济团体。这些社会团体虽然《公务员法》没有明确规定参照，但实践中对列入国家编制序列的社会团体，除工勤人员外，其工作人员是比照《公务员法》进行管理的。

二、岗位和岗位探索

（一）岗位

在特定的组织中，在一定的时间内，由员工承担完成若干项工作任务，并具有一定职务和责任、权限，就构成一个岗位。在我国企业人力资源管理中，广泛使用岗位一词，以"事"为中心，将工作任务、责任、权限分派给每个员工。

一般而言，企业的岗位分类见表2-2。

表2-2　企业的岗位分类

岗位类型	岗位内容
企业管理	指经公司发文聘任的副主任级及以上管理岗位
国内业务	指产品国内销售、服务等岗位
国际业务	指产品海外销售、服务等岗位
人力资源	指人力资源招聘、培训、绩效、考勤、薪酬、福利、员工关系等岗位
行政管理	指行政、文秘、接待、公关等岗位
企划管理	指品牌推广、策划、企业文化管理等岗位
商务管理	指营销策划、支持、标书制作、商务报价、应收款管理、销售合同管理、风险管控等岗位
供应管理	指物资采购、供应商管理、报关、外协等岗位
法律事务	指法律风险预防与控制、法律纠纷处理等岗位

（续）

岗位类型	岗位内容
投资管理	指资本运作、项目投资、股权管理、证券期货等岗位
生产工程	指非生产一线的工业工程、生产安全管理等岗位
网络信息	指IT网络及硬件维护、软件开发及维护等岗位
基建工程	指基建招标管理、施工管理、工程质量管理、基建审计等岗位
财务管理	指出纳、会计核算、总账、成本管理、税务筹划、资金管理等岗位
审计考核	指内部审计、经营考核等岗位
生产支持	指生产、技术、质量、设备等部门的内勤岗位及非生产一线的生产调度、统计、录入等岗位
技术研发	指新产品开发、设计岗位
技术工艺	指产品开发中工艺改进、开发等岗位
生产工艺	指生产过程中的工艺改进、开发等岗位
质量工程	指产品非一线的质量过程控制等岗位
体系管理	指质量体系管理与维护等岗位
机械工程	指机械设计、机械设备开发与改进等岗位
电气工程	指设备电气设计、开发、改进等岗位

（二）岗位探索

岗位探索就是对岗位本身和影响岗位发展的因素的初步调研。对岗位的明确和把握，是做好职业生涯规划的重要一步，也能够让大学生在应聘时有的放矢，提高求职成功率。岗位探索的内容主要包括以下几个方面。

1. 岗位描述

岗位描述是对岗位的定义、工作内容及要具备的素质等方面进行的阐述，这是岗位的基本内容，是理解一个岗位的最直观方面。岗位描述的内容包括该岗位是什么（岗位的一般定义），该岗位做什么（核心工作内容），该岗位要具备什么（岗位胜任素质），谁做过和正在做着这个岗位（从业者体会）。

大学生在探索岗位时主要的就是要搞清楚这个岗位的核心工作内容和岗位的胜任资格。在明确了要为公司、部门做哪些工作，大学生就可以依据工作内容来判定自己是否喜欢、能否胜任。与从业者进行交流，是了解岗位的有效方式之一，不仅能够更加深入全面地了解岗位，也能为自己科学地选择岗位做好准备。

2. 岗位晋升通路

岗位是在职能的基础上根据具体需要而分化产生的，所以在同一部门、同一职能上一定会有多个类似的岗位，而了解这些岗位能为自己岗位轮换、工作转换、升职等带来很大的方便。大学生应当了解，与该岗位相关的岗位是什么（拓展发展方向及为轮岗、转换工作做准备）和该岗位的职业发展通路是什么（岗位的晋升方向）。

一般来说，在一个部门里有众多职能相同、工作相似的岗位。如招聘专员的相似岗位就是人力资源部门的众多岗位,培训专员、考核专员等。大学生对相关岗位进行同样的岗位探索,有利于大学生全面了解部门职能和培养多方面能力,进而有利于未来进行岗位轮换和工作转换、进行职业选择和个人定位。

一个岗位是有其固定的晋升通路的,如招聘专员——招聘经理助理——招聘经理——招聘总监等,但具体的晋升岗位和通路要结合企业类型和企业的发展规模,很可能一些中小公司的招聘专员就负责整个公司的招聘工作。因此,大学生应当明确自己的岗位在企业里的晋升方向,这样有利于激发工作热情和提升信心。

3. 不同背景下的岗位要求

岗位的通用要求加上不同背景下的岗位理解构成了一个岗位的最终描述。大学生在求职时要特别考虑以下因素:不同行业对这个岗位的理解是什么(行业背景下的岗位要求),不同类型企业及企业所处阶段对这个岗位的理解是什么(企业背景下的岗位要求),不同领导和上司对这个岗位的理解和要求是什么(人为背景下的岗位要求)。这些因素是制约你在公司发展的关键。

隔行如隔山是对岗位不同理解的最好注释。同样的一个岗位名称,在不同行业里完全有可能做不一样的工作,当你选择一个具体岗位时,一定要了解一下该岗位所属的行业是什么及这个行业对岗位的具体要求。

不同性质的企业,如外资、国企、私企等性质完全不同的企业对岗位的理解也是大相径庭的。企业所处的发展阶段、发展规模也是影响岗位理解的关键因素,相对来说,大企业就正规一些,而小企业就随意一些。

虽然业内对一个岗位有其通用的要求,但还是要考虑公司领导、部门上司对岗位的具体理解和要求。

4. 个人与岗位的差距

当你综合了解岗位要求之后,就可以进行差距量化和补充。全面、准确地了解自己是量化与岗位差距的前提和基础,这个要得益于自我探索的成效。差距是可以量化的,如管理能力不强,英语发音不标准等。通过量化可以使行动方向更明确,知识补充更有针对性。

案例 2-6

王超的委屈

王超是某高职院校一名会计专业的学生,他对自己的专业非常有信心,因为任何一家企业都会需要会计。在临近毕业找工作时,他去应聘一家房地产中介公司的会计,招聘广告上写明是招聘会计,在经过面试后,王超被录取了。当他去报到时,却被告知,按照公司规定,所有员工必须在一线锻炼一段时间,熟悉整个公司的运作流程后方可回到本职岗位。于是王超就被分派到分店做业务员,每天工作很辛苦,和会计专业根本不相关,而且公司也没有告知王超何时能够从事会计岗位。一段时间后,王超实在无法忍受,只好提出辞职。公司以违反劳动合同为由,要求王超支付违约金。

分析:王超在不了解岗位的具体工作内容是什么,就仓促签约,导致自己陷入困境。大学生在求职的时候,一定要搞清楚岗位的具体工作内容,仔细分析,询问工作细节,了解清楚后再决定是否签约。

能力训练

岗位大盘点

一、训练目标

对某岗位有清晰的认知。

二、程序与规则

1.材料准备

黑墨水笔、A4 纸。

2.活动要求

以小组为单位完成下列活动。

1）列出所学专业相关的初始岗位（2~3 个）。

2）了解岗位的核心内容、胜任素质、晋升方向，并找出不同行业对该岗位的不同要求。

3）查阅资料，按小组汇总材料。

4）小组分享。

三、评价与反馈

以小组为单位进行分享，组间进行评价，教师点评。

四、参考时间

20 分钟。

思考与讨论

1.你想去什么类型的组织？为什么？

2.思考不同组织之间同一岗位的区别。

3.请列举一些和你专业相关的岗位。

模块 三 自我认知

● **导读导学**

　　自我认知是职业生涯规划的基础，是大学生择业意识从"我想干什么"的幻想转变为"我能干什么"的现实上来的过程，也就是实现择业者知行统一的过程。

　　首先，认知自己，通过对自己的兴趣、性格等方面的分析，确认自己兴趣偏好，分析自己的性格特征。其次，能正确理解能力与职业关系，在职业规划中能重视对个人能力的认识和培养，着力提高自身的学习能力、实践能力、创新能力，学会知识技能，学会动手动脑，学会生存生活，学会做人做事。最后，审视并真正"拥有"自己的价值观，尊重并合理评价别人的价值观。

● 思维导图

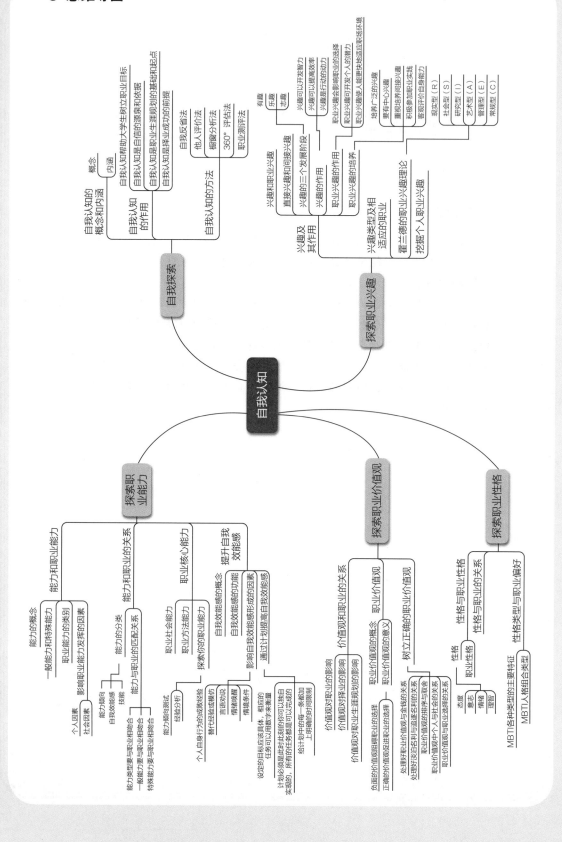

单元一 自我探索

1. 能说明自我认知的概念；
2. 能感悟自我认知的作用；
3. 能列举三种自我探索的方法。

案例导读

一斤米的价值

一个青年向一位哲人求教。

"大师，我有一件事不明白，它使我整夜睡不好觉，也使我很迷惘，希望您能给我指出一条光明的道路。"青年很虔诚地说。

哲人没有说话，青年继续说道："有人赞我是天才，将来必有一番作为；也有人骂我是笨蛋，一辈子不会有多少出息。依您看呢？"

"你是如何看待自己的？"哲人反问。

青年摇摇头，一脸茫然。

哲人说道："譬如同样一斤米，用不同眼光去看，它的价值也就迥然不同。在炊妇眼中，它不过做两三碗米饭而已；在农民看来，它最多值一元钱罢了；在卖粽子的人眼中，在被包成粽子后，它可卖出三元钱；在制饼干者看来，它能被加工成饼干，卖五元钱；在味精厂家眼中，它可提炼出味精，卖八元钱；在制酒商看来，它能造酒，卖四十元钱。不过，米还是那斤米。"哲人顿了顿，接着说："同样一个人，有人将你抬得很高，有人把你贬得很低，其实，你就是你。你究竟有多大出息，取决于你到底怎样看待自己。"

青年豁然开朗。

分析：每个人都有自己不同的价值。平庸者的最大价值是平庸，卓越者的最大价值是卓越。道理很简单，就看自己如何正确地认知自己，如何去进行一生的奋斗与努力了。

一、自我认知的概念和内涵

（一）概念

自我认知（也称"自我探索"）是指个人关于自己的反省与识别，是关于自己是怎样的人，自己应该有怎样的行为及他人对自己如何评价的认识。自我认知是主观自我对客观自我的认知与评价，包括自我感觉、自我观察、自我印象、自我分析、自我评价等。自我认知回答的一般问题是"我是谁""我是个什么样的人"等。

从职业生涯规划的范畴来讲，自我认知就是从个人职业发展角度对自我进行分析、研究，明确个人的职业发展方向，获得自我价值认同。它是个体进行职业决策的重要前提，可以从兴趣、人格、能力、价值观等几个维度进行探索。性格决定一个人最自然的行为，兴趣决定自己喜欢做什么，能力决定一个人能够做什么，价值观决定一个人愿意做什么。

案例 3-1

保安的哲学问题

小区新来的保安遇见你，总会问："你是谁？从哪里来？到哪里去？"问题的内容恰恰正是千百年来所有哲学家苦苦追寻的三个问题。的确，这是认知自我的最基本问题。

为了解决这三个哲学问题，大学生一定要明确以下几点：

——我喜欢什么？主要包括自己的兴趣、爱好、特长等。

——我适合做什么？主要是指自己的性格是否与工作的需求相吻合。

——我能够做什么？主要指自己所掌握的专业知识、专业技能和工作经验及个人综合素质、潜能等。

——我注重什么？主要指探索自己的职业价值观，之所以选择这份工作，看重的是工作带来的社会地位、经济利益、休闲等中的哪些因素。

——我做什么？这是自我分析的最后一步，也是职业生涯规划的关键一步，既是确定一个人在特定的时间、特定的地域能干什么、不能干什么，应该在什么行业和领域从事什么样的职业或工作的职业定位，也是为了解决人职匹配、人岗匹配的问题。

（二）内涵

自我探索的四个维度：

1）兴趣：是解决问题的意愿与动机，不是测验的分数。

2）性格：是基因与心智成长共同作用的产物，不是道德修养。

3）技能：是合适的人生发展平台，不是他人的评价。

4）价值观：是意义的创造与表达，不是社会地位。

这四个维度之间的关系整合成一个完整的独特的个体，即"自我"。在职业选择中，这四个维度共同起作用，其中价值观是核心，性格是关键，兴趣和能力是两个重要的辅助因素。

核心概念

霍兰德职业兴趣理论

约翰·霍兰德（John Holland，1919—2008）是美国约翰·霍普金斯大学心理学教授，美国著名的职业指导专家。他于1959年提出了具有广泛社会影响的职业兴趣理论。该理论认为人的人格类型、兴趣与职业密切相关，兴趣是人们活动的巨大动力，凡是具有职业兴趣的职业，都可以提高人们的积极性，促使人们积极地、愉快地从事该职业，且职业兴趣与人格之间存在很高的相关性。霍兰德认为人格可分为现实型、研究型、艺术型、社会型、企业型和常规型六种类型。

经过多年的发展，职业兴趣测验已在教育、培训、企业管理等领域有了越来越多的应用。企业在招聘时，通过对应聘者职业兴趣的测试判定其属于哪种类型，由此决定录用职位。在企业的日常管理中，如果出现员工和职位不匹配的情况，可测试出员工的职业兴趣，再安排与其职业兴趣相匹配的岗位。霍兰德的职业兴趣理论对个人升学就业具有重要的指导作用，已成为众多职业咨询机构的重要工具。

课堂活动

自我探索

在古城阿波罗的圣城，有一条著名的神谕，告诫人们要"认识你自己"。这至今仍是一句天启式的至理名言。

1. 我是谁？

你是否了解你自己？请为自己画出一幅画像，写出20个"我是……"。

2. 自己眼中的"我"。

假如我是一种动物，我希望是_____，因为_____；

假如我是一位演员，我希望是_____，因为_____；

如果举行假面舞会，我愿意扮作_____，因为_____。

3. 他人眼中的"我"。

别人说我_____；

_____认为我是_____，因为_____。

我们在选择职业的过程中，可能会遇到各种外来的影响因素，比如金钱与地位、家人的期望、朋友的影响等。如果受到这些因素的影响来选择职业，将会导致我们错戴"金手铐"。不要让他人观点发出的噪声淹没你内心的声音，一定要遵从自己的性格、兴趣、能力等，才能找到正确的方向。因为性格决定我们适合做什么，兴趣表露我们真心喜欢什么，技能明确我们能做什么。

自我探索不仅要通过分析式思维了解自己在价值观、兴趣、能力等各方面的特征，还应该把这些特征通过整合式思维综合起来，使我们各方面的心理特性协调发展，这样才不至于出现如"自己喜欢的不是自己擅长的""自己在做的觉得不值得"等不协调的情况。

二、自我认知的作用

自我认知是职业生涯规划中的关键步骤和环节，如果主观评价偏高于社会客观评价，往往会导致碰壁或失败；如果主观评价偏低于社会客观评价，会导致信心不足、犹豫不决，很可能会错失良机。只有当对自己的主观评价与社会对自己的客观评价趋于一致时，才容易成功。因此，自我认知是职业生涯规划得以有效实施的必要条件。

（一）自我认知帮助大学生树立职业目标

尺有所短、寸有所长。每个人都有别人无法比拟的长处，也有自我难以克服的缺点。职业生涯规划必须结合自身的特点，不同的兴趣、性格、爱好与能力，会引发不同的职业理想和职业目标。自我认知是对自我的深层次剖析，了解自己的能力大小，明确自己的优势和劣势，根据过去的经验推断未来可能的工作方向，从而彻底解决"我能干什么"的问题。

（二）自我认知是自信的源泉和依据

在自己的生活经历和所处的社会境遇中，我们能否客观地认识自我、评价自我，从而正确地塑造自我形象、把握自我发展、培养积极的自我意识，将在很大程度上影响或决定着我们的前程。每个人都是独特的，都有自己的优势，也都有自己的不足，只有全面客观地认识自我，才能充分地接纳自我，进而树立自信。也就是说，自信是产生在正确认识自我的基础之上的。过于高估自己，就是自负，而过于看低自己，则是自卑，这些对于职业生涯来说都是不利的。

（三）自我认知是职业生涯规划的基础和起点

在职业生涯规划中，认识自我就是要使自己明白：我适合干什么？——个人特质；我喜欢干什么？——职业兴趣；我最看重什么？——职业价值观；我能够干什么？——职业技能。

选择适合自己的职业，自我认知是重要的第一步。它包括认识自己的优势与劣势、自己的独特性和发展潜力；认识自己的生理特点；认识自己的理想、价值观、兴趣爱好、能力、性格等心理特点。人不能超越实际空想自己的职业发展，也不能低估自己的实力，只有正确认知自我，才能使自己的职业生涯得到正确的规划。

案例 3-2

根据火灾选助手

一位老板想从值得信任的甲、乙、丙三位助手中，选拔他们分别负责管理财务、推广业务和筹划的工作。这位老板想了解三位助手的性格特点，根据性格分配适合的工作。于是他安排三位助手下班后留在公司与他一起研究问题，在这期间，故意制造了一起假火灾，以便观察他们三个人的性格特点。结果发现，在火灾面前三个人的表现完全不同。甲说："我们赶快离开这里再想办法。"乙一言不发，马上跑到墙角拿起灭火器去寻找火源。丙则坐着不动，说："这里很安全，不可能有火灾。"老板通过三位助手各自的行为表现，找到了满意的答案。他认为，甲首先离开危险区，处于不败之地，表现出客观、谨慎、稳重、老练的性格；乙积极向危险挑战，抢先救火，忠于公司，表现出勇敢、大胆、敏捷、果断且敢于冒险的性格；丙对公司的安全有全面了解和信心，甚至可能是才智过人，早已看出这是一出"戏"，表现出沉着冷静、深谋远虑、胸有成竹的性格。老板通过自己的观察，根据他们的性格特征，分别将甲、乙、丙安排在不同的岗位上，发挥他们的性格优势，以做到人尽其才。他认为甲的性格适合管理财务工作，乙的性格适合业务推广工作，丙的性格适合筹划工作。

分析： 在选择和安排职业时，如果善于把人的性格特征和职业特点结合起来考虑，就可以更好地发挥人的性格优势和潜能，提高人的主观能动性，从而获得较高的业绩和效率。

（四）自我认知是择业成功的前提

认识自己是择业中关键的一环。在求职过程中，如果对自己有正确客观全面的了解，那么在择业时，对于一些企业提出的客观要求、职业的各种要求及任职资格都会自觉去比较和匹配，对于自己是否能胜任这份工作也有着清醒的认识，从而做出选择，同时也增加了就业成功的概率。因此，认识自我是求职成功的重要前提。所以求职者应正确地了解自己的兴趣、性格、能力和价值观，以积极正确的态度面对求职问题。

三、自我认知的方法

自我认知的方法是多种多样的，包括自我反省法、他人评价法、橱窗分析法、360°评估法和职业测评法。应将这些方法综合起来进行全方位的自我认识。

（一）自我反省法

曾子曰："吾日三省吾身。"古希腊哲学家苏格拉底说："未经反省的生活是无价值的生活。"通过对自己一些成长经历的回顾，比如过去哪些事情让自己觉得干起来非常快乐，哪些事情让自己觉得干起来很痛苦，发现自己的职业兴趣、能力特点。通过反省，还可以发现自己的成绩和进步，找出存在的不足，明确努力的方向。在使用自我反省法时，要尽量客观地评价自己，避免因为个人的认识或动机而出现较大的失误。

（二）他人评价法

全面自我认识，应当包括来自周围不同人物角色的建议。除了自己，还有我们的父母、亲戚、老师、同学等这些和我们长期共同生活的人对我们比较了解，而且相对于自我反省，他人的反馈意见可能更为客观，也许不是所有人都能对我们有全面的评价，但有可能对我们某一方面会有所了解。经常思考自己与他人的差距，有利于深入认识自我。

（三）橱窗分析法

橱窗分析法是自我探索的一个重要方法，是一种借助直角坐标系不同象限来表示人的不同部分的分析方法。坐标的横轴正向表示别人知道，负向表示别人不知道；纵轴正向表示自己知道，负向表示自己不知道（见图3-1）。

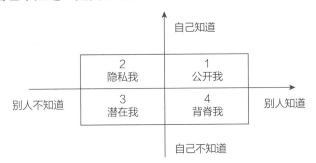

图3-1 橱窗分析法

纵横坐标把橱窗分成了4个部分，即4个橱窗，其含义如下。

橱窗1："公开我"，指的是自己知道且别人也知道的部分，属于个人展现出来、无所隐藏的信息。例如，个人的外貌、身高、性别等。

橱窗2："隐私我"，指的是自己知道而别人不知道的部分，属于个人内在的隐私和秘密。例如，一些童年往事、痛苦辛酸的经历、身上的隐疾、心中的某些不快及自身不愿意让人知道的信息。

橱窗3："潜在我"，指的是自己不知道且别人也不知道的部分，是潜能巨大、有待开发的部分。例如，从没有上过台讲话的人，可能一直不知道自己的演讲能力很棒。

橱窗4："背脊我"，指的是自己不知道而别人却知道的部分，就像自己的背部，自己看不到，别人却看得很清楚。例如，个体习惯的小动作、口头禅等，自己很难发现，除非别人告知。

通过橱窗分析法进行自我探索，能帮助个体有意识地探索"潜在我"和"背脊我"的内容。对于"潜在我"的探索，需要个体积极主动探索新的领域，尝试新的行动。对于"背脊我"，个体只要能够虚心诚恳、真心实意地征询他人的意见和看法，多与家人、朋友、同事等开展交流，就能够了解"背脊我"的部分。

（四）360°评估法

360°评估法源自人力资源管理中的绩效考核方法，其特点是评价唯独多元化（通常是4个或4个以上）。360°评估法是由熟悉自己、与自己关系密切的来自不同层面的人员作为评估者（如家人、老师、朋友、同学等），对自我进行多角度的评估。这种方法可以减少盲目的自我评估，当别人对自己的印象都很一致时，这个反馈意见就非常值得去重视。要注意的是，在获得很多反馈时，要懂得分辨，尤其是那些反馈差异很大的信息，更需要花一些时间去了解和辨别。

可以通过360°评估法用表（见表3-1）测试一下自己，然后相互交流一下结论，看看评价是否客观。

表3-1　360°评估法用表

评价人群	优点	缺点
自我评价		
家人评价		
朋友评价		
同学评价		
老师评价		
结论		

（五）职业测评法

这是大学生在进行自我探索时最常用到的方法。该方法是借助先进的职业发展理论，使用比较成熟的职业测评工具，对自己的兴趣、性格、价值观及能力等进行全方位的、深层次的量化评价和分析，更科学地、全面地认识自己，了解自己最看重的是什么，自己最喜欢的是什么，自己最擅长的职业技能又是什么，进而清晰地确定自己喜欢又适合自己的职业发展目标和方向。当测评结果与自我认知差异较大的时候，建议寻求心理测试领域的专家或职业咨询顾问的帮助来解读测试结果，或者自己通过其他自我探索的方式来对测评结果进行求证和澄清。

为了最大限度地发挥职业测评的效用，首先，应该选用一个权威性比较高的心理测试工具；其次，在做测验的过程中，一定要按自己的真实想法回答，避免主观情绪；最后，要选择一个安静、没有外界干扰的环境进行测验。

能力训练

写下我的成就事件

一、训练目标

通过对过去的成就事件回顾，更加准确地认识自己的优点和缺点。

二、程序与规则

建议时间：30分钟。

1.请同学们回忆过去曾取得的成就，或者是曾做过自认为比较成功、感觉很好的事情，可以是兼职、学习成绩、商业活动、社会活动、课外活动、领导、人际关系、艺术、运动、协作、研究、社团、家庭、旅游、爱好等方面。

2.请写出这些成功的经历，越详细越好。

1）_____

2）_____

3）_____

4）_____

5）_____

6）_____

7）_____

8）_____

9）_____

10）_____

3.对自己的答案进行分析，与团队分享。

4.请个别同学发言，班级内分享。

三、讨论

成就回顾法在职业生涯规划中起什么作用？

四、总结

成就回顾法可以让人获得自信和满足，也能让人更清楚自己喜欢的职业与工作，发现自己的优势。但对于无实际职场经验的人来说，可能会出现偏差。

思考与讨论

发现不一样的自己

1.回想自己拥有的最强技能：

_____

2.自己最精通的知识领域：

_____

3.自己最突出的性格特点：

_____

4.自己最擅长做的事情：

_____

5.曾经取得的最重要的成绩：

_____

单元二 探索职业兴趣

能力目标

1. 了解兴趣的概念和分类;
2. 辨析兴趣的类型与作用;
3. 能运用霍兰德的职业兴趣理论探索个人职业兴趣。

案例导读

兴趣的关键作用

职业兴趣总能给人带来一种强大的精神力量,它使人不知疲倦、不畏辛劳,甚至废寝忘食、如醉如痴。

牛顿常常一连几个星期都留在实验室里,直到实验完成。有一次,他着迷搞实验,竟把手表当鸡蛋放到锅里去煮。还有一次,牛顿的朋友来看他,他把饭菜摆到桌上后,又一头钻进了实验室。这个朋友等得不耐烦,就先吃了起来,吃过后没有告辞就走了。牛顿做完实验出来,一看桌上的盘碟,自言自语地笑着说:"我还以为没吃饭呢,原来已经吃过了!"说着又走进实验室去了。

分析:兴趣会在一个人的学业和职业的成功中起着重要的作用。爱迪生曾说,对实验室的辛苦工作"我每天其乐无穷"。的确,在生活中,如果一个人对某类活动有强烈的喜好,就会乐此不疲。它可以影响人的职业定位和职业选择,在工作中能够激发人的潜能,使其更容易取得令人瞩目的成绩。

一、兴趣及其作用

(一)兴趣和职业兴趣

兴趣是指人们力求认识某种事物和从事某项活动的心理倾向,以特定的人、事物或活动为对象,常常伴随着积极的情绪体验。兴趣是人积极探索某种事物的认识倾向。

职业兴趣是人们追求某种职业或从事某种职业的个性取向。拥有职业兴趣能够增加一个人的职业满意度。预测一个人职业选择最好的方法就是询问这个人自己想做什么。

一个人对某种职业感兴趣,他在工作中就能全神贯注、积极热情、富有创造性地努力完成所从事的工作。一个人对自己的专业或工作毫无兴趣,即使聪明能干,如果缺乏自觉地、主动地、不断地追求新的成就的热情,也不可能在本专业或本行业中有所建树。在择业过程中,职业兴趣一旦产生,就成为择业的定向因素。

(二)直接兴趣和间接兴趣

所谓直接兴趣,是指对认识事物或从事活动本身有兴趣;所谓间接兴趣,是指对事物或活动本身虽没有兴趣,但对认识事物或从事活动的结果有兴趣。直接兴趣是对活动本身感兴趣，如由于喜欢英语而努力学习英语。间接兴趣是对活动的结果感兴趣，如为了得到老师的赞扬而学习英语。一般认为，直接兴趣更持久、活动促进效果更好。在工作过程中，这两种兴趣都是必要的。如果缺乏直接兴趣，会使工作成为一种沉重的负担；如果没有间接兴趣，又会丧失工作的目标和恒心。

（三）兴趣的三个发展阶段

从兴趣的发生和发展来看，一般要经历这样一个过程：有趣→乐趣→志趣。

1. 有趣

有趣是兴趣发展的第一阶段，也是兴趣发展的低级水平，它往往易起易落，转瞬即逝，非常不稳定。处于这一阶段的兴趣常常与人们对某一事物的新奇感相联系，随着这种新奇感的消失，兴趣也会自然逝去。

2. 乐趣

兴趣发展的第二阶段为乐趣，乐趣又被称为爱好。它是在有趣定向发展的基础上形成的，是兴趣发展的中级水平。在这一阶段或水平上，人们的兴趣会向专一的、深入的方向发展。如一个人对汽车很有乐趣，他不但会学习这方面的知识，还会亲自装配和修理，并参加有关的兴趣小组活动和论坛。

3. 志趣

当乐趣同一个人的社会责任感、理想、奋斗目标结合起来时，便会转化为志趣。它是兴趣发展的高级水平。志趣是取得成就的根本动力，是成功的重要保证，具有社会性、自觉性和方向性三个特点。

拓展思考

一份来自哈佛的研究报告

在 1960 年，哈佛商学院对 1500 名毕业生进行分组研究，一开始即将其分成两组：第一组，计划先赚钱，然后做自己想做的事，共 1 245 人，占 83%；第二组，先追求自己真正的兴趣，认为以后财源自然会滚滚而来，共 255 人，占 17%。结果在 20 年后，两组共诞生 101 位百万富翁，其中，1 人属于第一组，100 人属于第二组。

试问：是什么激励一个人能够一直对所从事的职业具有浓厚的兴趣，并长期坚持下去，直至成功？

（四）兴趣的作用

兴趣是人在认识某种事物或从事某项活动时的心理倾向。一般来说，兴趣对于人的一生具有很大的作用：

1. 兴趣可以开发智力

兴趣是最好的老师，是开发智力、挖掘潜能的钥匙。兴趣是一种强大的精神力量，它可以使人集中精力去获得知识，并创造性地开展工作。古今中外著名的科学家、艺术家之所以能对人类做出贡献，莫不是由于他们的创造兴趣和他们对事业的责任感相结合而凝成的一股强大力量，推动他们不懈努力而取得成功的。当一个人对某种事物发生兴趣时，就能调动整个身心的积极性，积极地感知、观察事物，积极思考、大胆探索，情绪高涨，想象丰富，并具有克服困难的意志。反之，"牛不喝水强按头"是不能取得好的效果的，当然也就不能充分发挥一个人的聪明才智。

2. 兴趣可以提高效率

当一个人对某工作不感兴趣时，即便很努力，也一直在坚持，可最终还是体会不到工作的快乐。兴趣使工作不再是一种负担，而是一种享受。兴趣可以调动身心的全部精力，以敏锐的观察力、高度集中的注意力、深刻的思维和丰富的想象投入工作，从而有助于工作效率的提高。

据研究，如果一个人对某工作有兴趣，就能发挥他全部才能的 80% ～ 90%，并且长时间保持工作高效而不感到疲倦。兴趣表现为做这件事情永远都不会累，而且会忘记时间，深深地投入到这件事情。当人们在专心致志地、积极地参与某种活动，忘记了时间和自己的时候，他们感到最为愉快和满足。这种"聚精会神""忘我"的状态称为心流。而对工作没有兴趣的人，只能发挥全部才能的 20% ～ 30%，也容易精疲力竭。多方面的兴趣可以使人善于应付多变的环境。如需变换工作，只要自己感兴趣，也能很快熟悉、适应新的工作。

3. 兴趣是行动的动力

英国著名人类学家古道尔从小喜欢生物，她在中学毕业后，对黑猩猩的强烈兴趣，使她不畏艰险，只身进入热带森林与黑猩猩一起"生活"了 10 年之久，并获得了极为宝贵的第一手资料，为揭开黑猩猩的秘密做出了贡献；在学校里被人骂为"智障""低能儿"而被勒令退学的爱迪生，却显示出杰出的物理才华；在课堂上"智力平平"的达尔文，在大自然的怀抱里却显得异常聪明和敏锐，成为进化论的创始人。

是什么使他们由"愚蠢"变得聪明？是兴趣。谁找到了自己最感兴趣的工作，谁就等于踏上了通向成功的道路。

（五）职业兴趣的作用

1. 职业兴趣会影响职业的选择

在求职择业的过程中，人们除了考虑待遇等问题外，常常以自己是否对某种职业有兴趣作为重要考虑的因素，一旦发现自己对某种职业有浓厚的兴趣，他们就会努力地去谋取或追求这一职业，并在得到这一职业后，尽心尽力地去做好。

2. 职业兴趣可开发个体的潜力

在职业活动中，职业兴趣能够促使一个人发挥自己的主动性和创造性，以一种积极的态度来面对工作。当遇到困难时，在职业兴趣的引导下，个体会积极地去思考，想方设法解决这一难题，而不轻易放弃。在这一思考的过程中，人的潜力会得到充分的开发，自己的能力也在不知不觉中得到增强，从而更容易在职业活动中取得成果，促进个体的进步。

3. 职业兴趣使人能更快地适应职场环境

在职业兴趣的引导下，人们会以一种乐观向上的态度面对自己所处的职业环境，尽自己一切的努力去适应它，以求得到更大的发展。他们会尽快地适应本职工作，进入自己的职业角色，使自己在职业活动中尽早摆脱一个新人的地位。

（六）职业兴趣的培养

职业兴趣是可以通过多种途径，加上自己的努力去改变、发展和培养的。在培养职业兴趣时，可从以下几个方面努力。

1. 培养广泛的兴趣

具有广泛兴趣的人，不仅对自己职业领域的东西有着浓厚的兴趣，而且对其他方面也有一定的兴趣。这种人眼界比较开阔，在解决问题时也可以从多方面得到启发，在职业选择上有较大的余地。

2. 要有中心兴趣

人的兴趣应广泛，但不能浮泛，要有一定的集中爱好，即广且有重点，才能学有所长，获得深邃的知识。如无中心兴趣，往往会知识肤浅，没有确定的职业方向，心猿意马，难有成就。

3. 重视培养间接兴趣

人在最初接触某种职业时，往往对职业本身缺乏强烈的兴趣，必须要从间接兴趣入手培养职业兴趣。如了解该职业在社会中的意义、对人类的贡献、职业的发展机会等以引起职业兴趣。

4. 积极参加职业实践

只有通过职业实践，才能对职业本身有深刻的认识和了解，才能激发自己的职业兴趣。职业实践活动包括生产实习、社会调查、参观访问及组织兴趣小组等。

5. 客观评价自身能力

兴趣是成功的前提，但事业成功也必须具备该职业所要求的能力。因此，在培养职业兴趣的同时要客观评价自己的能力，看自己是否适合某种职业。在此基础上形成的职业兴趣才是长久的。

二、兴趣类型及相适应的职业

兴趣本身不是为了从事什么职业而产生和形成的，但它可以根据职业的种类进行分类，这样就出现了职业兴趣类型。不同的职业需要不同的兴趣特征。如《加拿大职业分类词典》分析了兴趣类型的特征及相关的职业，见表3-2。

表3-2 10种兴趣类型的特征及相关的职业

序号	兴趣类型	特征分析	相关职业举例
1	喜欢与具体事务打交道	喜欢接触工具、器具和数字，而不喜欢与人打交道。希望能很快看到自己的劳动成果，并从完成的产品中得到满足	制图员、修理工、裁缝、木匠、建筑工、出纳员、会计员、勘测人员、工程技术人员、机器制造人员等
2	喜欢与人打交道	喜欢与人交往，一般对销售、采访、传递信息一类的工作感兴趣	记者、推销员、营业员、服务员、教师、行政管理人员、外交联络人员等
3	喜欢与文字打交道	喜欢有规律的活动，习惯在预先安排的程序中工作，愿意干有规律的工作	邮件分类员、办公室职员、图书管理员、档案整理员、打字员、统计员
4	喜欢从事农业、生物、化学类工作	喜欢生物、化工方面的实验性活动	农业技术员、饲养员、化验员、制药工、菜农

（续）

序号	兴趣类型	特征分析	相关职业举例
5	喜欢从事社会福利和帮助人的工作	喜欢帮助别人解决困难，这类人乐于帮助人，试图改善他人状况，为他人排忧解难	律师、咨询人员、科技推广人员、教师、医生、护士
6	喜欢做组织和管理工作	喜欢掌管一些事情，以发挥重要作用，希望受到众人尊敬和获得声望，愿做组织管理工作	各级各类组织管理者，如行政人员、企业管理干部、学校领导和辅导员等
7	喜欢研究人的行为和心理	喜欢涉及人的话题，对个人的行为举止和心理状态感兴趣	研究人、管理人的工作，如心理学、政治学、人类学、人事管理、思想政治教育等研究工作者，以及教育工作者、经济管理工作者、社会科学工作者、作家等
8	喜欢从事科学技术工作	喜欢通过逻辑推理、理论分析、独立思考和实验去发现和解决问题，对分析、推理、测试活动感兴趣，善于理论分析，喜欢独立地解决问题，也喜欢通过实验得出新发现	生物、化学、工程学、自然科学工作者和工程技术人员等
9	喜欢从事有想象力和创造力的工作	喜欢独立的工作，对自己的学识和才能非常自信。乐于解决抽象的问题，而且急于了解周围的世界	社会调查员、经济分析员、各类科学研究工作者、演员、画家等
10	喜欢从事操作机器的技术型工作	对运用一定技术操作各种机械、制造产品感兴趣	飞行员、驾驶员、机械制造人员、建筑工人、石油和煤炭开采人员

三、霍兰德的职业兴趣理论

霍兰德将职业兴趣分为六种基本类型。

（一）现实型（R）

这类人习惯于发现目标、创造目标。其特点是遵守纪律、喜欢安定、感情较为贫乏、洞察力不够敏锐。他们喜欢操纵工具、机器，能适应客观自然和具有明确任务的环境，重视物质的实际收益。这类人比较适合从事有明确要求和需要一定技能技巧，能按一定程序进行的工作，如农业、机械、电子技术、采矿等行业。

（二）社会型（S）

这类人乐于助人、惯于交际、容易合作、重视友谊、责任心强。他们适合要求理解、缓和他人行为的环境。他们对那些为他人直接服务、为别人谋福利、与他人建立和发展各种关系的职业一往情深，如教育、咨询、医疗等行业。

（三）研究型（I）

这类人好奇心强，强调分析和反省。他们乐于选择观念革新、具有开拓性的生产环境。

他们喜欢需要观察和科学分析的创造性活动与需要探索精神的工作项目，如科研、创作、计算机编程等行业。

（四）艺术型（A）

这类人具有丰富的想象力，有理想、好激动、善于创新。他们精于利用情感、直觉与想象来开创艺术形式或创造艺术作品。他们习惯从事非系统的、自由的，要求利用感情和直觉来欣赏、领会或创造艺术形式的行业，如美工、作曲、影视、文学创作等。

（五）管理型（E）

这类人具有高度热忱和冒险精神，他们自信、交友广泛、精力旺盛、善于表达自己的意见。管理、生产销售、政治、外交等方面的职业比较适合他们。

（六）常规型（C）

这类人顺从，具有良好的自我控制能力，但缺乏想象力。他们喜欢稳定、有秩序的工作环境。他们适合从事对众多信息进行加工和整理的工作，如办事员、仓库管理员、会计等。

然而，大多数人都并非只有一种性向（倾向性或适应性），比如，一个人的性向中很可能是同时包含着社会性向、现实性向和研究性向。霍兰德认为，这些性向越相似、相容性越强，则一个人在选择职业时所面临的内在冲突和犹豫就会越少。

四、挖掘个人职业兴趣

找到自己的兴趣点，也就回答了职业生涯规划的第一个基本问题，即"我到底想干什么？"常见的职业兴趣测验还有：库德测验、霍兰德测验、ACT测验等。

根据二维码中内容进行测试，就可以找出与自己职业兴趣类型相符的职业。

挖掘个人职业兴趣

霍兰德职业代码

很多人苦于自己没有特定的兴趣爱好，抱怨自己兴趣太宽泛而不专注。其实每个人都可以通过刻意练习，培养一个终身的、稳定而持久的兴趣爱好。这就需要进行以下的训练。

1）多尝试多练习。有些人常说对某项活动没有兴趣，也不爱好。究其原因，主要是没有尝试和练习的结果。对某项活动缺乏兴趣的人，一般是怀疑自己缺乏某种能力，怕做不好，惹人笑话，干脆说没兴趣、不爱好。事实上，只要肯练习，慢慢就会尝到甜头，兴趣爱好也就产生了。

2）想办法加入同类组织。加入同类组织，一方面可以与同行交流，提高自己的水平。另一方面，又可强化自己的兴趣，使其升华，甚至会成为自己的终生职业。

3）积极发表自己的作品，力争得到社会的承认。人是希望有所作为的，积极发表自己的作品，这能增加自己的信心，给自己带来希望，当得到承认后，就会使你成为一个有用的人、一个有价值的人、一个有利于社会的人，这是人生的一个目标。

这个训练过程还需要我们不断地验证、否定、打磨、扩充……但是别怕，坚持下去，相信自己肯定会不断突破自身的局限，培养出具有核心竞争力的兴趣爱好。

经典分享

祖冲之的成功之路

从小祖冲之的小脑袋里就充满了各种奇思妙想，对于天地之间的秘密非常感兴趣。有一天，祖父带祖冲之去拜访一位精通天文的官员何承天。何承天很喜欢聪明伶俐的祖冲之，就问祖冲之：研究天文不但辛苦，而且既不能靠它升官，也不能靠它发财，你为什么还要钻研它呢？

祖冲之拍着胸脯说：我不求升官发财，只想弄清天地的秘密。

打那以后，祖冲之经常去找何承天研究天文历法和数学，还研究各种机器制造等。通过刻苦的钻研和丰富的实践，祖冲之终于成为杰出的数学家、天文学家。

分析：兴趣是成功的奠基石，兴趣对职业发展的影响是职业能否走向真正成功的重要决定因素。对职业的兴趣能让自己全身心地投入到工作中，不计较得失，更能忍受成功前的寂寞，加快职业生涯发展的步伐。

能力训练

职业生涯幻游

一、训练目的

通过对未来职业生涯的幻游，寻找自己的职业兴趣。

二、程序与规则

大家根据前面的测试，闭上眼睛想象自己已经由时空旅行来到十年后的世界。十年后的你是什么样子？你在做什么？你周围是些什么样的人？五分钟后睁开眼睛，回到现在，欢迎你旅游归来，请用画笔或文字把刚才的旅途心境与感受描绘出来，并一起分享讨论。

十年后的我从事的工作（含读书）_____。

十年后的我居住的场所在_____。

十年后的我居住的场所周围环境为_____。

十年后的我居住的场所周围人群为_____。

十年后的我从事的工作是_____。

十年后的我从事的工作的具体内容是_____。

十年后的我从事工作的场所在_____。

十年后的我从事工作的场所周围环境为_____。

十年后的我从事工作的场所周围人群为_____。

三、总结

通过训练，更加明确自己的职业兴趣点，更好地把握自己的职业倾向，从而在未来职场中扬长避短。

思考与讨论

1. 认真做好职业兴趣测试,有利于个人的职业生涯规划,更好地指导以后的工作方向。将你所做的职业兴趣测试结果和朋友分享,互相分析测试结果是否与自己的兴趣契合。

2. 除了霍兰德职业性向测试外,利用课余时间了解其他的职业兴趣测试方法,如斯特朗职业兴趣量表、库德职业兴趣调查表等。

单元三　探索职业性格

能力目标

1. 了解兴趣与职业发展的关系;

2. 能分析不同性格与职业之间的关系;

3. 运用 MBTI 测试探索个人职业性格。

案例导读

职业规划专家的小实验

职业规划专家做过一个小小的实验,即让被测试者在一张纸上或是书页边上签上自己的姓名。然后说:"完成了吗? 好,现在换另一只手再签一次。"大多数人给出的反馈都是感到别扭。因为大多数人在第一次签名后会说很自然、很简单、很快、毫不费力。然而当换另一只手时,经典的回答是很慢、别扭、困难、发酸、很累、要花很多时间、花费更多精力和心思。职业规划师认为用手的习惯可以很好地说明,找到与性格匹配的职业的重要性。当使用你惯用的那只手时,你会感到舒适和自信;若强迫使用另一只手,则绝不会像先前那样灵活自如,收到的效果当然也就不那么令人满意了。

分析:清晰地了解自己的职业性格,找到与自己性格相匹配的职业,可以让你的职业生涯得心应手、游刃有余。

一、性格与职业性格

人们常说"性格决定命运",这句话更深的意义是,什么样性格的人适合从事什么样的职业。在职业的选择上,性格和职业相匹配,能够提高人在职业上的幸福感。这也是近年来许多用人单位在招聘选人时加入了性格测试这一项目的原因。近年来,国外用人单位在招聘时出现一种新观念,即认为性格比能力更重要。他们认为,如果一个人能力不足,可以通过后期的培训逐渐提高,一年不行两年,两年不行三年,总是可以培训出来的,但如果一个人的性格不好就很难改变,正所谓"江山易改,本性难移"。所以这些单位在招聘时,会把性格测试放在首位，当性格与职业吻合时，才会对其能力进行测试考查。

（一）性格

性格是一个人在对现实的稳定态度和习惯化了的行为方式中所表现出来的个性心理特征。人的性格特点主要表现在态度、意志、情绪、理智四个方面。

1. 态度

态度主要是指处理各种社会关系方面的性格特征，如能言善辩或沉默寡言、直率或虚伪、细致或粗心。

2. 意志

意志主要是指人在对自己行为的自觉调节方面的性格特征，如主动或被动、勇敢或怯懦。

3. 情绪

情绪主要是指人产生情绪活动时在强度、稳定性、持续性和主导心境等方面表现出来的性格特征，如情绪起伏波动的大或小。对于大学生来讲，应塑造阳光心态，把正面情绪调动出来，使自己经常处于积极的情绪当中。

4. 理智

理智主要是指人在认知过程中的性格特征，如幻想型和现实型。

性格的特征并不是孤立的，而是互相联系的，在个体身上结合为一体，形成一个人不同于他人的"标签"。大学生了解自己的性格特征，有利于今后的职业发展，从而形成自己的职业性格。

（二）职业性格

职业性格是指人们在从事某种职业后，因为职业的需求或对该职业从业者的普遍要求所形成的较为固定的性格要素集合。如果一个人的性格能和职业性格相匹配，那无疑是一件幸福的事情，如果一个人的性格与职业性格相差甚远，那可以说是一种折磨。每一种职业都对性格特征有特定的要求，如：驾驶员要具备注意力集中、动作敏捷的职业性格特征，护士要求具备耐心细致、热情待人的职业性格特征，艺术家要求有想象力、创造性等性格特征。

二、性格与职业的关系

中国古代教育家孔子非常重视性格在一个人事业发展中的作用。鲁国大夫季康子向孔子打听他的几个得意门生的才干，孔子一一作答。季康子问：有军事才能的子路可否从政？孔子说：子路个性相当果敢，可为统御之帅，如果从政，恐怕不太合适，因为怕他过刚易折。季康子又问：请子贡出来做官好不好？孔子说不行，子贡太通达，把事情看得太清楚，功名利禄全不在眼下，如果从政，也许会是非太明而不妥当。季康子又问：冉求是否可以从政？孔子说，冉求是个才子、文学家，名士气太浓，也不适合从政。一生仕途坎坷的孔子，已经对个人性格对事业发展带来的影响有了深刻的认识。可见，一个人从事的职业和未来的发展方向都是与性格息息相关的。

人的性格类型与职业之间有着一种内在的相关性，一方面，不同的性格类型适合不同的职业要求，另一方面，从事某种特定职业的人员，会按照职业的要求，不断巩固或调整原有的性格特征，甚至影响职业原有的一些特点。从上述例子中我们不难看出，性格对一个人的成功有着很大的影响，如果一个人从事的职业是依据其性格选择的，与他的个性相适应，那他工作起来就会得心应手、心情舒畅且容易取得成绩。如果性格与职业不相适应，性格就会阻碍工作的顺利进展，使从业者感到乏味、被动、无兴趣、力不从心、精神紧张，不易取得成功。因而在职业生涯中要考虑个人的性格，它已被认为是人生职业的定位。根据你的性格特征，选择你适合从事的职业，这样会更容易取得成功。

课堂活动

岛屿度假计划

通过一个小活动，可以更好地了解自己的职业兴趣。

活动：岛屿度假计划。

目标：分析自己的职业兴趣。

时间：40分钟。

假如你获得了一次免费度假旅游的机会，可以去表3-3所列的6个岛屿中的一个。唯一的要求是你必须在这个岛上住满半年的时间。请不要考虑其他因素，按照自己的喜欢程度选出你最想前往的3个岛屿。

表3-3　岛屿测试

岛屿名称	描述
A岛： 美丽浪漫的岛屿	岛上遍布着美术馆、音乐厅，弥漫着浓厚的艺术文化气息。同时，当地的原住民还保留了传统的舞蹈、音乐与绘画，许多文艺界的朋友都喜欢来这里找寻灵感
I岛： 深思冥想的岛屿	岛上人迹较少，建筑物多僻处一隅，平畴绿野，适合夜观星象。岛上有多处天文馆、科博馆及科学图书馆等。岛上居民喜好沉思、追求真知，喜欢和来自各地的哲学家、科学家、心理学家等交换心得
C岛： 现代、井然的岛屿	岛上的建筑物十分现代化，是进步的都市形态，以完善的户政管理、地政管理、金融管理见长。岛民个性冷静保守，处事有条不紊，善于组织规划，细心高效
R岛： 自然原始的岛屿	岛上保留有热带的原始植物，自然生态保持得很好，也有相当规模的动物园、植物园、水族馆。岛上居民以手工见长，自己种植花果蔬菜、修缮房屋、打造器物、制作工具，喜欢户外运动
S岛： 温暖友善的岛屿	岛上的居民个性温和、十分友善、乐于助人，社区均自成一个密切互动的服务网络，人们多互助合作，重视教育，关怀他人，充满人文气息
E岛： 显赫富庶的岛屿	岛上的居民热情豪爽，善于企业经营和贸易。岛上的经济高度发达，到处是高级饭店、俱乐部、高尔夫球场，来往者多是企业家、经理人、政治家、律师等，财富论坛和其他行业峰会曾多次在这里召开

1）按自己第一选择的岛屿分组就座。

2）同一岛屿的人交流一下：自己为什么选择这个岛屿，看看大家有什么共同的兴趣爱好，并归纳关键词。

3）根据大家的交流给自己的小组命名并选取一个标志物和标志，在白纸上制作一张本小组的宣传海报。

4）每个小组请一位同学用2分钟时间展示自己小组的宣传海报并在全班介绍一下本小组成员的共同特点。

三、性格类型与职业偏好

迄今为止，在各个领域应用最多的性格评价工具是 MBTI。性格类型的概念是由瑞士的心理学家卡尔·荣格提出来的。根据大量的观察，荣格推断不同的行为是源于个人在运用心智方面具有不同的倾向。人们习惯按照各自的倾向行事，就逐渐形成了各自的行为模式。荣格提出，世界上有 3 个维度和 8 种性格类型。到了 20 世纪 50 年代，美国的一对母女迈尔斯和布里格斯在此基础上发展出多一个维度，并逐渐形成了 MBTI 性格类型理论。

MBTI 性格类型理论是目前国际上权威的、广泛使用的理论。它系统地把握了人的性格，也解释了为什么不同的人对不同的事物感兴趣、擅长不同的工作，并且有时不能互相理解。

在 MBTI 性格类型理论中把人的性格分为 4 个维度，每个维度有 2 个方向，共计 8 个方面，见表 3-4。

表 3-4　MBTI 的性格分类标准及类型特点

分类标准	类型	特点	类型	特点
能量倾向	外倾（E）	注意力和能量都主要指向外部的人和事，习惯于从事外界活动，喜欢与人打交道	内倾（I）	注意力和能量主要集中于内心世界，喜欢独处、内省、孤僻和安静
接收信息	感觉（S）	注意和留心事物的细节，用感官接收信息，着眼于现在	直觉（N）	用超越感官的方式获取信息，相信灵感，从整体上看事物，着眼于未来
处理信息	思维（T）	崇尚逻辑公正、通过事实和数据做出决定，有一套既定的行为准则，很少把自己个人情感牵涉到决定当中	情感（F）	通过个人的价值观和感受做出决定，通常会主观的、感情化的，注重人际和睦
行动方式	判断（J）	倾向于通过思维去组织、计划和调控自己的生活，喜欢条理分明、秩序井然，希望凡事都在掌控中，注重结果，通过完成任务获得满足	知觉（P）	倾向于用感觉和知觉的方式做决定，不介意变化，态度总是灵活机动的，希望事情能任其自然发展，注重过程，通过接触新事物获得满足

这 8 个方面分别回答我们行事的不同风格：外倾（E）和内倾（I），我们与世界的相互作用是怎样的？感觉（S）和直觉（N），我们自然留意的信息类型是什么？思考（T）和情感（F），我们如何做决定？判断（J）和知觉（P），我们的做事方式是什么？每个人的性格都落足于每个维度两端的中点的这一边或那一边，我们把每个维度的两端称作"偏好"。例如，如果落在外倾的那一边，那么就可以说你具有外倾的偏好；如果落在内倾的那一边，那么就可以说你具有内倾的偏好。

案例 3-3

选择职业得"量体裁衣"

早在张桐鑫快毕业的时候，家里人便建议他留在宜宾通过考试找一份比较稳定的工作，理由是：张桐鑫从小老实本分，性格也属于较为内向的孩子，思维不够活跃，想法也较为单纯。当时正在招社团干部，家人都希望他参加考试，认为这个工作比较适合他，是个不错的机会。可张桐鑫自己却认为这个工作太局限，而且工资待遇才一千元，远远没有达到他最初的要求，便断然放弃了这次机会。

原来，张桐鑫身边有两个好朋友毕业以后都选择外出闯荡，一位做汽车销售员，一位做电影城的服务人员，不到三年的时间，前者升职为销售助理，也有了自己的小汽车，而后者当上了领班，月收入超过了 3 500 元，这都令张桐鑫羡慕不已。他们的学历都不高，也都是从底层做起，张桐鑫不顾家人的反对，毅然来到了成都。

在两位朋友的推荐下，张桐鑫先后在汽车卖场及电影城工作，但都因为业绩不达标，三个月的试用期后就离开了。卖汽车全靠脑子和嘴巴，朋友私下也给了他很多指点，比如要和顾客拉近关系，要主动和潜在客户加强联系，要尽可能地扩大自己的销售对象等，可他天生口才就不怎么好，真不知道该和顾客说什么、怎么说。

如今，张桐鑫回到宜宾，采纳家人的意见，准备参加事业单位的招聘考试。他告诉记者，这两年的求职经历让他明白了，选择职业很关键，一定要切合自身特点，找到自己的优势和劣势，"量体裁衣"才会事半功倍！

分析： 人生的秘诀在于经营自己的长处。在现实生活中，我们只有选择适合自己性格的职业，才能发挥自己的长处来工作。如果性格与职业搭配相当，职业生涯之路必然会多一份平坦。因此，我们在选择职业时一定要考虑自己的性格特征，尽量选择适合自己性格的工作，使自己的性格和职业相吻合。

1. MBTI 各种类型的主要特征

MBTI 各种类型的主要特征比较见表 3-5～表 3-8。

表 3-5 外倾型（E）和内倾型（I）的特征比较

外倾型（E）	内倾型（I）
与他人相处时精力充沛	独处时精力充沛
行动先于思考	思考先于行动
喜欢边想边说出声	在心中思考问题
易于"读"和了解；随意地分享个人感受	更封闭，更愿意在小群体中分享个人感受
说的多于听的	听的比说的多
高度热情地参与社交	不把兴奋说出来
反应快，喜欢快节奏	仔细考虑后，才有所反应
重于广度而不是深度	喜欢深度而不是广度

表 3-6 感觉型（S）与直觉型（N）的特征比较

感觉型（S）	直觉型（N）
相信确定有形的东西	相信灵感或推理
对概念和理论兴趣不大，除非他们有着实际意义	对概念和理论感兴趣
重视现实性和常情	重视可能性和独创性
喜欢使用和琢磨已知的技能	喜欢学习新技能，但掌握之后很容易就厌倦了
留意具体的、特定的事物；进行细节描述	留意事物的整体概况、普遍规律及象征含义；用概括、隐喻等方式进行表述
循序渐进地讲述有关情况	跳跃性地展现事实
着眼于现实	着眼于未来，留意事物的变化趋势，喜欢从长远角度看待事物

表 3-7　思维型（T）和情感型（F）特征比较

思维型（**T**）	情感型（**F**）
退后一步思考，对问题进行客观的、非个人立场的分析	超前思考，考虑行为对他人的影响
重视符合逻辑、公正、公平的价值；一视同仁	重视同情与和睦；重视准则的例外性
被认为冷酷、麻木、漠不关心	被认为情感过多，缺少逻辑性，软弱
认为坦率比圆通更重要	认为圆通比坦率更重要
只有当情感符合逻辑时，才认为它可取	无论是否有意义，认为任何感情都可取
被"获取成就"所激励	被"获得欣赏"所激励
很自然地看到缺点，倾向于批评	惯于迎合他人，着重维护人脉资源

表 3-8　判断型（J）和知觉型（P）特征比较

判断型（J）	知觉型（P）
作了决定后最为高兴	当各种选择都存在时，感到高兴
有"工作原则"：工作第一，玩耍其次（如果有时间的话）	"玩的原则"：先享受，然后再完成工作（如果有时间的话）
建立目标，准时完成	随着新信息的过去，不断改变目标
愿意知道他们将面对的情况	喜欢适应新情况
着重结果（重点在于完成任务）	着重过程（重点在于如何完成工作）
满足感来源于完成计划	满足感来源于计划的开始
把时间看作是有限的资源，认真地对待最后期限	认为事件是可更新的资源，而且最后期限也是有收缩的

2. MBTI 人格组合类型

在 MBTI 中，4 个维度上 8 种态度的不同表现正好组合成 16 种人格类型，见表 3-9。16 种人格类型的职业偏好、可能适应的职业环境类型见表 3-10。

表 3-9　MBTI 人格理论的 16 种人格类型

	S 感觉	S 感觉	N 直觉	N 直觉	
I 内倾	ISTJ 内倾/感觉/思维/判断	ISFJ 内倾/感觉/情感/判断	INFJ 内倾/直觉/情感/判断	INTJ 内倾/直觉/思维/判断	J 判断
I 内倾	ISTP 内倾/感觉/思维/知觉	ISFP 内倾/感觉/情感/知觉	INFP 内倾/直觉/情感/知觉	INTP 内倾/直觉/思维/知觉	P 知觉
E 外倾	ESTP 外倾/感觉/思维/知觉	ESFP 外倾/感觉/情感/知觉	ENFP 外倾/直觉/情感/知觉	ENTP 外倾/直觉/思维/知觉	P 知觉
E 外倾	ESTJ 外倾/感觉/思维/判断	ESFJ 外倾/感觉/情感/判断	ENFJ 外倾/直觉/情感/判断	ENTJ 外倾/直觉/思维/判断	J 判断
	T 思维	F 情感	F 情感	T 思维	

表3-10 16种人格类型的职业偏好、可能适应的职业环境类型

性格类型	职业偏好	可能适应的职业环境类型
ISTJ 内倾 / 感觉 / 思维 / 判断	会计 / 办公室管理人员 工程师 警察 / 法律工作 生产、建设、保健	注重事实和结果 提供安全结构和顺序 能保持稳定的情绪
ISTP 内倾 / 感觉 / 思维 / 知觉	科研、机械、修理 农业 工程师和科学技术人员	注重迅速解决问题 目标和行动取向 不受规律限制 着眼于眼前的经历
ESTP 外倾 / 感觉 / 思维 / 知觉	市场销售、工程和技术人员 信用调查、健康技术 建筑、生产、娱乐	注重第一手经验 工作具有灵活性 及时满足需要、技术取向
ESTJ 外倾 / 感觉 / 思维 / 判断	商业管理、银行、金融 建筑生产、教育、技术、服务	注重正确高效地做事 任务取向、注重组织结构 提供稳定性和可预知性 实现可行的目标
ISFJ 内倾 / 感觉 / 情感 / 判断	保健专业、教学 / 图书馆工作 办公室管理、个人服务、文书 管理	看重有条理的任务 注重安全与隐私 结构清晰、有效率、安静、服务取向
ISFP 内倾 / 感觉 / 情感 / 知觉	机械和维修、工厂操作、饮食 服务办公室工作、家务工作	善于合作、喜爱自己的工作 允许有自己的私人空间 灵活、具有审美能力、谦恭
ESFP 外倾 / 感觉 / 情感 / 知觉	保健服务、销售工作 / 设计交 通工作管理工作、机械操作、 办公室工作	注重现实、行动取向 活泼、精力充沛、适应性强、和谐 以人为本、舒适的工作环境
ESFJ 外倾 / 感觉 / 情感 / 判断	保健服务、接待员、销售 看护孩子、家务工作	喜欢帮助他人 目标明确的人和组织 气氛友好的、善于欣赏的 有良心的、喜欢按实际条件办事
INFJ 内倾 / 直觉 / 情感 / 判断	宗教工作、教学 / 图书馆工作 媒体专家 社会服务、研究和发展	关注人类的思想和心理健康 协调、安静、有组织的 有情感、喜欢有反省的时间和空间
INFP 内倾 / 直觉 / 情感 / 知觉	咨询、教学、文学、艺术 戏剧、科学、心理学 写作、新闻工作室	关注他人的价值 合作的氛围 允许有思考的时间和空间 灵活、安静、不官僚
ENFP 外倾 / 直觉 / 情感 / 知觉	教学、咨询、宗教工作 广告、销售、艺术、戏剧 音乐	关注潜能、丰富多彩、积极参与的氛围 活泼的、不受限制的 提供变化和挑战、思想进取
ENFJ 外倾 / 直觉 / 情感 / 判断	销售、艺术家、演艺人员 宗教工作、咨询 教学、保健	愿意为帮助他人而改变 社会化的、和谐的 有秩序、以人为本、鼓励自我表达

（续）

性格类型	职业偏好	可能适应的职业环境类型
INTJ 内倾/直觉/思维/判断	科学、工程师、政治/法律 哲学、计算机专家	注重长远规划的实现 有效率的、以任务为重 允许独自一人和思考 支持创造性和独立、人员多产
INTP 内倾/直觉/思维/知觉	科学、研究、工程师 社会服务、计算机程序 心理学、法律	喜欢解决复杂的问题 鼓励独立、隐私 灵活的、不受限制的、安静的 喜欢自我决定
ENTP 外倾/直觉/思维/知觉	管理 操作和系统分析 销售经理、市场营销 人事关系	结果取向的、独立的 喜欢解决复杂的问题 目标取向、果断 有效率的系统和人 挑战性的、结构性的顽强的人员
ENTJ 外向/直觉/思维/判断	企业主、项目管理 政治、风险投资 法务 策划公关、经纪	对外部环境的变化异常敏锐 善于找到控制局面的核心关键 在紧急情况下能理性分析 制订计划，严格落实，直到达成目标

经典分享

丘吉尔的股票

1929年，丘吉尔心血来潮，让老朋友、美国证券巨头伯纳德·巴鲁克给他开了一个户头，准备玩股票大干一场。丘吉尔的头一笔交易很快就被套住了，这叫他很丢面子。他又瞄准了另一只很有希望的英国股票，心想这家伙的老底我都清楚，准能大胜。但股价偏偏不听他的指挥，一路下跌。他又被套住了。

如此折腾了一天，丘吉尔做了一笔又一笔交易，陷入了一个又一个泥潭。下午收市钟响，丘吉尔惊呆了，他已经资不抵债要破产了。正在他绝望之时，巴鲁克递给他一本账簿，上面记录着另一个温斯顿·丘吉尔的"辉煌战绩"。原来，巴鲁克提前为丘吉尔准备好了一根救命稻草。他吩咐手下用丘吉尔的名字开了另一个账户，丘吉尔买什么，另一个"丘吉尔"就卖什么；丘吉尔卖什么，另一个"丘吉尔"就买什么。

丘吉尔一直对这段耻辱的经历守口如瓶，而巴鲁克则在自己的回忆录中详细地记述了这桩趣事。

分析： 即便是丘吉尔这样的大人物，也会遇到不符合自己职业性格的尴尬职业。人生的目标和计划需要在充分认识自我的基础上不断调整，江山易改、本性难移，适合自己的性格的工作，在职业生涯上更容易获得成功。

能力训练

探索职业性格

一、训练目标

运用 MBTI 方法探索职业性格。

二、程序与规则

1. 建议时间

30 分钟。

2. 准备材料

A4 白纸、签字笔。

3. 测试内容

1）参加测试的人员请务必诚实、独立地回答问题，只有如此，才能得到有效的结果。

2）《性格分析报告》展示的是你的性格倾向，而不是你的知识、技能和经验。

3）MBTI 提供的性格类型描述仅供测试者确定自己的性格类型之用，性格类型没有好坏，只有不同。每一种性格特征都有其价值和优点，也有缺点和需要注意的地方。清楚地了解自己的性格优劣势，有利于更好地发挥自己的特长，而尽可能地在为人处事中避免自己性格中的劣势，更好地和他人相处，更好地做重要的决策。

4）本测试分为四部分，共 93 题；需时约 18 分钟。所有题目没有对错之分，请根据自己的实际情况选择。将你选择的 A 或 B 所在行的 "○" 涂黑成 "●"。

只要你是认真、真实地填写了测试问卷，那么通常情况下你都能得到一个确实和你的性格相匹配的类型。希望你能从中或多或少地获得一些有益的信息。

MBTI 测试

思考与讨论

1. 通过认真思考，将自己和小组（5～7 人）其他成员的性格，用一个人词语总结，并写在小纸片上，注意不要备注姓名，只写词语。

2. 互动：分类整理纸片上重复或意思相近的词语，列为一组一组的词语并展示给小组成员，对号入座猜测哪一类性格词语包含自己的性格词语。

3. 讨论：你希望将来从事什么职业？你的性格适合你将来要从事的职业吗？如果你的性格特点不适合你将来要从事的职业，怎么办？

4. 性格可以改变吗？有没有很好的改变性格的方法？

单元四　探索职业价值观

能力目标

1. 理解职业价值观的内涵；

2. 了解职业价值观的类型；

3. 能够用职业价值观指导自身的职业生涯发展。

案例导读

作家的选择

　　一个满腹经纶的作家在出名后有了些财富，他便带着一些金钱及书本开始环游世界。有一次他搭上了一艘船，准备海上之旅，不料半途来了一阵可怕的暴风雨，每个人都在急忙抢救自己身上值钱的东西，作家却只拿起了笔记本。一旁的人问他：你不打算保住你的财产吗？作家回答：我所有的财产都在我身上了。在这场暴风雨中，有些人因拿了过重的财物无法逃出而失去了生命，但作家幸运地活了下来，等到了另一个城市，他便将这次危险的经历写成书。一路上他靠着写作赚钱，这才顺利地回到了家乡。

　　分析：我们知道，什么样的决定就会采取什么样的行动，有什么样的行动就会有什么样的结果，从而就会有什么样的命运。而主宰我们做出不同决定的关键因素就是正确的价值观，因此，要树立正确的职业价值观，改变陈旧的观念，进行自我职业价值取向分析与调整，以便做出正确的选择。

一、价值观和职业的关系

　　价值观是人们在考虑问题时所看重的原则和标准，是人们内在的驱动力。因此，价值观在人们的生涯发展中往往起着极其重要的作用，甚至可能超过了兴趣和性格对个人的影响。比如，著名歌星席琳·迪翁在其歌唱事业的巅峰时期退出乐坛相夫教子，就是由于她在丈夫生病住院后深刻地认识到，与家人相处的时光是有限的，而且这比事业更宝贵——这成了她的价值观，并导致她做出了对自己的职业发展产生重大影响的选择。麦肯锡管理咨询公司的合伙人、被世界尊称为"中国咨询业第一人"的潘望博，放弃名利，做没有酬劳的传教人，同样也是出于他的价值观而做出的判断和选择。这些事例都充分说明了价值观对一个人的职业的深刻影响。具体来说，价值观和职业的关系主要表现在以下三个方面。

（一）价值观对职业的影响

　　价值观往往决定职业期望，影响职业方向和职业目标的选择。在职业生涯规划中，价值观被作为职业定位的最关键因素，只有当所从事的职业与自我价值观相符时，才不会有心理冲突，才能充分调动起积极性并最大限度地去发挥自己的能力，以满足高层自我实现的需要，产生成就感。价值观受所从事职业的影响而发展变化，通过对所从事职业的认知、了解和体验，人的价值观的内容也会不断改变和更新。在从事某项工作之前，对工作的认识是表面的、肤浅的，只有在经历并努力后，才会有收获，才能体会到它的价值所在。

（二）价值观对择业的影响

　　每个人的职业价值观不同，则对某一职业的评价和取向也会不同。如果在择业时选择了与自己的职业价值观不符的职业，就很难在这个岗位上工作下去。大学生在选择职业时，常常面临着价值观的冲突。例如，在高薪待遇、事业发展、人际和谐、环境舒适、工作安稳等方面有矛盾时，究竟应看中什么？左右你选择的，往往就是自己内心的职业价值观，它影响着个人的抉择。

（三）价值观对职业生涯规划的影响

　　价值观是人们在考虑问题时看中的原则和标准，是人们内在的驱动力，在人们的职业生涯发展中起着极其重要的、决定性的作用，甚至超过了兴趣和个性的影响。由于个人的身心条件、年龄阅历、教育状况、家庭影响、兴趣爱好等方面的不同，人们在职业取向上的目标和要求也是不相同的。例如，你的父母是不是常常用他们的价值标准来影响你进行专业、职业方面的选择呢？而当你的观点与他们的意见发生分歧时，这种冲突是否也是不同价值观之间矛盾冲突的体现呢？

拓展阅读

如何进行选择

在一场讲授如何做好人生规划的专业课中，老师问学生："假设你一个人外出旅游，来到了一个峡谷，发现几米深的地方有一个手提包，而且手提包是打开的，里面明显装着一沓钞票。同时，你还发现，在悬崖边有一些看起来长得不是很牢固的树根，这些树根可以帮助你到达手提包的位置，拿到这笔意外的财富。当然，你更有可能因此而被摔断脖子。你会选择离开还是靠近？"

一半以上的学生选择了离开，毕竟，再多的财富也比不上可贵的生命。

老师没有发表意见，继续问："如果那个装钱的手提包换成一个失足落下的小男孩，他此时奄奄一息地发出求救的呼唤——你又会怎么选择呢？"学生们考虑了几秒钟后，全部选择了靠近。"面对相同的环境，相同的危机，相同的后果，你们却做出了不同的选择，这是为什么呢？"

学生："因为目标不同，一个目标是为了取得财富，一个目标却是为了营救生命，相比较而言，生命当然要比财富重要。"

老师："只是因为个人所设定的目标不同，所以你们的价值观也就不同了。现在，我们换个内容。"老师接着说，"如果你有一个心仪的女朋友，你希望能和她厮守终身，但对方却不这样认为，也许她不是真的喜欢你。这时候，如果你一意孤行地付出自己的情感，那么结局会有两个：要么她被你感动，被动地和你在一起，但这段感情可能随时都会出现问题；要么她仍旧冷漠地离开了你，任你对她再好也没有用。这时，你是选择毅然离开，还是坚持靠近？"

学生陷入了两难的思考。毕竟，面对自己的所爱（甚至可能是此生唯一的爱情），在尚未出现绝望的信号之前，怎能轻易放弃？有些人甚至想，只要能够挽回恋人的心，自己牺牲一切也在所不惜。

"假若角色互换，"老师看到大家都不吭声，于是话题一转，"你是那个被人苦苦追求的女孩，在你根本没有打算接纳对方的前提下，你会选择离开，叫对方彻底死心，还是选择靠近，听任感情自由发展？"

当互换了角色之后，学生们变得不再迟疑，纷纷表示："既然不爱人家，就该及早离开，免得耽误了对方的青春和幸福！"

老师微笑着说："既然你们能够明白，在不喜欢一个人的时候，一定要给对方一个明确的答复，不要耽误、伤害别人，那么易地而处，当你是一个追求者时，又何必甘愿自己深陷泥沼之中，糟蹋自己的青春与幸福呢？"

学生们噤声不答，过了几秒钟后，他们提出了这样的疑问："请问老师，我们今天讨论的课题与人生规划之间有什么直接的关系吗？"

老师平和而掷地有声地说："在人生的课题中，离开与靠近是一门很大的学问，有很多人在面对问题的时候，本该离开却选择了靠近，本该靠近却又选择了离开，所以他们的人生路途，走得跌跌撞撞痛苦不堪。如果你们连分辨离开与靠近的智慧都没有，分不清什么是'势在必行'，什么又是'势所不行'，那么所有的人生规划都将沦为空谈，再怎么学也是枉然啊！"

二、职业价值观

（一）职业价值观的概念

职业价值观是人们在选择职业时的一种内心尺度。它表明了一个人通过工作所要追求的理想是什么？哪个职业好？哪个岗位适合自己？

职业价值观是人生目标和人生态度在职业选择方面的具体表现，也就是一个人对职业的认识和态度及他对职业目标的追求和向往。理想、信念、世界观对于职业的影响，集中体现在职业价值观上。职业价值观决定了人的职业期望，影响职业方向和职业目标选择，决定了就业后的工作态度和工作绩效水平，从而决定了职业发展的质量。

从社会角度来看，由于社会分工的发展和生产力水平的影响和限制，各种职业在劳动性质的内容、劳动难度和强度、劳动条件和待遇、所有制形式和稳定性等诸多问题上，都存在着差别。劳动内容、劳动手段、劳动方式、劳动对象等的不同，决定了每种职业有其各自的特性。再加上传统的思想观念等的影响，各类职业在人们心目中的声望地位便也有了好坏高低之分，这些评价影响了人们的职业价值观。

（二）职业价值观的意义

职业价值观是一个人对各种职业价值的基本认识和基本态度。俗话说"人各有志"，这个"志"表现在职业选择上就是职业价值观，它探讨人们在职业选择和职业生活中，在众多的价值取向里，优先考虑哪种价值。当我们有矛盾冲突，或妥协与放弃时，常常是出于职业价值观的考虑。

职业价值观是一种具有明确的目的性、自觉性和坚定性的职业选择的态度和行为，对一个人的择业动机、职业目标和职业方向的选择起着决定性的作用。由于职业价值观的不同，有的人喜欢平稳安定的职业，有的人喜欢富于挑战刺激的职业，有的人喜欢领导和指挥别人的职业，有的人喜欢能赚钱的职业等。因此，认真分析和了解个人的职业价值观，对给自己的职业正确定位及职业生涯规划有着重要的意义。

价值观对动机具有导向作用，在我们的生涯发展中往往起到极其重要的、决定性的作用。职业价值观决定人们的职业期望，决定着人们在就业后的工作态度和劳动绩效水平，从而影响了人们的职业发展情况。一个人越清楚自己的价值观，越了解自己在工作和生活中想要寻求什么，什么对自己来说是最重要的，他的生涯发展目标也就越清晰。而价值观不清晰的人往往陷入混乱，难以抉择。

价值观对动机模式有重要的影响，在同样的客观条件下，具有不同价值观的人，其动机模式不同，产生的行为结果也不同。因此，不同的价值观在职业选择中也有不同的作用。

1. 负面的价值观阻碍职业的选择

负面的价值观经常会影响学生择业的过程。有些学生在择业中会产生失望、彷徨等消极的心理状态，导致心理不和谐。因此，如何培养学生正确的价值观成为学校应当重视的问题。

2. 正确的价值观促进职业的选择

正确的价值观可以促进学生找到适合自己的职业。例如，在职业价值观中看重发展因素的学生，其自我满意度较高，自我灵活性也较好。这些学生往往具备很强的竞争力，并且对所选单位比较了解，就业准备充分，具有较强的进取心，善于学习。因此，学校应着重培养学生积极向上的人生态度。

三、树立正确的职业价值观

（一）处理好职业价值观与金钱的关系

金钱是一种成就的报酬，它是在确定职业价值观时首先要面对的问题。有些经济条件不太好的大学毕业生在求职时，将金钱作为首选目标，从根本上讲这并没有错。但是对于一些人来说，现在拥有的知识、能力、经验和阅历还不足以使其一走上社会就获得大量金钱回报。怀有一夜暴富的心理是不正常的，更是危险的，容易被社会上的骗子利用，甚至误入歧途。特别是面对严峻的就业形势，更应理性地降低对金钱的期许，把眼光放远一些，应尽可能地将自我成长和自我实现作为毕业求职时的首选目标。

（二）处理好淡泊名利与追逐名利的关系

当一个人有了名利才有资格去谈淡泊，没有名利说淡泊那叫"吃不到葡萄说葡萄酸"。追逐名利是人的欲望使然，欲望可以使人成就大的事业，也可使人自我毁灭。以合理、合法、公正、公平的方式追名逐利在一定程度上对个人、对社会都有益，但它需要有限度，该知足时则知足，该进取时则进取。

（三）职业价值观的排序与取舍

职业价值观的特性决定人们不会只有唯一的职业价值观，个别人在欲望驱使下难免会希望什么都能得到，但在现实生活中"鱼和熊掌是不可兼得的"。既然是选择，必然有"舍"，才能有"得"。所以，要对自己的职业价值观进行排序，找出你认为最重要的、次重要的方面，并提醒自己不可能什么都得到，否则就会患得患失，终其一生也不清楚自己到底想要什么，更谈不上职业生涯的成功和对社会的贡献。总之，没有一种职业能完全满足一个人所重视的各种价值观，因而，了解自己各种价值观的权重排序并懂得取舍是非常必要的一件事情。

（四）职业价值观中个人与社会的关系

人不能离开社会而独立存在，个人只有在工作中为社会做贡献才能实现自己的职业价值。当然我们并不是说要忽略择业中的个人因素，只去尽社会责任，这样不但不利于个人，对社会也是损失。例如，让一个富于科学创造力、不善言辞的学者去从事幼儿园教师的工作，可能使国家损失一项重大的发明，而社会不过多了一个也许并不出色的幼儿园教师而已。

（五）职业价值观与职业选择的关系

由于受家庭环境、教育、兴趣爱好等多方面的影响，不同个体的职业价值观是不同的，在职业取向上的目标和要求也不同，而这些不同会影响人们对就业方向和具体职业岗位的选择。在许多场合，我们往往要在一些得失中做出选择，例如，是要工作舒适轻松，还是要高标准的工资待遇？当两者有矛盾冲突时，最终影响我们抉择的是存在于内心的职业价值观。因此，我们很有必要明确并不断审视自己的职业价值观。

案例 3-4

拼搏创业的张明

张明，个子不高，戴着一副眼镜，显得十分斯文。他毕业于某美术学院室内设计专业，现为国家公务员。近十年来公务员被国内大多数群体认为是炙手可热、竭力追捧的铁饭碗，国家公务员考试的报名甚至出现千军万马挤独木桥的现象。可是他因为不喜欢稳定工作，不甘心上班族的平淡与寂寞，毅然选择了辞职。张明从大二起就开始了自己的实习和打工生涯，积累了专业设计的经验，了解公司运作的模式，也为自己的创业积累了人脉。辞职后，他与一位同学合作，两人借款筹钱，办理各种手续，成立了装饰设计公司。公司办得有声有色，还招聘了 6 名员工。说到为什么自主创业，张明解释道："现在房地产发展得很火，我是学室内设计的，不愿意四平八稳地工作，有一个梦想就是开一家自己的公司，做自己的老板，找到自己存在的价值。"

分析： 职业价值观作为人们对待职业的一种信念和态度，往往决定了人们的职业期望，影响着人们对职业方向和职业目标的选择。有什么样的职业价值观就会有相应的职业选择，尤其是在诸多的选择有矛盾冲突时，职业价值观起到决定性的作用。

通过本测试，可以大致了解自己的职业价值观倾向，从而为自己选择理想的职业提供信息。

1. 测验设计

本测验共 52 道题，可帮助测试者大致确定自己的职业价值观类型。在回答下列问题时，若自己认为"很不重要"记 1 分，"较不重要"记 2 分，"一般"记 3 分，"比较重要"记 4 分，"非常重要"记 5 分。请将答案记录于表 3-11 中。

1）你的工作必须经常解决新的问题。

2）你的工作能为社会福利带来看得见的效果。

3）你的工作奖金很高。

4）你的工作内容经常变换。

5）你能在你的工作范围内自由发挥。

6）你的工作能使你的同学、朋友非常羡慕你。

7）你的工作带有艺术性。

8）你的工作能使人感觉到你是团体中的一分子。

9）不论你怎么干，你总能和大多数人一样晋级和涨工资。

10）你的工作使你有可能经常变换工作地点、场所或方式。

11）在工作中你能接触到各种不同的人。

12）你的工作上下班时间比较随便、自由。

13）你的工作使你不断获得成功的感觉。

14）你的工作赋予你高于别人的权力。

15）在工作中，你能试行一些自己的新想法。

16）在工作中，你不会因为身体或能力等因素，被人瞧不起。

17）你能从工作的成果中，知道自己做得不错。

18）你的工作经常要外出、参加各种集会和活动。

19）只要你干上这份工作，就不会再被调到其他意想不到的单位和工种上去。

20）你的工作能使世界更美丽。

21）在你的工作中，不会有人常来打扰你。

22）只要努力，你的工资会高于其他同年龄的人，升级或涨工资的可能性比干其他工作大得多。

23）你的工作是一项对智力的挑战。

24）你的工作要求你把一些事务管理得井井有条。

25）你的工作单位有舒适的休息室、更衣室、浴室及其他设备。

26）你的工作有可能结识各行各业的知名人物。

27）在你的工作中，能和同事建立良好的关系。

28）在别人眼中，你的工作是很重要的。

29）在工作中，你经常接触到新鲜的事物。

30）你的工作使你能常常帮助别人。

31）在工作单位中，你有可能经常变换工作。

32）你的作风使你被别人尊重。

33）同事和领导人品较好，相处比较随便。

34）你的工作会使许多人认识你。

35）你的工作场所很好，比如，有适度的灯光，安静、清洁的工作环境，甚至恒温、恒湿等优越的条件。

36）在工作中，你为他人服务，使他人感到很满意，你自己也很高兴。

37）你的工作需要计划和组织别人的工作。

38）你的工作需要敏锐的思考。

39）你的工作可以使你获得较多的额外福利，比如，常发放实物；常购买打折的商品；常发放商品的提货券；有机会购买进口货等。

40）在工作中你是不受别人差遣的。

41）你的工作结果是一种艺术而不是一般的产品。

42）在工作中你不必担心会因为所做的事情领导不满意，而受到训斥或经济惩罚。

43）在你的工作中能和领导有融洽的关系。

44）你可以看见你努力工作的成果。

45）在工作中常常要你提出许多新的想法。

46）由于工作的关系，经常有许多人来感谢你。

47）你的工作成果常能得到上级、同事或社会的肯定。

48）在工作中，你可能做一个负责人，虽然可能只领导几个人，你信奉"宁做兵头，不做将尾"的俗语。

49）你从事的工作，经常在报刊、电视中被提到，因而在人们的心目中很有地位。

50）你的工作有数量可观的夜班费、加班费、保健费或营养费等。

51）你的工作比较轻松，精神上也不紧张。

52）你的工作需要和影视、戏剧、音乐、美术、文学等艺术打交道。

表 3-11　职业价值观测量得分表

项目	价值观	所属项目	总得分	项目	价值观	所属项目	总得分
1	利他主义	2，30，36，46		8	经济报酬	3，22，39，50	
2	美感	7，20，41，52		9	社会交际	11，18，26，34	
3	智力刺激	1，23，38，45		10	安全感	9，16，19，42	
4	成就感	13，17，44，47		11	舒适	12，25，35，51	
5	独立性	5，15，21，40		12	人际关系	8，27，33，43	
6	社会地位	6，28，32，49		13	变异性	4，10，29，31	
7	管理	14，24，37，48					

2.测评结果说明

本测试将人的职业价值观分为 13 种类型，各类型的基本含义见表 3-12。

表 3-12　职业价值观各类型的基本含义

项目	价值观	所属项目	说明
1	利他主义	2，30，36，46	工作的目的和价值，在于直接为大众的幸福和利益尽一份力
2	美感	7，20，41，52	工作的目的和价值，在于能不断地追求美的东西，得到美感享受
3	智力刺激	1，23，38，45	工作的目的和价值，在于不断进行智力的操作，动脑思考，学习及探索新事物，解决新问题
4	成就感	13，17，44，47	工作的目的和价值，在于不断创新，不断取得成就，不断得到领导与同事的赞扬，或者不断实现自己想要做的事
5	独立性	5，15，21，40	工作的目的和价值，在于能充分发挥自己的独立性和主动性，按自己的方式、步调或想法去做，不受他人的干扰
6	社会地位	6，28，32，49	工作的目的和价值，在于从事的工作在人们的心目中有较高的社会地位，从而使自己得到他人的重视与尊敬
7	管理	14，24，37，48	工作的目的和价值，在于获得对他人或某事物的管理支配权，能指挥和调遣一定范围内的人或事物
8	经济报酬	3，22，39，50	工作的目的和价值，在于获得优厚的报酬，使自己有足够的财力去获得自己想要的东西，使生活过得较为富足
9	社会交际	11，18，26，34	工作的目的和价值在于能和各种人交往，建立比较广泛的社会联系和关系，甚至能和知名人物结识
10	安全感	9，16，19，42	不管自己能力怎样，希望有一个安稳的工作，不会因为奖金、加薪、调动工作或领导训斥等经常提心吊胆、心烦意乱

（续）

项目	价值观	所属项目	说明
11	舒适	12，25，35，51	希望能将工作作为一种消遣、休息或享受的形式，追求比较舒适、轻松、自由、优越的工作条件和环境
12	人际关系	8，27，33，43	希望一起工作的大多数同事和领导人品较好，相处在一起感到愉快、自然，认为这就是很有价值的事，是一种极大的满足
13	变异性	4，10，29，31	希望工作的内容经常变换，使工作和生活显得丰富多彩，不单调、枯燥

能力训练

价值观市场

一、训练目标

树立正确的职业价值观。

二、程序与规则

1. 价值观准备

1）参照价值观列表，挑选出其中5种对你来说最重要的价值，分别写在5张小纸条上。如果你认为重要的价值观在价值观列表中没有列出，也可以另写。

> **价值观列表**
>
> 人际关系／归属感，团队合作，物质保障／高收入，稳定，安全，创造性，多变性和变化性，新鲜感，乐趣，自由独立，被认可，受尊重，能帮助他人，能发挥自己的才能，成就感，成功，名誉，地位，有意义，有学习／发展／成长的机会，权力／领导或影响他人，有益于社会，挑战性，冒险性，竞争，符合自己的道德观，工作环境，工作地点，工作与生活的平衡，健康，家庭，朋友，亲情，亲密关系，爱，信仰，幸福，为社会而服务，和谐，平等……

2）给每一条对你来说很重要的价值下定义，并在纸上写下来，即：要达到什么样的水平你才能满意？个人对同一价值的定义可能并不相同，比如，对于"物质保障"的理解，有的人可能认为月薪至少3000元以上；有的人可以接受2000元月薪的工资，但一定要有医疗保险。

2. 价值观交换

1）如果你不得不放弃其中的一条，你会放弃哪一条？将你将准备放弃的这一条与其他人交换。

2）如果你不得不再次放弃剩下四条中的一条，你又会放弃哪一条？请再次与其他人交换（保留刚才别人给你的那一条，放在一边）。

3）继续选择要放弃的一条，直到剩下最后一条。最终剩下的是否是你无论如何也不愿放弃的？

3. 总结

1）说一说你的 5 条重要价值观及其定义（按重要程度排序）。

2）讨论：通过这个活动，你对自己的价值观有什么样的了解和想法？

你的价值观会对你的职业选择和人生产生什么样的影响？他人的价值观会对你的生活造成什么样的影响？

思考与讨论

1. 讨论：有军警战士、演艺明星、科技工作者、实业界工作者 4 种职业，你认为哪种职业更容易获得尊重？哪种职业是强国的基础？

2. 你希望自己将来从事哪种职业？你的选择能够体现什么价值？

单元五　探索职业能力

能力目标

1. 明确能力的概念；

2. 辨析能力与职业的关系；

3. 能运用测评工具和个人经历估算个人职业能力。

案例导读

张国立的机遇

少年时的张国立和父母一起当铁路工人，每天扛水泥、打隧道、炸岩石，一干就是一年。当时，汽车司机只需要把车开过来停在那，看着他们搬水泥，等他们干完再把车开走，在那个年纪的年轻人看来，这是最酷的职业。十六岁的他得扛两袋水泥，扛不动还会被骂，这个时候的他对美好生活充满向往。

后来，张国立参加了工地上的"战宣队"，任报幕员。再后来因为偶然的一次契机，张国立得到电视剧《弯弯的石径》的参演机会，普通话相当出色的他有幸得到了导演的欣赏。此片播出后得到了很多观众和影视界的认可，因此还拿到了飞天奖。从此之后，张国立凭着天资聪颖和后天努力，得到了更多的演出机会，逐渐成为著名演员。

分析：一个人最大限度地发挥自己的优势，便有获得成功的机会。判断一个人是否成功，最主要的是看他是否最大限度地发挥了自己的优势。而最大限度地发挥自己的优势，是职业生涯设计成功的重要依据之一。

一、能力和职业能力

（一）能力的概念

能力是指一个人能够干成某件"事"的本领，往往是我们评价一个人的重要标准。从心理学角度看，能力指顺利地完成某种活动所具备的稳定的个性心理特征。能力是人们得以从事某种活动的先决条件，它可以浓缩成一句话，即"你能做什么？"能力总是与活动联系在一起，它只有在活动中才能体现出来，并在活动中得以发展。

能力按照其获得的方式（先天具有与后天培养），可以分为能力倾向和技能两大类。能力倾向是每个人与生俱来的特殊才能。技能是人通过后天学习和练习而获得的能力。

$$能力 = 技能 + 能力倾向$$

在现实生活中，个人的能力水平往往是能力倾向和技能两方面相互作用的结果，能力通常表示个人在工作中能够做什么。

（二）一般能力和特殊能力

人的能力多种多样。从职业的角度，按照能力的适用性一般可以将人的能力分为一般能力和特殊能力。

一般能力，是指顺利完成各种活动所必备的基本能力。这种能力集中体现在认知活动中，也就是一般意义上的智力，我们也可称之为"认知能力"或"认知智力"，如意力、观察力、记忆力、想象力、思维力和言语能力等。

特殊能力，是指顺利完成某种特殊活动所必备的专门能力，与某些职业活动密切相关。如在进行音乐、绘画、飞行活动中，就需要相应的音乐、绘画及高空适应能力等。由于个体的早期生活经历不同，能力会有差异。能力的差异表现在质和量两方面；质的差异表现在个体具备不同的特殊能力及能力类型方面；量的差异表现在能力发展的水平和年龄差异方面。

（三）职业能力的类别

人的职业能力通常可以分为语言能力、数理能力、空间判断能力、觉察细节能力、书写能力、运动协调能力、动手能力、社会交往能力、组织管理能力九个方面。不同职业要求人有不同的能力：教师、播音员、记者等职业要求有较强的语言能力；统计、测量、会计等职业要求有较强的数理能力；画家、建筑师、医生等职业对形态知觉能力要求颇高；手指灵活的人则适于从事外科医生、乐师、雕刻家等职业。

在职业活动中，个体还表现出职业能力的差异，他们在职业决策能力、实际动手能力、创造力、适应社会能力、人际交往能力等方面均有差异。在人的成长发展中，一般能力和特殊能力有机结合，一般能力是特殊能力的基础，为特殊能力的发展和发挥创造了有利条件。在职业活动中所表现出来的能力即职业能力，它既与特殊能力有关，又与一般能力密不可分。所以在职业活动中，我们在注重发展自己的特殊能力的同时，也应注重自己的一般能力的发展，这样才能提高职业活动的效率。一个人的能力如果没有遇到合适的土壤，那么他的能力只能被称为潜在能力，不能叫作现实能力。潜在的能力只有在外部环境和教育条件许可时，才能发展成为现实的能力。

（四）影响职业能力发挥的因素

职业能力可以定义为个体将所学的知识、技能和态度在特定的职业活动或情境中进行类化迁移与整合而形成的多种能力的综合。职业能力可以分为职业核心能力、行业通用能力和职业特定能力。影响职业能力发挥的因素有个人因素和社会因素。

1. 个人因素

（1）职业兴趣　职业兴趣是指人们对某类专业或工作所抱的积极态度。不同的人对于同一职业可能抱有积极的态度、消极的态度或无所谓的态度。

（2）性格　性格影响着一个人对职业的适应性，一定的性格适合于从事一定的职业。同时，不同的职业对人有不同的性格要求。

（3）职业发展愿望　职业发展愿望即自己愿意从事何种职业。如果一个人对某一种职业产生兴趣，就会迸发出强大的行为动力，推动着他去挖掘自身的潜能，提高自身的工作效率。

（4）能力　这里所说的能力指劳动者从事社会生产活动的能力，即职业工作能力。

（5）教育　教育上的成功与社会阶层的晋升有明显的关联，凡是社会阶层高过父母所属阶层的人，都觉得教育是改变社会阶层的主要动力。

2. 社会因素

（1）社会阶层　社会阶层（Social Stratum）是由具有相同或类似社会地位的社会成员组成的相对持久的群体。社会阶层由多个复杂部分组成，经典做法是以社会经济地位的客观指标来衡量社会阶层。虽然社会阶层深深影响着个人的职业生涯，但是阶层界限并非牢不可破，有时也会发生变动。

（2）经济发展水平　在经济发展水平高的地区，企业相对集中，优秀企业也就比较多，个人职业选择的机会就比较多，因而有利于个人职业的发展；反之，在经济落后的地区，个人职业选择的机会比较少，个人职业生涯也会受到限制。

（3）社会文化环境　社会文化环境是影响人们行为、欲望的基本因素。它主要包括教育水平、教育条件和社会文化设施等。在良好的社会文化环境中，个人能够受到良好的教育和熏陶，从而为职业生涯打下更好的基础。

（4）政治制度和氛围　政治和经济是相互影响的，政治不仅影响到一国的经济体制，而且影响着企业的组织体制，从而直接影响到个人的职业发展。政治制度和氛围还会潜移默化地影响个人的追求，从而对职业生涯产生影响。

二、能力和职业的关系

在职业领域中，能力是决定人们职业活动效果的基本因素。能力与职业的关系非常密切，是职业选择的重要依据，是大学生开启职业大门的钥匙。因此，我们对自己的能力要有一个清楚的认识，根据自己的能力选择相应的职业，选准与自己职业能力一致的职业，只有这样，才能在社会的竞争中立于不败之地。只有当一个人的能力和工作的要求相匹配时，才能将能力和职业的关系发挥到最理想的状态，能力水平越高，工作表现越好，越容易获得满足感。

（一）能力的分类

一般认为，能力可以分为以下三类。

1. 能力倾向（又叫天赋）（gift）

能力倾向是每个人都有的上天赋予我们的特殊才能（潜能）。

2. 自我效能感（self-efficacy）

自我效能感是个人对自己的能力以及运用该能力将得到何种结果所持的信心或把握程度。它是预测个人行为的重要指标。

3. 技能（skill）

技能是经过学习和练习而培养形成的能力。

由于天赋是不可改变的，而自我效能感又是随着个人成功的体验逐步提升的，所以，能力中最重要的部分就是后天培养的"技能"了。那么，技能都包括哪些呢？

（1）专业知识技能　专业知识技能常常与我们的专业学习或工作内容直接相关，如机械师懂得汽车发动机的工作原理。专业知识不能迁移，需要经过有意识的、专门的培训。而它的重要性常常被夸大。

（2）自我管理技能　自我管理技能经常被看作是个性品质，被用来描述或说明人具有的某些特征，如紧张的还是放松的、听从的还是自我指导的。自我管理技能可以从非工作生活领域转换到工作领域，需要练习才能获得。在工作中，自我管理技能对取得成就和处理人际关系非常有帮助。

（3）通用技能（或称可迁移技能）　通用技能就是你所能做的事，也被称为可迁移技能。它可以从生活中的方方面面，特别是工作之外得到发展，并可以迁移应用于不同的工作之中。可迁移技能是个人能够持续运用和最能够依靠的技能。可迁移技能包括管理能力、沟通能力、问题解决能力、人际关系处理能力和学习能力。

> **案例 3-5**
>
> **一则招聘信息引发的联想**
>
> 在表 3-13 所示的招聘信息中，营销类专业就是我们所讲的专业知识能力，它的重要性常常被求职者夸大。有一定的沟通表达能力、会驾驶是可迁移能力，它是用人单位最看重的部分；能适应长期出差、吃苦耐劳是自我管理能力，是个人最有价值的"资产"，是影响职业生涯成功与否的关键。
>
> 表 3-13　××工程机械设备有限公司招聘信息
>
> | 招聘岗位 | 销售类 | 招聘人数 | 4 人 |
> | --- | --- | --- | --- |
> | 职位类别 | 普通职位 | 工作性质 | 全职 |
> | 月薪水平 | 5 000 ～ 5 500 元 | 工作地区 | 四川成都 |
> | 学历要求 | 专科 | 专业要求 | 机械类专业或营销类专业 |
> | 其他要求 | 有一定的沟通表达能力，能适应长期出差，吃苦耐劳，有驾驶证者优先 | | |
> | 有效期 | 三个月 | | |
>
> 作为大学生，在校期间，要努力学习，扎实学好自己的专业知识；积极锻炼，提高可迁移能力；自我沉淀，加强自身修养，提升自我管理能力，努力把自己培养成一名复合型的人才。

（二）能力与职业的匹配关系

每个人具备的能力不同，选择的职业就会有差异。从能力差异的角度来看，在选择职业时应遵循下列原则。

1. 能力类型要与职业相吻合

职业研究表明，职业可以根据工作的性质、内容和环境划分为不同的类型，并且对人的能力也有不同的要求。

首先，要注意能力水平与职业类型基本一致。对一种职业或职业类型来说，由于所承担的责任不同，可分为不同层次，不同职业层次对人的能力有不同的要求。因此，在根据能力类型确定了职业类型后，还应根据自己所达到或可能达到的能力水平确定相吻合的职业层次。

其次，要充分发挥能力倾向原则。能力倾向指的是一个人的潜能，即其能力的发展前景及未来可能的潜在成就。它包括人的身体条件、智能、性格、兴趣等是否适合某个方面的职业领域。大学生在进行职业生涯规划时，可以通过能力倾向测评准确地掌握自己的能力倾向，更好地确定自己的职业发展方向，使自己的能力得到充分的发展。

最后，每个人都具有一个由多种能力组成的能力系统。在这个系统中，每个人各方面能力的发展是不平衡的，常常是某方面的能力占优势，而另一些能力则不太突出。在选择职业时应选择最能运用优势能力的职业。

2. 一般能力要与职业相吻合

不同的职业对人的一般能力的要求是不同的，有些职业对从业者的智力水平有绝对的要求，如大学教师、科研人员、律师等对智力水平要求较高。智力在很大程度上决定着人们所从事的职业类型。

3. 特殊能力要与职业相吻合

要顺利完成某项工作，除要具有一般能力外，还要具有该项工作所要求的特殊能力。例如，数学研究需要具有计算能力、逻辑思维能力和空间想象能力；画家需要具备较强的颜色识别能力等。一般认为，计算能力、音乐能力、绘画能力、写作能力、动作协调能力、空间想象能力等都是特殊能力。

心理学的实践证明，人的特殊能力与智力的关系很小。一个人具有较强的智力水平，可能会有一些特殊的才能，但也可能缺乏某些如音乐、美术的特殊能力；而那些有美术、音乐才能的人，其智力既可能在平均水平之上，也可能在平均水平之下。智障人周舟的智商只相当于三岁儿童，但他却能担当专业乐团的指挥，这就是一个明显的例子。所以，不能从一个人的能力倾向来推测他的智力，同样也不能从他的智力水平来推测他的特殊能力。

三、职业核心能力

职业核心能力是在人们职业生涯中除岗位专业能力之外的基本能力，它可以让人自信和成功地展示自己。它适用于各种职业，适应岗位的不断变换，是伴随人终身的可持续发展能力。德国、澳大利亚、新加坡称之为"关键能力"；美国称之为"基本能力"，在全美测评协会的技能测评体系中被称为"软技能"；我国称之为"关键能力"。

1998 年，劳动部在《国家技能振兴战略》中把职业核心能力分为八项，称为"八项核心能力"，包括：与人交流、与人合作、解决问题、自我学习、信息处理、数字应用、创新革新、外语应用。这八项职业核心能力可以分为"职业社会能力"和"职业方法能力"两类。

（一）职业社会能力

职业社会能力是指与他人交往、合作、共同生活和工作的能力，它既是基本生存能力，又是基本发展能力，是劳动者在职业活动中，特别是在一个开放的社会生活中必须具备的基本素质。职业社会能力包括"与人交流""与人合作""解决问题""外语应用"能力。

（二）职业方法能力

职业方法能力是指主要基于个人的，有具体和明确的方式、手段的能力，它主要指独立学习、获取新知识技能、处理信息的能力，是劳动者的基本发展能力，是在职业生涯中不断获取新的知识、信息、技能和掌握新方法的重要手段。职业方法能力包括"自我学习""信息处理""数字应用""创新革新"能力。

四、探索你的职业能力

2018 年的《前程无忧人力资源白皮书》显示，对于一般员工的企业培训投入情况所占比重分别为：专业岗位技能（69.4%）、执行力（38.1%）、团队合作（26.5%）、创新能力（32.6%）、沟通技巧（31.1%）。通过对企业培训投入情况数据的分析，我们可以窥见企业现在对于大学生在职业能力方面的关键需求点。

（一）能力倾向测试

能力倾向测试，又称性向测试，它可以预测一个人将来在某方面的"可能"成就，挖掘出职业发展的潜能。最常用的测验有以下几种。

1）差别能力倾向测验（DAT），分别测验文字推理、数字推理、抽象推理、文书速度、准确性、机械推理、空间关系、拼写和语言应用。

2）一般能力倾向成套测验（GATB，美国），包含对 11 项能力倾向进行评估，分别是一般学习能力、语言能力、数理能力、判断能力、图形知觉能力、符号知觉能力、运动协调能力、手指灵活度、手腕灵巧度、眼手足协调和颜色鉴别。

3）我国公务员录取考试中常用到的《行政能力倾向测验》（administration aptitude test，AAT），是用来测试公务员工作所具备的一般潜能的一种职业能力测试，包括数量关系、判断推理、常识判断、语言理解与表达、资料分析 5 个方面的行政能力测试。

（二）经验分析

通过对过去的成就事件进行分析总结，对自己的能力排序，澄清自己所具备的职业能力，常用的有"我的成就故事清单"等方法。

课堂活动

撰写成就故事

请写下生活中令你有成功感的具体事件，然后对其进行分析，看看你在其中使用了哪些技能，尤其是可迁移技能。

这些"成就事件"不一定是工作或学习上的，也可以是在课外活动或家庭生活中发生的，如同学聚会、一次美好而难忘的旅游等。它们不必是惊天动地的大事，只要符合以下两条标准，就可以被视为"成就"：①你喜欢做这件事情时体验到的感受；②你为完成它所带来的结果感到自豪。如果同时你还获得了他人的认可和表扬那就更好了，不过这并不重要。

在撰写成就故事时，每一个故事都应当包含以下要素：

1）你想要达到的目的，即需要完成的事情。

2）你面临的障碍、限制或困难。

3）你的具体行动步骤，即你是如何一步一步克服障碍达成目标的。

4）对结果的描述，即你取得了什么成就，最好能够量化评估（用某种方法衡量或以数据说明）。

5）至少写出七个故事（越多越好）。如果有条件的话，请和两三个同伴一起逐一进行分析讨论在其中你都使用了一些什么样的能力。最后看看在这些故事中是否有重复出现的技能，它们就是你喜爱施展也擅长的能力，将这些能力按优先次序加以排列。

五、提升自我效能感

（一）自我效能感的概念

自我效能感（self-efficacy）是指人对自己是否能够成功地进行某一成就行为的主观推测与判断。这个概念是积极心理学中的一个重要概念，由美国斯坦福大学心理学家阿尔伯特·班杜拉（Albert Bandura）在 20 世纪 70 年代首次提出。班杜拉对自我效能感的定义是指"人们对自身能否利用所拥有的技能去完成某项工作行为的自信程度"。班杜拉认为除了结果期望外，还有一种效能期望。结果期望指的是人对自己某种行为会导致某一结果的推测。如果人预测到某一特定行为将会导致特定的结果，那么这一行为就可能被激活和被选择。

（二）自我效能感的功能

自我效能感影响或决定人们对行为的选择，以及对该行为的坚持性和努力程度；影响人们的思维模式和情感反应模式，进而影响新行为的习得和习得行为的表现。

1）自我效能感高的人期望值高、显示成绩、遇事理智处理、乐于迎接应急情况的挑战、能够控制自暴自弃的想法。当需要智慧和技能时，能充分发挥。

2）自我效能感低的人畏缩不前，显示失败，情绪化地处理问题，在压力面前束手无策，易受惧怕、恐慌和羞涩的干扰。当需要知识和技能时，无法发挥。

（三）影响自我效能感形成的因素

1. 个人自身行为的成败经验

个人自身行为的成败经验对自我效能感的影响最大。一般来说，成功经验会提高效能期望，反复的失败会降低效能期望。但事情并不这么简单，成功经验对效能期望的影响还要受个体归因方式的左右，如果归因于外部机遇等不可控的因素就不会增强效能感，把失败归因于自我能力等内部可控因素就不一定会降低效能感。因此，归因方式直接影响自我效能感的形成。

2. 替代经验或模仿

人的许多效能期望来源于观察他人的替代经验。替代经验或模仿有助于我们增强自我效能。替代经验使观察者相信，当自己处于类似的活动情境时，也能获得同样的成就水平。这里的一个关键是观察者与榜样的一致性，即榜样的情况与观察者非常相似。

3. 言语劝说

言语劝说因其简便、有效而得到广泛应用。言语劝说的价值取决于它是否切合实际，缺乏事实基础的言语劝说对自我效能感的影响不大，在直接经验或替代经验基础上进行劝说的效果会更好。

4.情绪唤醒

班杜拉在"去敏感性"的研究中发现，高水平的唤醒使成绩降低而影响自我效能感。当人们不为厌恶刺激所困扰时更能期望成功，但个体在面临某项活动任务时的心身反应、强烈的激动情绪通常会妨碍行为的表现而降低自我效能感。

5.情境条件

不同的环境提供给人们的信息是大不一样的，当一个人进入陌生而又易引起焦虑的情境中时，其自我效能感水平与强度就会降低。

上述几个因素对效能期望的作用依赖于对其是如何认知和评价的。人们必须对与能力有关的因素和无关的因素对成败的作用加以权衡，人们觉察到效能的程度取决于任务的难度、付出努力的程度、接受外界援助的多少、取得成绩的情境条件及成败的暂时模式。班杜拉的社会学习理论认为，这些因素作为效能信息的载体影响成绩，主要是通过自我效能感的中介影响发生的。

（四）通过计划提高自我效能感

通过合理地制定职业生涯规划和设定合理的目标，可以有效地提升自我效能感。研究自我管理的心理学家们为我们提供了以下建议。

1.设定的目标应该具体，相应的任务可以用数字来衡量

模糊的目标会让人感觉不真实，并且遥不可及，而不能量化的任务会使人难以评估自己是否正在按照计划行事。既明确知道了自己想要什么，又列出了用来衡量自己是否做到的指标，就可以随时检验自己处在什么样的阶段，是不是正在按照计划实现自己设定的目标。

2.计划必须是此时此刻的你可以独自实现的，所有的任务都是可以完成的

如果在短期内实现最终目标有难度，不妨把它拆解为一些相关的小目标。当遇到困难无法前进时，可以问问自己："现在我能做到的最容易的事情是什么？"这是因为，每一个小小的、稳定的进步都构成了一个成就经验。它们可以提高你的效能感，改变你对自己能力的信念。你会借助这些小小的成功，挑战更高更难的其他任务。所以，如果你计划中的一个子目标实现了，哪怕它在别人看来不值一提，你自己也要好好地庆祝一下。

3.给计划中的每一条都加上明确的时间限制

没错，这个世界会发生无数种可能，但没有约束力的计划难以推动我们马上采取行动。从学生到科学家、从秘书到总裁、从家庭主妇到销售员，拖延的问题几乎会影响到每一个人。阻止我们去完成每天的工作任务的一个最大的障碍就是拖延。因此，我们要避免去做那些对我们没有吸引力的事情，而选择去做那些重要的事情。

经典分享
陈俊杰的成功创业故事

深圳某高职院校市场营销专业2015届学生陈俊杰在校期间担任过系学生会主席，积极参与校内各类市场营销大赛并屡获殊荣。在参加营销大赛的过程中，需要制作PPT进行路演，于是他积极向身边的同学请教PPT的制作方法，并上网搜索相关的素材和图片，每次比赛他的PPT都非常精美，文字内容也翔实得当且逻辑清晰，再加上讲解明确，故他经常得到校内赛的第一名。在积累了比赛经验之后，在校期间他也经常为校外的公司写

营销策划方案，为企业策划推广活动，得到了客户的认可和好评。

　　毕业时，他认真分析自己性格方面的特点和自身的能力，果断开始创业，准备成立文化策划类公司。半年后，他成立了自己的营销策划公司，公司创办至今，业务规模逐渐扩大。

多元能力分析
自测

　　分析：陈俊杰在校期间担任过学生会主席，锻炼了自己的组织协调能力与决策能力，运用自己的学习能力学习了PPT的制作方法，培养了快速学习、沟通、搜集信息和文字处理能力，面对生活中新的问题能够迎难而上，并能有效解决。陈俊杰同学的例子说明，他的自我认知是全面而准确的。正确的自我认知促成了他职业生涯的成功。

能力训练

本专业所需要的职业能力分析

　　一、训练目标

能分析本专业所需要的职业能力。

　　二、程序与规则

1. 分组

3～5人为一个小组。

2. 小组讨论

1）本专业的毕业生可以从事哪些具体职业？

2）该职业所需要的职业能力的掌握程度如何？列于表3-14中。（例如：文秘专业从事秘书职业的讨论）

可迁移的技能
水平评估

表3-14　本专业所需要的职业能力分析表

职业	语言能力	逻辑思维能力	管理能力	动手能力	身体协调能力	沟通能力	自省能力
秘书	一般	较强	一般	较弱	一般	较强	较强

思考与讨论

　　1. 你未来想从事什么职业？你认为从事这一职业需要具备哪些职业能力？

　　2. 讨论：在憧憬未来时，你都考虑了哪些因素？还应考虑哪些因素？

我的考虑：_____；

还应考虑：_____。

　　3. 分析：对以上讨论结果进行筛选，思考哪些因素可能阻碍自己的职业发展，你需要具备什么样的职业能力应对这些不利因素。

第二部分

职业生涯规划与职场适应

　　虽然我们做了几十年的研究，但预测个人职业选择最有效的方法却是询问这个人自己想做什么。

——约翰·霍兰德（John Holland）

模块 四 职业生涯规划与管理

● **导读导学**

人生好比是一次航行，面对浩瀚无垠的大海，如果我们想拥有精彩的人生之旅，那就需要精心设计航程。一个人的职业生涯是一个漫长的过程。无论一生从事一种还是多种职业，每个人都希望找到一种相对稳定、适合自己的职业。因此，事业要朝着哪个方向发展、要从事怎样的职业类型、扮演何种职业角色，都需要事先做出设想和规划。

本模块主要通过阐述职业生涯目标的基本知识，引导和帮助大学生充分认识职业生涯规划的重要性；通过学习职业生涯路线选择与决策的基本知识、职业生涯规划设计的基本步骤，从而积极地对自己的职业生涯进行探索和规划。本模块旨在促使大学生有效地维护与管理自己的职业生涯，从而最大限度地实现人生的目标与价值。

● **思维导图**

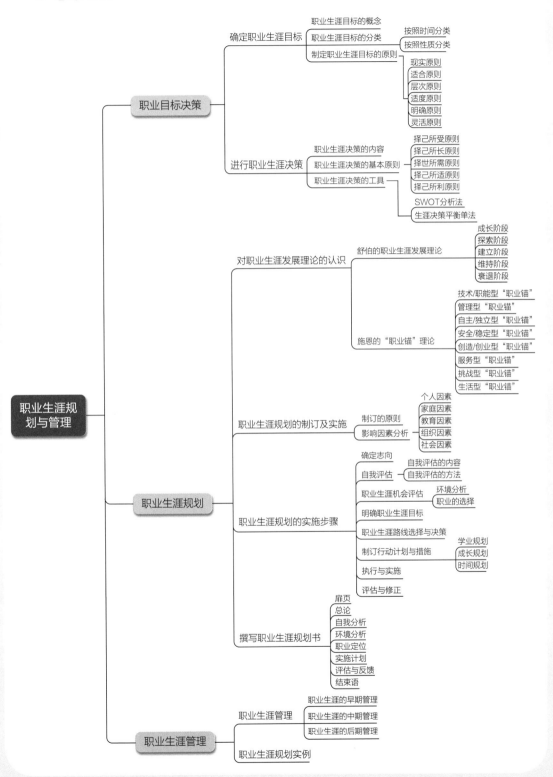

职业生涯规划与管理
- 职业目标决策
  - 确定职业生涯目标
    - 职业生涯目标的概念
    - 职业生涯目标的分类
      - 按照时间分类
      - 按照性质分类
    - 制定职业生涯目标的原则
      - 现实原则
      - 适合原则
      - 层次原则
      - 适度原则
      - 明确原则
      - 灵活原则
  - 进行职业生涯决策
    - 职业生涯决策的内容
    - 职业生涯决策的基本原则
      - 择己所受原则
      - 择己所长原则
      - 择世所需原则
      - 择己所适原则
      - 择己所利原则
    - 职业生涯决策的工具
      - SWOT分析法
      - 生涯决策平衡单法
- 职业生涯规划
  - 对职业生涯发展理论的认识
    - 舒伯的职业生涯发展理论
      - 成长阶段
      - 探索阶段
      - 建立阶段
      - 维持阶段
      - 衰退阶段
    - 施恩的"职业锚"理论
      - 技术/职能型"职业锚"
      - 管理型"职业锚"
      - 自主/独立型"职业锚"
      - 安全/稳定型"职业锚"
      - 创造/创业型"职业锚"
      - 服务型"职业锚"
      - 挑战型"职业锚"
      - 生活型"职业锚"
  - 职业生涯规划的制订及实施
    - 制订的原则
    - 影响因素分析
      - 个人因素
      - 家庭因素
      - 教育因素
      - 组织因素
      - 社会因素
  - 职业生涯规划的实施步骤
    - 确定志向
    - 自我评估
      - 自我评估的内容
      - 自我评估的方法
    - 职业生涯机会评估
      - 环境分析
      - 职业的选择
    - 明确职业生涯目标
    - 职业生涯路线选择与决策
    - 制订行动计划与措施
      - 学业规划
      - 成长规划
      - 时间规划
    - 执行与实施
    - 评估与修正
  - 撰写职业生涯规划书
    - 扉页
    - 总论
    - 自我分析
    - 环境分析
    - 职业定位
    - 实施计划
    - 评估与反馈
    - 结束语
- 职业生涯管理
  - 职业生涯管理
    - 职业生涯的早期管理
    - 职业生涯的中期管理
    - 职业生涯的后期管理
  - 职业生涯规划实例

单元一　职业目标决策

能力目标

　　1. 认识职业生涯目标的意义；

　　2. 了解确立职业生涯目标的原则；

　　3. 掌握职业决策的常用方法。

案例导读

职业决策如何选择

　　王丹，独生女，是一位汉语言文学专业的专科生。她进入某职业学院以来一直学习成绩优异，担任学生会主席、班长等职务，并获得国家奖学金、优秀学生干部等荣誉。父母均有稳定的工作、收入，家庭关系和谐。

　　在很多大学生频频遭受求职冷遇的时候，王丹现面临3个职业选择的机会：一是继续完成高职升本科学习；二是回到自己家乡的幼儿园做教师（与父母在一个城市）；三是应聘到天津某外企从事行政管理工作。

　　可是王丹自己却迷茫了，站在职业决策的岔路口，她不清楚自己该选择怎样的职业发展方向：是直行、向左走还是向右走？

　　分析： 在日常生活中，人们对自己的喜好是很容易判断的，但在职业选择的时候却常常左右为难，这是由于人们对目标不够清晰，对自己与职业是否匹配感到模糊，觉得自己的未来充满不确定性。

　　我们是职业规划的主体，我们的发展之路掌握在自己手中。职业生涯决策是一个高度复杂的过程，很难用简单的方程式来概括。新生活是从选定方向开始的，那么你的生活目标选定了吗？如果你还没确定，那就及早选择吧！

一、确定职业生涯目标

　　大学生在自我评估、认识自己、分析环境、准确定位的基础上进行目标设定，这无论对于大学生活还是将来走上社会都具有重要的意义。坚定的目标将成为追求成功的驱动力，个人成功与否很大程度上取决于是否有明确的职业人生目标。因而，我们把职业生涯目标及实现目标的行动计划的制订作为职业生涯设计的核心。

（一）职业生涯目标的概念

　　职业生涯目标是指个人在选定的职业领域内，在未来时点上所要达到的具体目标，是个人在职业领域理想的具体化。设立生涯目标是个人职业规划的首要内容。整个生涯规划，就是围绕着一系列的大小目标展开的，确立目标是制订职业生涯规划的关键。

（二）职业生涯目标的分类

1. 按照时间分类

个人职业生涯目标，按时间可以分为短期目标、中期目标、长期目标和人生目标。

（1）短期目标　短期目标即两年以内的规划。短期目标通常是指每日、每周、每月、每季、每年的目标，是中期目标和长期目标的具体化、现实化和可操作化，是最清楚的目标。其主要特征有以下几点。

1）目标具备可操作性。

2）明确规定目标具体的完成时间。

3）对现实目标有把握。

4）服从于中期目标。

5）目标可能是自己选择的，也可能是公司或上级安排的、被动接受的。

6）目标需要适应环境。

7）目标要切合实际。

（2）中期目标　中期目标一般为 3～5 年的规划，在整个目标体系中起着承上启下的作用，也是职业生涯能否有效实施和实现的重点。其特征主要有以下几点。

1）通常与长期目标保持一致。

2）是结合自己的志愿和企业的环境及要求来制定的目标。

3）用明确的语言来定量说明。

4）对目标实现的可能性做出评估。

5）有比较明确的时间且可做适当的调整。

6）基本符合自己的价值观，充满信心，愿意公之于众。

（3）长期目标　长期目标一般指 5～10 年的规划，通常比较粗略、不具体，会随着自身情况和外部形势的变化而变化，在设计时以画轮廓为主。长期目标主要受自己人生目标的影响，常言道"人无远虑，必有近忧"，尽管如此，在生活中，人们最容易忽视的就是长期目标。设定长期目标需要考虑以下方面。

1）目标有可能实现，具有挑战性。

2）对现实充满渴望。

3）非常符合自己的价值观，为自己的选择感到自豪。

4）目标是认真选择的，和社会发展需求相结合。

5）没有明确规定实现的时间，在一定范围内实现即可。

6）立志改造环境。

（4）人生目标　人生目标即整个人生的发展目标，时间长达 40 年或以上。它是设定整个人生的发展目标和阶梯。加强以明确人生目标为重要内容的职业生涯规划，通过人生目标与有效职业生涯规划的良性互动，可以使个体明确方向、认知自我，准确定位职业方向，确立人生的方向。

2. 按照性质分类

职业生涯目标，按照性质可以分为外职业生涯目标和内职业生涯目标。

（1）外职业生涯目标　外职业生涯目标是指侧重于职业过程的、外在的、可看得见的目标，主要包括工作内容、职务、经济收入、工作环境和工作地点等方面的目标。

（2）内职业生涯目标 内职业生涯目标是指在职业生涯规划中的知识与经验的积累、观念的转变、能力和素质的提高及成就感、价值感等内心感受。这些目标必须通过自己的努力才能实现。

职业生涯的内、外目标不是截然分开的，两者是相辅相成、相互促进的。内职业生涯目标的发展可以推动外职业生涯目标的发展，而外职业生涯目标的实现又可以促进内职业生涯目标的实现。

> **核心概念**
>
> ### 外职业生涯与内职业生涯
>
> 职业生涯从内涵上可分为外职业生涯和内职业生涯。
>
> 1. 外职业生涯
>
> 外职业生涯是指从事一种职业的工作时间、工作地点、工作单位、工作内容、工作职务与职称、工资待遇、荣誉称号等因素的组合及其变化过程。外职业生涯通常是由别人决定、给予、认可，也很容易被别人否定、收回或剥夺。
>
> 2. 内职业生涯
>
> 内职业生涯是指从事一种职业时的知识、观念、经验、能力、心理素质、内心感受等内在因素的组合及其变化过程，是别人无法替代和窃取的人生财富。内职业生涯主要靠自己的不断努力而获得，不随外职业生涯的获得而自动具备，也不会因为外职业生涯的失去而自动丧失。
>
> 3. 内、外职业生涯的关系
>
> 内职业生涯的发展是外职业生涯发展的前提，内职业生涯的发展可以带动外职业生涯的发展。外职业生涯的发展则能够促进内职业生涯的发展。
>
> 内职业生涯的发展是以外职业生涯的发展来体现为成果展示的，内职业生涯的匮乏是以外职业生涯的停滞或失败呈现的。

根据人、职匹配理论，人的内外职业生涯应该是一致的。在职业生涯道路上成功的秘诀就是内职业生涯不断发展，尤其是大学生更要关注自己内职业生涯的发展，对收入、职位与知识、能力、观念之间的关系要有正确的认识。

作为一名大学生，在校期间一定要抓住一切机会，不断地、全方位地锻炼和提高自己的综合素质，更新就业观念，完善知识结构，提高技能水平，增强合作意识，丰富人生阅历等，提高自身的素质修养和能力水平是关键。

（三）制定职业生涯目标的原则

职业生涯目标的缺失和模糊，会导致职业目标选择错误，直接关系到人生事业的成就。在制定职业生涯目标时，需考虑以下原则。

1. 现实原则

目标的确立要符合社会与市场的需求。在确定职业生涯目标时，要考虑到内外环境的需要。

2. 适合原则

目标的确立要适合自身的特点，要将目标建立在自己的最优性格、最大兴趣、最佳特长之上。

3. 层次原则

目标的确立应该长短结合。在职业生涯发展过程中，我们可以通过短期目标的实现来自我鼓励，体验达成目标的成就感，促使自己朝着更高的目标前进。但是，如果只有短期目标，也会失去奋斗的动力。

4. 适度原则

在确立目标时，最好把目标集中在一点上，才能利用个人有限的资源产出最大的成长效益。

5. 明确原则

目标的确立要具体、明确。如果目标含糊不清，就起不到目标的作用。

6. 灵活原则

设定职业生涯目标要留有余地，在实现目标的时间安排上，不要过急、过满或过死。

核心概念

SMART 原则

"SMART"原则也可以称为目标管理原则，它是使管理者的工作由被动变为主动的一个很好的管理手段。实施目标管理不仅是为了利于员工更加明确高效地工作，更是为了管理者将来在对员工实施绩效考核时提供考核目标和考核标准，使考核更加科学化、规范化。

在制定职业生涯目标时，可以遵循"SMART"简易原则。"SMART"原则的具体内容如下。

1. 目标必须是具体的（Specific）

这是指目标必须是清晰的、可产生行为导向的。比如，"我要成为一个优秀的大学生"不是一个具体的目标，而"学期末平均成绩在 80 分以上"才算得上是一个具体的目标。规划一定要清晰明确，能够转化成一个个可以实行的行动，也就是说，人生各个阶段的线路划分与安排一定要具体可行。

2. 目标必须是可以衡量的 (Measurable)

这是指目标必须用指标量化表达。例如，上文提到的"学期末平均成绩在 80 分以上"的目标，就对应着量化的指标"分数"。

3. 目标必须是可以达到的 (Attainable)

这里"可达到的"有两层意思：一是目标应该在能力范围内；二是目标应该有一定难度。一般人在这点上往往只注意前者，其实后者也相当重要。目标经常达不到的确会让人沮丧，但同时要注意，太容易达到的目标也会让人失去斗志。

4. 目标必须和其他目标具有相关性 (Relevant)

这里的"相关性"是指与现实生活相关，而不是简单的"白日梦"。目标一定要以事实为依据，要根据自身特点、组织发展和社会发展需要来制定，而不能想当然。

5. 目标必须具有明确的截止期限 (Time-based)

也就是说，目标必须是"基于时间"的目标，是指目标必须确定完成的日期。不但要确定目标的最终完成时间，还要设立多个小时间段上的"时间里程碑"，以便进行进度的监控。

任何一个人都不可能一下子实现自己的职业发展目标，都需要根据自己现有的观念、知识与技能上的差异，将大目标分解为小目标，将长期目标分解为短期目标。目标分解就是将目标清晰化、具体化的过程，是将目标量化成可操作的实施方案的有效手段。

案例 4-1

递减的目标

王超是我高中同学，更是我从小到大的朋友。高考过后，我们各自考入了不同的大学，实现了我们的大学梦。在分开的这十年里，我们几乎每隔两三年就会见一次面。每一次我们都会畅谈，其中我们会探讨一个问题：你将来的目标是什么？

得到的答案总是不相同，下面记录的是王超每次谈及目标的原话。

18 岁，高中毕业典礼上：我要当中国首富！

20 岁，春节假期相聚：我想创立自己的公司，要在 30 岁时拥有资产 1000 万。

23 岁，在某公司当技术员，第二职业是炒股：我正在为离开这家公司而奋斗，因为在这里工作太没前途了。我将全力炒股，要在三年内用 10 万元炒到 200 万元。

25 岁，炒股失意而情场得意，开始准备结婚：我希望在一年后能有 10 万元，让我风风光光地结婚。

26 岁，不太风光的结婚典礼上：在不久的将来能当个技术主管就行，别的不想了。

28 岁，所在公司体制改革，偏偏正是妻子怀胎十月的时候：我希望在这次解约的名单里千万不要有我的名字。

分析： 从这个案例可以看出，王超有时候会分不清美好愿望与目标的区别；不会将大目标分解成若干个小目标，脚踏实地、一步步去实现；不懂得内职业生涯的发展是外职业生涯发展的前提；不懂得职业生涯发展是从做好本职工作开始的；没有处理好个人与企业的关系，总是抱怨，不懂得适应、利用和改变环境。

职业生涯规划是一个动态变化的过程，当出现一些因素阻止目标实现时，或是短期、中期目标不适应总目标时，也可以适当进行修改。在向目标努力的途中发现总目标出现错误的时候，也要及时停止实施、进行修改。

二、进行职业生涯决策

当我们完成了对职业自我和职业环境的认知，确定了职业目标范围后，需要进一步搜集、加工信息，做出与个人职业生涯发展有关的一系列决策。

职业生涯决策是个人根据各种条件，在经过一系列活动以后进行的目标决定，以及为实现目标而制订优选的个人行动方案。

（一）职业生涯决策的内容

职业生涯决策包括以下内容。

1）选择何种专业与行业。

2）选择行业中的哪一种职业。

3）选择怎样的策略，来获得某一特定的工作。

4）从数个工作机会中选择其一。

5）选择工作地点。

6）选择工作的取向，即个人的工作作风。

7）选择职业生涯目标或系列的升迁目标。

（二）职业生涯决策的基本原则

职业生涯决策是对职业生涯事件做出决定和选择的过程。在进行职业生涯目标设定和职业定位时，结合自身的实际，可以将以下 5 个原则作为确立的基本原则。

1. 择己所爱原则

对职业生涯事件做出决定和选择首先要尊崇个体的兴趣和价值观。

2. 择己所长原则

任何职业都要求从业者掌握一定的技能，具备一定的能力条件，必须对照自己的能力，选择最有利于发挥自己优势的职业。

3. 择世所需原则

社会需求是确定和调整职业生涯目标的重要参考，职业生涯决策必须遵循社会的发展规律，不可逆社会规律而行。

4. 择己所适原则

确定职业生涯目标要寻找最适合自己的，而不必强求是别人眼中最好的。看起来风光的目标可能会让不适合的你身心俱疲，也达不到目标。

5. 择己所利原则

决策是一个优选的过程，也要遵循效益原则。所以，在确立职业生涯目标时，要择己所利，本着利己、利他、利社会的原则，确立适合自己的目标。

（三）职业生涯决策的工具

职业生涯决策有很多种方法，下面简要介绍 SWOT 分析法和生涯决策平衡单法这两种常见方法。

1. SWOT 分析法

SWOT 分析是职业决策非常有用的工具。"SWOT" 4 个英文字母的含义：S 代表 Strengths（优势），W 代表 Weaknesses（劣势），O 代表 Opportunities（机会），T 代表 Threats（威胁）。从整体上看，SWOT 可以分为两部分：第一部分为 SW，主要用来分析内部条件；第二部分为 OT，主要用来分析外部条件。

使用 SWOT 分析法，可以从中找出对自己有利的、值得发扬的因素，以及对自己不利的、要避开的因素，发现存在的问题，找出解决的办法，明确以后的目标和发展方向。

名片探索法

一般来说，在进行 SWOT 分析时，应遵循以下 4 个步骤。

（1）评估自己的长处和短处　SWOT 分析可以帮助我们找出自己的所长，找到自己最具竞争力的方面，从而去发现那些最能够发挥特长和潜力、最能胜任的职业领域。

（2）审视自己的短处　每个人都有自己的劣势，而且现在社会的工作分工非常细，每个人都只能在某一领域有所擅长。个人在兴趣、性格、价值观上具有一定的倾向性，不可能愿意和适合从事所有职业。

（3）找出你的职业机会 不同的行业面临不同的外部机会和威胁，如果个人能很好地利用外部机会，将有助于自己的职业发展，比如，充满了积极外界因素的行业将为个人提供相对更广阔的职业前景。

（4）分析你的职业威胁 在职业环境中，除了机会，我们同样面临着挑战和威胁。我们常常需要进行自身的一些积累，采用一些发展策略，提高自己适应社会职业的能力，把挑战转化为内在动力，避免甚至消除不利影响。

案例 4-2

SWOT 分析实例

一名某职业学院毕业的男专科生，英语专业。他性格外向，喜欢与人交往，爱好文学，在校期间成绩优秀，担任学生干部，曾多次获取奖学金。但他性格急躁、容易冲动。他曾在某公司人力资源部门实习半年，现在的意向是谋取一份人力资源管理的工作。

根据 SWOT 分析法，首先对个案进行优劣势分析，以及周围职业环境的机会、威胁分析（详见表4-1）。

表4-1 生涯决策 SWOT 应用实例

外部环境分析	机会 (O) 1. 人力资源管理逐渐受到企业的重视 2. 外资企业的进入，人力资源管理人才需求量的增大 3. 熟练的英语表达、擅长交际、文字功底是企业需求的		威胁 (T) 1. 人力资源管理方向的毕业生 2. 企业对从业者的学历要求 3. 许多企业对工作经验的要求
内部环境分析	优势 (S) 1. 成绩优秀 2. 学生干部管理经历 3. 公司半年实习经历 4. 英语专业 5. 爱好文学	优势机会策略 1. 将英语优势及文学功底运用到人力资源管理中 2. 发挥担任学生干部的管理特长	优势威胁策略 1. 强调自身英语专业背景的优势 2. 强调半年的实习经验 3. 强调较强的学习能力和社交能力
	劣势 (W) 1. 在校期间没有丰富的实践经历 2. 专业不对口 3. 性格急躁、容易冲动	劣势机会策略 1. 利用较强的学习能力自学人力资源管理课程 2. 继续加强自己在英语口语交流、文字功底、与人沟通能力等方面的优势	劣势威胁策略 1. 训练克制自己的冲动个性 2. 培养宽阔的视野和创新能力 3. 积极寻找重视员工潜能的企业 4. 提升学历
分析后的整体结论	职业发展道路定位在中型的外资企业人力资源管理部门		

分析：在表4-1分析结果的基础上制定出各种相关策略，整合后最终确定这名男专科毕业生应该谋取一份中型的外资企业人力资源管理部门工作。

SWOT 分析法的核心就是先对个案进行优势、劣势分析，以及周围环境的机会、威胁分析，以分析结果为基础制定相关策略，整合后确定方案。

个体在使用 SWOT 分析时，应该确保要分析成分的准确性和新颖性。SWOT 分析只是生涯决策的一向实用技术，要想生涯决策最优化，还要考虑到其他方法的综合运用。

2. 生涯决策平衡单法

"生涯决策平衡单"主要用于问题解决模式和职业咨询中。决策平衡单可以帮助我们把决策问题简化，将重大问题的思考方向集中到 4 个方面：自我物质方面的得失，他人物质方面的得失，自我赞许与否（自我精神方面的得失），社会赞许与否（他人精神方面的得失）。决策平衡单系统地分析每一个可能的选项，判断分别执行各选项的利弊得失，然后依据其在利弊得失上的加权计分排定各个选项的优先顺序，以执行最优先或偏好的选项。其实施的步骤包括以下几个方面。

（1）建立职业生涯决策平衡单　在平衡单中列出个人所考虑的 2 ～ 3 个潜在职业。

（2）判断各个职业选项的利弊得失　从上面提及的 4 个考察维度列出你选择职业生涯所考虑的因素，分别对 4 个方面的正面预期和负面预期进行分析，考虑每个因素的得失程度，从 −5 ～ 5 分或 1 ～ 10 分给分，来衡量各个职业选项。

（3）对各项考虑因素设置权重　为了体现出各项目不同程度的重要性，考虑每个选择中这些因素的得失程度，每个考虑因素可按照自己的情况设置权重。因此，在详细列出各项考虑因素之后，须再进行加权计分。即对当事个人而言，重要的考虑因素可乘以 1 ～ 5 倍分数，依次递减。

（4）排定各个职业选项的优先顺序　把各因素的权重和利弊得失分数相乘后再累加，计算各个生涯选项的总分。依分数累计得出每一项职业选择的总分。依据各职业选项在总分的高低，排定优先次序。这样，职业选项的优先次序就可作为咨询者职业生涯决策的依据。

案例 4-3

生涯决策平衡单

下面是一名专科学生的生涯决策平衡单，请你仔细研究一下，为自己制作一份决策平衡单，见表 4-2。

表 4-2　生涯决策平衡单

考虑因素		重要性的权数（1～5倍）	生涯选择一（教师）		生涯选择二（人力资源）		生涯选择三（高职升本）	
			+	−	+	−	+	−
个人物质得失	符合自己的理想生活状态	5		3	9			5
	适合自己目前的处境	4	8		9		7	
	较高的社会地位	3	5			3	9	
	工作比较稳定	5	9			9	9	
他人物质得失	优厚的经济报酬	4	5		8		9	
	足够的社会资源	5	8		7		9	

（续）

考虑因素		重要性的权数（1～5倍）	生涯选择一（教师）		生涯选择二（人力资源）		生涯选择三（高职升本）	
			+	−	+	−	+	−
个人精神得失	适合自己的能力	4	8		9		7	
	适合自己的兴趣	5	5		9			8
	适合自己的价值观	5	6		8		5	
	适合自己的个性	4	7		9		6	
	未来发展空间	5		3	8		9	
	就业机会	4		3	8		9	
他人精神得失	家人满意度	2	6		5		9	
	家人安全感	3	7		4		9	
加权后合计			312	30	399	54	384	65
加权后得失差数			282		345		319	

说明：

通过生涯决策平衡单的决策之后，他的决策方案的得分高低依次为：人力资源、高职升本、教师。综合平衡之后，人力资源较为符合他的职业生涯目标。

考虑的项目可以根据个人情况调整。

每一项具体的分数根据分析的优缺点得出（原始分在1～10之间）。

根据每个考虑项目的重要性确定权数（加权范围1～5倍），折合成加权后的分数。

比较每一种方案的综合得分，据此做出综合效用最大化的生涯决定。

经典分享

张艺谋的职业生涯规划

年轻时的张艺谋未能上高中就插队当了农民，后返城当了工人，但他一直坚持自己当导演的梦想。终于，在1978年他以27岁的高龄进入大学学习摄影，为自己未来的转型进行积累。

在重新进入课堂学习后，张艺谋老老实实地学起了摄影，虽然他的志向是导演，但他显然十分清楚自己要做什么。这个时候的他仍在学习，不是在课堂上，而是在实践中学习。

在《黄土地》获奖后，张艺谋有两个选择：继续做一个已经很成功的摄影师或转型开始做导演。然而，出人意料，他却做了另外的选择——做一名演员，并且也获得了一定的成功。不过也可以说，这实在是最明智的选择。要做导演，特别是要想成为较有建树的导演的话，当然最好能亲身体验过做演员的感受，才能在拍片的时候和演员们够契合。

在《红高粱》成功以后，张艺谋拍了一段时间的文艺片，在全国大众都熟悉了他的名字后，张艺谋敏锐地捕捉到了商业片的市场价值，并与中国电影市场的需求相契合，他开始转向了商业大片，开始了自己的大片之旅。

能力训练

设立个人职业目标及行动计划

一、训练目的

在构思个人的职业目标时，运用目标设立的指导原则。

二、程序与规则

1. 三年目标

_____

_____

2. 五年目标

_____

_____

3. 分组进行讨论

1）要达到这个目标，需要经过哪几个步骤？

_____

_____

_____

2）综上，设立一个月内、两周内、一周内的短期目标和行动计划。

① 一个月内的短期目标和行动计划

_____

_____

_____

② 两周内的短期目标和行动计划

_____

_____

_____

③ 一周内的短期目标和行动计划

_____

_____

_____

思考与讨论

1. 职业生涯目标的分类是什么？

2. 职业生涯决策的内容和基本原则是什么？

单元二　职业生涯规划

能力目标

1. 掌握职业生涯规划设计的基本步骤；
2. 能够进行职业生涯路线选择与决策；
3. 能够初步完成自己职业生涯规划的制订及实施。

案例导读

新生的大学之路

某职业技术学院刚上大一的小佳本来应该度过多姿多彩、充满兴奋和惊喜的新生生活，然而她却变得沉默、焦虑。原因是她听说自己所学的心理学专业（不是自己喜欢的专业）就业情况不是特别乐观，于是她产生了转专业的念头，但又不太清楚该转什么专业。

在学习了学院关于转专业的管理办法后，她想通过努力达到转专业的条件，争取转到自己喜欢的历史学专业。但她又有些犹豫，担心转专业的选择一旦错误，反而更加影响自己的发展。这样的选择困扰着她，反反复复的思想斗争令她非常痛苦，因为她迫切需要得到答案：如何规划自己的大学生活？如何进行专业选择？

分析： 通过小佳的案例，我们要明晰小佳对自己所学专业没有信心是比较常见的，这时候我们需要分析专业选择背后的原因。很多大学生专业选择的标准是根据自己的高考成绩，而没有考虑到自己真正的职业兴趣。大学生对所学专业的未来前景缺少客观的、有依据的判断，缺乏对工作世界的了解。由于信息不对称，很多学生对所学专业存在一定偏见。

大一是整个大学生活的起点，如果在大一阶段就开始探索职业、做好规划，就能有效地度过大学生活，使整个大学生活和将来的职业目标紧密地联系在一起。

一、对职业生涯发展理论的认识

生涯规划相关理论的发展是一个多学派共同发展的过程。从生涯发展、生涯规划、生涯指导到生涯教育，推动了生涯理论本身的发展，更是对实践起到了极大的启发和指导作用。尽管依据每一种理论所发展出来的实用工具都有一定的缺点，但综合运用生涯规划的相关理论和工具，能帮助你成为一个知情的生涯信息使用者，从而制定出更好的生涯规划策略。

（一）舒伯的职业生涯发展理论

从 20 世纪 50 年代初开始，许多学者开始研究职业和生涯发展问题，形成了一系列理论学说，其中舒伯的职业生涯发展理论是最有代表性的理论之一。他的职业生涯发展理论是一种纵向职业指导理论，重在对个人的职业倾向和职业选择过程本身进行研究。

舒伯认为，人的每一个年龄阶段都与职业发展有着相互配合的关系，人的生涯发展会伴随着年龄的增长而递进，每个年龄阶段各有其生涯发展的任务。他将人的生涯发展分为成长、探索、建立、维持、衰退五个阶段，每个阶段又分别包含几个子阶段。

1. 成长阶段

从出生到 14 岁左右。此阶段主要任务是：经由家庭、学校中重要任务的认同发展出自我概念。此阶段的一个重点是身心的成长。通过经验可以了解周围环境，尤其是工作世界，并以此作为试探选择的依据。

成长阶段属于认知阶段，它又分为幻想期、兴趣期、能力期三个子阶段。此阶段个人通过游戏、玩耍、电视媒体、朋友、老师和家人观察等方式，开始了解自我、探索自我，逐渐建立起自我的概念。

2. 探索阶段

年龄在 15～24 岁。此阶段主要任务是：自我概念与职业概念的形成、自我检视、角色尝试、学校中的职业探索、休闲活动与兼职工作。

此阶段所选择的工作范围会更缩小，只选择可能提供重要机会的工作，主要涉及学校和工作前期。探索阶段又分为试探期、过渡期、尝试期三个子阶段。此阶段个人在学校生活与闲暇，通过学校的考试、课外活动、社会实践、业余工作等研究自我，对自己的能力、兴趣和性格有所认识，形成自我概念和职业概念，并进行职业上的探索。

3. 建立阶段

年龄在 25～44 岁。此阶段主要任务是：凭借尝试错误以确定前一阶段的职业选择与决定是否正确。若自觉决定正确，就会努力经营，打算在此领域久留。但也有一些专业的领域，还未尝试就已开始了建立阶段。

建立阶段的两个子阶段分别是：尝试和稳定。经过早期的试探与尝试后，发现真正适合自己的领域，并努力试图使其成为自己的永久职业。这一阶段是大多数人职业生涯周期中的核心部分。

4. 维持阶段

维持阶段属于专、精、升迁阶段，年龄在 45～60 岁。此阶段主要任务是：维持这份工作，继续将它做好，并为退休做好计划。

5. 衰退阶段

年龄在 65 岁以上，属于退休阶段。此阶段主要任务是：在体力与心智逐渐衰退时，工作活动将改变，必须发展出新的角色，先是变成选择性的参与者，然后成为完全的观察者。

在现实中，职业生涯是个持续的过程，各阶段的时间并没有明确的界限，其经历时间的长短常因个人条件的差异及外在环境的不同而有所不同，有时还可能出现阶段性反复。

在以上这些不同的阶段，一个人所扮演的角色也不同，且通常要同时扮演几个角色，如子女、学生、工作者、公民、持家者等。舒伯设计了生涯彩虹图来表示不同角色在生涯各个阶段的地位，如图 4-1 所示。

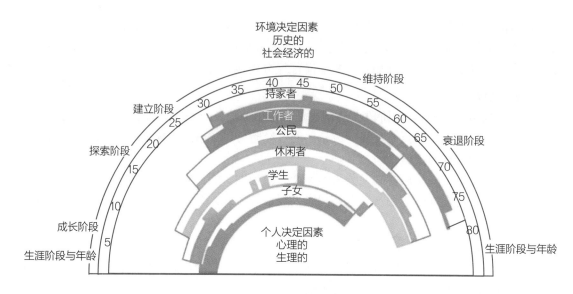

图4-1 舒伯的生涯彩虹图

角色之间是交互影响的，某一角色的成功可能带动其他角色的成功，反之，某一角色的失败，也可能导致另一角色的失败。这除了受年龄增长和社会对个人发展任务期待的影响外，往往跟个人在各个角色上所花的时间和感情投入的程度有关。

风云人物

唐纳德·E.舒伯（Donald E.Super）

唐纳德·E.舒伯(Donald E.Super)，职业指导和应用心理学博士，哥伦比亚大学师范学院教授。舒伯是世界职业规划与生涯教育领域最具权威性的人物，是全球最有影响力的生涯发展研究者，为世界职业规划与生涯教育领域做出了无与伦比的不朽贡献，被誉为"超级思想家"。

从1940年到1950年，舒伯出版了两本生涯发展的专著：《职业适应动力学》和《职业生活的心理学》，奠定了他在该领域的权威地位。舒伯的学术体系在世界职业规划与生涯教育领域集大成而独具特色，形成特色鲜明的舒伯学派，广受推崇。

（二）施恩的"职业锚"理论

"职业锚"的概念由美国施恩教授提出，是指当一个人不得不做出选择时，无论如何都不会放弃的职业中的那种至关重要的东西或价值观。"职业锚"实际上就是人们选择和发展自己的职业时所围绕的中心，是企业和个人进行职业决策时的核心。

专家们经过长时间的研究，确定了8种基本的"职业锚"类型。8种"职业锚"的基本特点如下。

1. 技术/职能型"职业锚"

技术/职能型的人，追求在技术/职能领域的成长和技能的不断提高，以及

职业锚问卷

应用这种技术／职能的机会。他们对自己的认可来自他们的专业水平，他们喜欢面对来自专业领域的挑战。他们一般不喜欢从事一般的管理工作，因为这将意味着他们要放弃在技术／职能领域的成就。

2. 管理型"职业锚"

管理型的人追求并致力于工作晋升，倾心于全面管理、独自负责一个部分，可以跨部门整合其他人的努力成果，他们想去承担整个部分的责任，并将公司的成功与否看成自己的工作。具体的技术／职能工作仅仅被看作是通向更高、更全面管理层的必经之路。

3. 自主／独立型"职业锚"

自主／独立型的人希望随心所欲地安排自己的工作方式、工作习惯和生活方式，追求能施展个人能力的工作环境，最大限度地摆脱组织的限制和制约。他们宁愿放弃提升或工作扩展机会，也不愿意放弃自由与独立。

4. 安全／稳定型"职业锚"

安全／稳定型的人追求工作中的安全与稳定感。他们可以预测将来的成功从而感到放松。他们关心财务安全，如退休金和退休计划。稳定感包括诚信、忠诚，以及完成老板交代的工作。

5. 创造／创业型"职业锚"

创造／创业型的人希望使用自己的能力去创建属于自己的公司或创建完全属于自己的产品（或服务），而且愿意去冒风险，并克服面临的障碍。他们想向世界证明公司是他们靠自己的努力创建的。他们可能正在别人的公司工作，但同时他们在学习并评估将来的机会。一旦他们感觉时机到了，便会走出去创建自己的事业。

6. 服务型"职业锚"

服务型的人指那些一直追求他认可的核心价值，例如，帮助他人，改善人们的安全，通过新的产品消除疾病。他们一直追寻这种机会，即使这意味着变换公司，他们也不会接受不允许他们实现这种价值的工作变换或工作提升。

7. 挑战型"职业锚"

挑战型的人喜欢解决看上去无法解决的问题，战胜强硬的对手，克服无法克服的困难障碍等。对他们而言，参加工作的原因是工作允许他们去战胜各种不可能。

8. 生活型"职业锚"

生活型的人喜欢允许他们平衡并结合个人的需要、家庭的需要和职业的需要的工作环境。他们希望将生活的各个主要方面整合为一个整体。正因为如此，他们需要一个能够提供足够的弹性让他们实现这一目标的职业环境。他们认为自己如何去生活、在哪里居住、如何处理家庭事务等同工作是一样重要的。

知识链接

"职业锚"的来历

"职业锚"概念最初产生于美国麻省理工学院斯隆研究院的专门小组，是从斯隆研究院毕业生的纵向研究中演绎而成的。1961年、1962年和1963年，斯隆学院的44名毕业生自愿组成了一个专门小组，愿意配合和接受施恩所进行的关于个人职业发展和组织职业管理的研究与调查，并且在 1973 年返回麻省理工学院，就他们演变中的职业与生活接受面谈和调查。施恩在对他们的跟踪调查和对许多公司、个人及团队的调查中，形成了自己的一些看法，并提出了"职业锚"的概念。施恩说："设计这个概念是为了解释当我们在更多的生活经验的基础上发展了更深入的自我洞察时，我们的生命中成长的更加稳定的部分。"

二、职业生涯规划的制订及实施

职业生涯规划的制订是一个从模糊到清晰的动态过程。在制订职业生涯规划初期，你可能只是预先为自己设想了一个或几个职业目标，我们将其称之为职业理想，或更确切地说是职业梦想。职业生涯规划的制订过程就是你开始为这一梦想寻找着陆地点的过程。

从时间维度的角度看，职业生涯规划可以划分为短期规划（两年以内的规划）、中期规划（2 ～ 5 年的规划）、长期规划（5 ～ 10 年的规划）和人生规划（长达 40 年左右的规划）4 种类型。

（一）制订的原则

任何一项规划的制订和实施都要遵循一定的准则，否则规划将走弯路。大学生职业生涯规划的制订、实施、评估和修正是一个复杂的系统工程，每个人根据自身特点进行制订。每个人的职业生涯规划是不同的，但是其制订的过程依然是有规律可循的。

一个优秀的职业生涯规划包含系统性原则、一致性原则、长期性原则、明确性原则、可行性原则、连续性原则、动态性原则、激励性原则、阶段性原则、个别化原则和全面评价原则。

（二）影响因素分析

职业生涯规划的影响因素包括个人因素、家庭因素、教育因素、组织因素和社会因素等。

1. 个人因素

个人因素是影响职业生涯的核心因素。个人因素主要包括能力、知识技能和个性。从个人角度出发，个人的兴趣、爱好、价值观、需求及就业动机之间会有较大的差别。

2. 家庭因素

家庭是个人生活的重要场所，也是造就其素质甚至影响其职业生涯的主要因素之一。家庭对个人职业生涯的影响主要体现在两个方面：一方面，个人成长的家庭环境影响着一个人的价值观念、行为模式、知识技能和职业理想等，从而影响着个人的职业选择和职业发展；另一方面，个人成人后的家庭情况，如个人是否结婚、抚养的人数多少、承担的经济负担等，对其职业生涯也有影响。

3. 教育因素

首先，在进行个人职业选择时，具有不同教育程度的人，其具有的能量也不同。从受教育的程度来看，受教育水平越高，劳动生产能力就越强。

其次，人们的专业、职业种类对其职业生涯有着决定性的影响，往往成为其整个职业生涯或职业生涯前半部分的职业类别。

最后，人们所学的专业、毕业的院校和接受的教育程度不同，常常会影响其职业生涯发展的平台。

4. 组织因素

作为组织的成员，个人的成长发展无法脱离组织提供的环境条件。职业生涯是由个人选择决定的，又在组织提供的环境条件中实现。组织为个人提供的工作岗位、工作条件和培训开发机会，以及相应的工作评价和工资报酬等直接影响到个人职业发展。

5. 社会因素

社会因素通常是指社会文化环境、经济发展水平、政策和制度等。社会文化与习俗影响着个人的价值取向和职业观念；经济发展水平影响着就业机会和晋升机会的多少；国家的方针政策及具体的制度、规则影响组织的目标和发展，这些都会直接或间接地对个人的职业生涯产生影响。

三、职业生涯规划的实施步骤

职业生涯规划并不难，它和制订一份旅游计划有很多相似之处。目标制订、实现的过程，都和一个人的兴趣爱好和自身条件等相关，对目标和过程的选择没有好坏之分。

课堂活动

我的旅行计划

一、在 5 分钟的音乐背景下，同学们闭上双眼想一想：自己一直想拥有的一次旅行是什么样的？请为自己制订一个详细可行的旅游计划。

1. 旅行计划的具体内容是什么？

_____

_____

2. 制订这个计划经过了哪几个步骤？

_____

_____

3. 如何落实这个旅行计划？

_____

二、组织交流

每组 3～4 人，完成上述旅行计划后进行交流。

职业生涯规划的实施步骤如下。

（一）确定志向

志向是事业成功的基本前提，没有志向，事业的成功也就无从谈起。俗话说："志不立，天下无可成之事。"纵观古今中外，各行各业的佼佼者都有一个共同的特点，那就是拥有远大的志向。立志是人生的起跑点，反映着一个人的理想、胸怀、情趣和价值观，影响着一个人的奋斗目标及成就。所以，在制订职业生涯规划时，首先要确立志向，这是制订职业生涯规划的关键，也是职业生涯规划最重要的一点。

（二）自我评估

自我评估就是对自己做全面分析，通过自我分析，认识自己、了解自己。目的在于通过对自己进行全面分析而为自己做准确的定位。因为只有认识了自己，才能对自己的职业做出正确的选择，才能选定适合自己发展的职业生涯路线，才能对自己的职业生涯目标做出最佳抉择。

1. 自我评估的内容

自我评估的内容包括个人的兴趣、特长、性格、学识、技能、智商、情商、财商及组织管理、协调、活动能力等。

2. 自我评估的方法

1）自评法：自我反省、自我分析。

2）他评法：通过家长、同学、朋友对自己进行分析评价。

3）测试法：利用职业测评软件对自己进行测评。

在自我评估时，往往是几种方法共同使用，最终得出交集。自我评估是进行职业生涯规划的第一步，也是职业生涯规划中的一个重要环节。自我评估的内容主要包括生理自我、心理自我、理性自我和社会自我4个部分，见表4-3。

表4-3　认识自我的内容

探索项目	对应内容
生理自我	主要包括自我相貌、身体、穿着打扮
心理自我	主要包括自我性格、兴趣、气质、意志、情感、能力等方面优缺点的评判与评估
理性自我	主要包括自我思维方式和方法、知识水平、价值观、道德水平等因素的评价
社会自我	主要包括对自己在社会上所扮演的角色，在社会中的责任、权利、义务、名誉，他人对自己的态度及自己对他人的态度等方面的评价

在这4个方面中，涉及的因素很多，其中重点要分析的是自己的价值观、兴趣和个性心理特征，而个性心理特征又包括性格、能力和气质。

（三）职业生涯机会评估

职业生涯机会评估主要是分析内外环境因素对自己职业生涯发展的影响。只有对环境因素充分了解，才能做到在复杂的环境中趋利避害，使职业生涯规划具有实际意义。

1. 环境分析

环境因素对个人职业生涯发展的影响是巨大的，它为每个人提供了活动空间、发展条件和成功的机遇。环境分析的内容包括对社会环境、组织环境和家庭环境的分析。

1）社会环境包括政治、经济、文化和社会价值观。

2）组织环境包括组织状况和特色、发展战略、管理制度、领导者风格等。

3）家庭环境包括家庭的经济地位、家族期望、传统文化等。

在进行职业生涯设计时，要分析环境条件的特点、环境的发展变化情况、自己与环境的关系、自己在这个环境中的地位、环境对自己提出的要求及环境对自己有利的条件与不利的条件等。

2. 职业选择

职业选择正确与否，直接关系到人生事业的成功与失败。据统计，在选错职业的人当中，有 80% 的人在事业上是失败者。由此可见，职业选择对人生事业发展是何等重要。如何才能选择正确的职业呢？至少应考虑以下几点。

1）性格与职业的匹配。

2）兴趣与职业的匹配。

3）内外环境与职业相适应。

（四）明确职业生涯目标

职业生涯目标的设定，是职业生涯规划的核心。一个人职业生涯规划得成功与否，甚至一个人的事业成败，在很大程度上取决于是否确立了正确适当的职业生涯目标。职业生涯目标的设定，是在继职业选择、职业生涯路线选择后，人生目标的抉择。这一抉择以自己的最佳才能、最佳性格、最大兴趣、最有利的环境等条件为依据。

要善于将职业生涯远期目标分解为有时间规定的长、中、短期分目标。目标分解的过程就是职业生涯不断清晰化、具体化的过程。在目标设定上，应根据主客观条件来设定，要保证目标适中，不可过高或过低。

（五）职业生涯路线选择与决策

职业生涯路线是指一个人选定职业后从什么方向实现自己的职业目标。在职业选择后，还需考虑向哪一条路线发展。职业生涯路线的选择取决于以下三个要素：我想往哪个路线发展？我能往哪个路线发展？我可以往哪路线发展？

通过自我评估、认识自己、分析环境确定未来职业目标后，就要从自己的价值观、理想、成就动机等对自己以后从事的职业做出选择。

（六）制订行动计划与措施

个人需要分析自身条件与职业生涯目标的差距，以缩小差距为目的，制订出可以实现又具有挑战性的行动计划与措施。

对于面临就业的大学生和刚入学的大学生而言，行动计划与措施制订的内容也有很大的不同。对于面临就业的大学生，撰写求职简历、应聘面试、工作、参加组织培训和教育、构建人际关系网、谋求晋升、跳槽换工作等都是行动计划与措施的内容。

对于刚入学的大学生，在确定好职业生涯目标、选择了职业生涯路线后，应根据其自身职业生涯路线最低两个阶段的职业发展，制订此阶段的行动及措施，主要包括以下内容。

1. 学业规划

学习专业知识、相关技能、做人的道理、成功的方法等，这可能将影响大学生的一生。

2. 成长规划

在大学期间成长规划的主要内容包括：养成良好的生活习惯，培养健康的兴趣和良好的心态，树立正确的恋爱观，学会自我管理，培养良好的思维方式，培养科学的世界观，拥有梦想。

3. 时间规划

大学生职业生涯发展需要具备各方面的素质和能力，特别是实践操作的动手能力。实践动手能力强的大学生无疑增加了找工作的砝码。而这种能力主要来自在校期间多方面的实践锻炼，尤其是社会实践。因此大学生应该制订社会活动计划，有意识地提升自己的实践动手能力，主要参加的活动形式有社团、社会实践和学习。

（七）执行与实施

及时、到位的行动，是确保职业生涯规划能够有效实施的保障。在对自我、环境和用人单位进行分析，确定自己目前与目标的差距后，需要做出相应的弥补或提升行动，如加强某专业知识的学习、某实际操作技能的提升或某综合素质的挖掘或锻炼等。每一项变化都需要实实在在的行动，这样才能缩短与目标的距离。职业生涯规划的实施要把握以下几点。

（1）要注意提高自身的时间管理能力　增强时间观念，保证每项计划的执行都在自己的时间掌控之内。

（2）增加责任心及激励的力量　可以与亲朋好友讨论自己的职业生涯规划，可以对自己进行约束。

（3）定时检查目标的进度和计划措施的执行情况　至少每三个月进行一次检查和回顾，做好过程性监督，及时发现问题，以便提出解决方案。

（4）要注意提高自身的自我管理能力　不被外界事物影响到自己的计划，有较高的自我控制能力，保证计划的有效实施。

（八）评估与修正

俗话说："计划赶不上变化"。影响职业生涯规划的因素较多，有的变化因素是可以预测的，而有的变化因素难以预测。

评估反馈与修正是职业生涯规划的重要环节，也是保障职业生涯规划能否实施的关键环节，只有通过不断反馈与修正，才能保证目标的合理性和措施的有效性，也才能保证生涯目标的最终实现。

在制订职业生涯规划时，由于对自身和外部条件的了解不够深入，最初确定的职业生涯目标可能是错误的。在经过一段时间的实施后，有意识地检查评估自己计划措施的执行情况、阶段目标的达成情况，可以检验自己的职业定位与职业方向是否合适。在实施过程中总结经验和教训，不断对自我与环境进行评估，修正自我与环境认知，纠正最终目标与分阶段目标的偏差，保证职业生涯规划的行之有效。

知识链接

职业发展路径选择

每个人都有适合自己发展的路径，但人与人各不相同，谁也不能完全复制别人的成功之道，职业生涯必须靠决策者不断地尝试和探索。职业生涯路线的选择需要考虑以下几个问题。

1. 个人希望向哪条路线发展

这里主要考虑自己的价值观、理想、成就动机等，由此确定自己的目标取向（"我想往哪个方面发展？"）。

2. 个人适合向哪一条路线发展

这里主要考虑自己的性格、特长、经历、知识结构、能力水平等，由此确定自己的能力取向（"我能往哪方面发展？"）。

3. 个人能够向哪一条路线发展

这里主要考虑自身所处的社会环境、政治与经济环境、组织环境等因素，由此确定自己的机会取向（"我可以往哪方面发展？"）。

路线选择的重点是在对影响职业生涯选择的要素进行分析的基础上，确定自己的职业生涯路线。需要指出的是，职业生涯路线可能会出现交叉和转换，个人可以根据自身情况来决定。其中典型的职业生涯路线选择如图4-2所示。

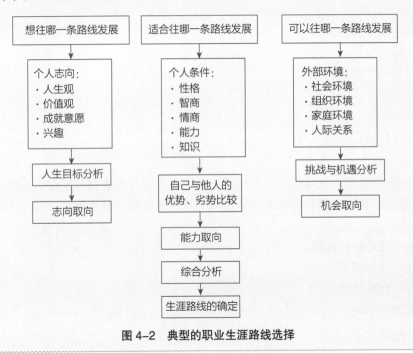

图4-2 典型的职业生涯路线选择

四、撰写职业生涯规划书

一份完整职业生涯规划书应包括以下内容。

1. 扉页

扉页应包括题目、姓名、基本情况介绍等基本信息。

2. 总论（前言、引言）

总论（前言、引言）主要写规划的目的及自己对规划意义的认识等。

3. 自我分析

一个有效的职业生涯设计必须是在充分且正确认识自身条件的基础上进行的，包括对兴

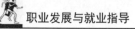

趣、能力、性格、价值观、胜任能力等的测评结果，并进行自我探索小结。职业生涯规划书中的自我分析可包括以下内容。

　　1）我的职业倾向分析。

　　2）我的职业价值观判断。

　　3）我的性格评估。

　　4）我的能力盘点。

　　5）个人经历回放。

　　6）自我分析与评估总结。

　4. 环境分析

　　分析环境条件的特点和发展变化情况，把握环境因素的优势与限制，了解本专业、本行业的地位、形势及发展趋势。职业生涯规划书中可包括以下内容。

　　1）社会环境分析。

　　2）学校环境分析。

　　3）家庭环境分析。

　　4）行业环境分析。

　　5）组织环境分析。

　　6）职业分析。

　　7）岗位分析。

　　8）环境分析结论。

　5. 职业定位

　　职业定位就是要为职业目标与自己的潜能及主客观条件谋求最佳匹配。这个规划环节包括确定职业方向、各阶段职业目标和总体目标、职业发展路径等内容。职业生涯规划书中可包括以下内容。

　　1）明确可选的职业目标。

　　2）职业评估与决策。

　　3）职业生涯路径设计。

　　4）职业定位结论。

　6. 实施计划

　　实施计划就是要制订实现职业生涯目标的行动方案，要有具体的行为措施来保证。职业生涯规划书中可包括以下内容。

　　1）长期、中期、短期职业生涯计划。

　　2）各阶段计划的分目标，计划内容（专业学习、职业技能、职业素养）。

　　3）计划实施策略。

　7. 评估与反馈

　　整个职业生涯规划要在实施中去检验，看效果如何，及时诊断职业生涯规划各个环节出现的问题，找出相应对策，对规划进行调整与完善。职业生涯规划书中可包括以下内容。

　　1）可能存在的风险。

　　2）预评估的内容。

3）风险应对方案。

8. 结束语

主要对在自己进行职业生涯规划的过程中帮助过自己的人表示感谢，最后给自己鼓劲，表明自己能够完成规划所确定目标的决心和信心。

要点提示

职业生涯规划目标的修正不能过于频繁

目标是经过严密程序制订出来的，在制订时包括了对未来的预测和对不确定性的估计，所以在对目标进行修正时必须要谨慎。如果变更频繁，目标就失去了严肃性，目标本身也就失去了意义。此外，还容易产生两方面的后果：在执行目标时不认真，把目标当成摆设，使实现目标的过程变得不可捉摸；在制定目标时不严肃，搞形式主义，敷衍了事，使目标的质量大打折扣。

经典分享

马拉松冠军山田本一

1984年，在东京国际马拉松邀请赛上，名不见经传的日本选手山田本一出人意料地夺得世界冠军。两年后，他又在意大利国际马拉松赛事上获得世界冠军。人们问及他的成功经验时，他只是说："凭智慧战胜对手。"10年后，他自己解开了这个谜：每次比赛前，他都要乘车仔细观察比赛路线，记下沿途醒目的标记，直到赛程终点。比赛一开始他就以百米冲刺的速度奋力向第一个目标冲去，到达第一个目标后，又以同样的速度冲向第二个目标。就这样，40多千米的赛程被他分解成几个小目标轻松地跑完了。

山田本一的秘诀是：赛前把40多千米的赛程分解成若干个小标志（分目标），然后铆足劲奋力向一个个目标冲去。在整个比赛中，他是在不断享受胜利的喜悦。我们的职业生涯规划同马拉松赛类似，应该把漫长的人生划出若干小目标。

能力训练

建立自己的生涯目标

一、训练目标

建立自己的生涯目标，熟悉头脑风暴法的主要程序。

二、准备

白纸、彩色笔若干。

三、分组

每组4～6人。

四、时间

15分钟。

五、程序和步骤

请思考以下问题：

1）你现在想做什么事情？

2）你一生中想做什么大事？

3）你想成为什么样的人？

4）你想取得什么样的成就？

六、讨论

结合自身实际情况积极思考，组织开展小组讨论，教师小结。

思考与讨论

1. 施恩"职业锚"中8种职业锚的基本特点是什么？

2. 职业生涯规划的实施要把握哪几个方面？

单元三　职业生涯管理

能力目标

1. 认识职业生涯管理的概念；

2. 了解职业生涯管理的各个阶段；

3. 组织职业生涯管理的原则与内容。

案例导读

我该不该选择高职升本

王皓在大学毕业时可谓一帆风顺，没有经过太多的波折就顺利进入一家大型外资企业工作，薪酬待遇让很多人羡慕不已。在工作两年之后，经历了领导对他的严苛要求，王皓已慢慢没有了当初刚走出校园时对未来职业发展的热情，他辞职并顺利地考入了某大学完成高职升本的学习。

再次走进校园还不到半年的时间，他的情绪就出现了问题，原因是他始终无法忘记职场中曾经的领导对他严苛要求的阴影。想到两年后新的求职挑战，他就心存迷茫与焦躁。

分析：理想工作是这个案例的切入点，有不少大三学生选择高职升本学习是为了逃避就业，而对于像王皓这样的职场人来说高职升本也成了他逃避职场失利的避难所，不同的是会在进入校园后有一点忧患意识。任何选择都有其存在的合理性，要根据自己的实际情况进行规划，尤为重要的是对生涯规划的有效管理与实施。

一、职业生涯管理

职业生涯管理是指企业通过帮助员工制订职业生涯规划和帮助其职业生涯发展的一系列活动。

（一）职业生涯的早期管理

职业生涯的早期阶段是指个人经过学校系统教育和培训之后步入社会、融入工作单位的过程。这一阶段一般是指 19～30 岁。这是一个从学校步入社会、由学生转为员工、由未成年人到成年人等一系列角色转变的过程，是个人在角色转变过程中与工作单位互相了解、接纳、协调、融合的过程。

（二）职业生涯的中期管理

职业生涯的中期阶段通常指 30～50 岁，这是一个时间跨度较长且富于变化的阶段，既有可能获得职业生涯发展，又有可能出现职业生涯危机。可以说，职业生涯的中期阶段是一个人在事业发展道路上最为重要的阶段。

职业生涯发展中期工作任务繁重，供养家庭的压力较大，开始出现个人理想预期与实际成就之间不一致的现状，此时子女对其职业认同与否，客观上会影响自己对最初做出的职业选择是否正确的判断。

（三）职业生涯的后期管理

职业生涯的后期阶段通常指 50～70 岁，此时，大多数人的事业已经达到顶峰，体能、学习能力均开始下降，个人对工作的参与度也逐渐减少，对职业发展的需求降低，开始考虑退休问题，并有意识地进行角色转换，从职业中期的中心、主导角色向后期的辅助指导、咨询角色转变。

二、职业生涯规划实例

以下是某高职生职业生涯规划设计书。

经典分享

职业生涯规划设计书

×××技术学院：×××　　　指导老师：×××

警句：一个人的价值，应当看他贡献什么，而不应当看他取得什么。

前　言

职业生活是整个人生的重要组成部分。作为一名在校生，我马上就要面临着人生的重大转折——从学生到职业者的角色转换。

在当今社会就业压力大，就业形势极其严峻的情况下，怎样才能为自己寻求一份合适的好工作呢？我认为重要的是通过对自身状况的了解，以及对社会和人才需求的认识，来更好地规划自己的人生，为自己确定人生目标，制订实施方案。因为一个可行的计划是成功的一半，有了计划就有了目标，有了目标便有了努力的方向和前进的动力，只有这样才能为成功奠定基础、提供保障。我的职业生涯目标是成为一名高级信号工程师。对于每一位即将毕业的学生来说，选择一份能充分发挥自己聪明才智的职业是至关重要的。而对自己今后的职业生涯从总体上做一个合理的规划，是一件十分有必要的事情。职业生涯规划是指在客观分析个人的性格、资质、人生态度、潜能等因素的基础上，结合社会的人才需求期望，采取有效的职业发展策略，选择合适的职业发展道路，一步步地攀登事业的阶梯，取得事业上的成功，实现人生价值的过程。

职业生涯规划能使我更好地了解自己，并根据对自我和职业的理解，确定合适的工作目标，对我今后事业的成功乃至整个人生的成功都有着重要的作用。

规划人生方向　成就职业梦想

一、自我分析

（一）个人部分

1）兴趣爱好：读书、看报纸杂志、图表分析、关注新闻动态、发表自己的评论。

2）价值追求：尽力发挥自己的长处、追求真理、挖掘自己的潜力、施展自己的才能、实现个人价值最大化。

3）自我充实：阅读书籍、掌握多方面知识、更好地充实自己、对某些重点疑点问题亲自实践、追求真理。

4）性格特征：乐观主动、喜欢发表意见、为人热情、擅长与人沟通、忠实可靠。

5）个性优势：做事目标明确、有强烈的发展提升意识；工作雷厉风行、善于决断、做事有担当；主动行动、独立性强、有强烈的成就动机。

6）个性劣势：做事不够客观，有时过于感性，对自身利益考虑不够；行事可能表现得独断专行，听不进别人意见，有时甚至会在无意中损害他人利益。

（二）个人综合分析（见表4-4）

表4-4　个人综合分析表

综合特质	看重感情与情绪；重视证据与事实；关心并想了解他人事务，自信、热情且友善，体谅他人并愿意协助他人解决问题
能力优势	善于沟通与了解他人；体贴、富有同情心，适合扮演支援角色；善于交际并有能力说服他人
人际关系	善于交际，能轻松面对陌生人，说服力强；在必要时态度开明，以较被动的方式接受旁人想法与意见
激励因子	避免冲突、排斥与对立；处于有利环境，旁人的宽容与支持，旁人的谢意、尊重与喜爱

（三）学生工作简析

1）担任班委，协调组织开展班级活动。

2）担任系学生会宣传部部员，组织开展各项宣传活动，保证各项工作正常开展。

（四）职业兴趣分析

人才素质测评报告（见图4-3）表明，我的职业兴趣类型为"管理型"。这类人乐观主动，喜欢发表意见，有管理才能，应从事需要胆略、冒风险且承担责任的活动，喜欢从事领导及管理性质的职业。对于计划从事管理工作的我来说，这是我的绝对优势。

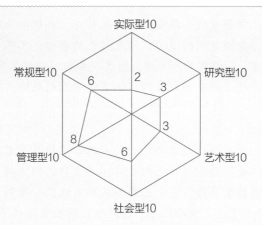

图4-3　人才素质测评报告

1）具备特点：办事小心谨慎，喜欢有组织性，比较敏感，喜欢发表意见与见解，喜欢从事具有挑战性的工作。

2）性格：有责任心，高效率，踏实稳重，细致有耐心，诚实可靠，控制欲强，喜欢支配别人。

3）适合的职业：适合从事需要胆略、冒风险、承担责任的活动；喜欢从事发挥自己才能、施展自己本领、尽力挖掘自己潜力的领导工作及管理性质的职业，以实现所在机构、部门、单位、企业的各项工作目标及个人价值最大化，如人事经理、人事助理、部门主管、部门经理、厂长、技术总监等。

（五）职业能力分析（见表4-5）

表4-5　职业能力测试结果

能力类型	得分	0　1　2　3　4　5　6　7　8　9　10
基本智能	8	
言语能力	5	
数理能力	8	
推理能力	7	
人文素质	6	
信息分析能力	7	

（六）职业价值观分析

我的主要职业价值取向是自我实现取向。对此而言，我的职场特点为：一心一意，发挥个性，追求真理，尽力挖掘自己的潜力，施展自己的本领，不愿受别人指使，凭自己的能力拥有自己的"小城堡"，不愿受人干涉，独立，主动性强，工作雷厉风行，善于决断，做事有担当。但是，尚需改正的是独断专行、不重视他人的想法与意见及缺乏积极大胆的创新精神。

（七）自我分析小结

我是一个事业心强、注重个性发展的人，因为我看重的是是否能最大限度地发挥自己所长，是否具有独立性，是否能挖掘自己的潜力、施展自己的本领，并不考虑收入、地位及他人对自己的看法。根据测评分析，自己能够从事与组织、策划、协调、分析相关的工作；适合从事必须具备上述能力，需要胆略、冒风险且承担责任的领导及管理性质的职业；并且我的目标职业是技术总监，它与自己的兴趣、能力、价值观等个性特征正好相匹配，所以我会为实现自己的目标不断地拼搏奋斗。

二、职业分析

（一）综合评估——SWOT分析法（见表4-6）

表4-6 我的SWOT分析

优势及其使用：	劣势及其弥补：
优势： S1：专业背景好，凡是专业课，成绩都非常不错 S2：英语能力基本可以，在同学中比较出众 S3：有多次实习工作经历，擅长与人打交道，语言表达能力优秀 优势的使用： ①在应聘专业对口职业时占优势 ②在应聘工作和面试时，非常显眼（现在英语好专业成绩也好的人才稀缺） ③在交流沟通时表现得更为娴熟和专业，在面试中占有先机	劣势： W1：一些基础课成绩一般 W2：性格中有些固执的地方 劣势的弥补： ①在面试时强调专业技能 ②尽量将心态放平和，控制自己认真听取别人的意见
机遇及其把握：	挑战及其排除：
机遇： O1：能人得志的社会 O2：在毕业前的各种招聘面试 机遇的把握： ①认真对待每一次面试，尽可能多地抓住资源，得到更多的工作机会 ②努力提高自己的英语实力，考一次就考好一次，用考试驱策自己学习	挑战： T1：社会就业形势严峻，就业压力很大 T2：人际关系在当今社会的处理 T3：在面试时的各种刁难与挑战 挑战的排除： ①同专业人士聊天，吸取经验，在兼职过程中学习和职业人士打交道的方法，拓宽眼界 ②对每一个面试公司进行调研，分析其需求与特点，在面试之前准备材料和应变策略，在面试之中发挥表达能力强、感染力强的特点

处在信息化、国际化的时代环境中，必须对自己有全面的、综合的了解；对目前的情况、存在的问题经常进行深入的分析和连续的跟踪，并根据自己的发展目标，制订出一套

相适应的计划和措施来保证达到目的。

（二）职业分析小结

我的职业生涯考虑了职业区域、职业特征等问题，如职业角色的发展与职业所在行业的发展的密切关系、行业现状和发展前景等。通过SWOT分析，我对自身优势、劣势以及周围环境的机遇、挑战进行了分析，然后在这些分析结果的基础上制订出了各种应对策略（详见具体行动计划）。

三、确定职业目标

（一）职业类型

我的职业类型为管理型。

（二）职业特征

从事需要胆略、冒风险且承担责任的活动；喜欢从事领导及管理性质的职业，以及自我实现取向的工作、支配取向的工作和经营取向的工作。

（三）主要职业领域

根据我所制定的职业生涯目标，我的主要职业领域是通信企业。

（四）职业定位

符合中高级管理职位的要求，工作效率高并取得较好的成绩。

四、职业发展路径与策略

（一）职业发展路径

根据自己的综合特征、内外部环境与行业发展方向及地域，确定本人的职业发展路径是：从基层做起，步步为营，在实践中提升自己的综合素质和管理能力，直至达到技术总监的职位要求。

（二）职业发展策略

第一步，在校期间努力学习专业知识和专业技能，参加专业实践活动，利用在班级和学生会职务，培养领导与管理能力。

第二步，在毕业后，找一份适合自己综合能力水平与自身实际状况的工作，从基层做起，在实践中磨炼自己，提升自己的综合素质，争取早日成为领导的得力助手。

第三步，在成为领导的得力助手之后，努力学习并在实践中培养自己的管理能力，搞好同事关系，在自身条件与外部条件都允许的情况下，争取走上领导岗位。

第四步，在担任领导工作之后，继续学习专业理论与技能，并发挥自己的领导才能，关注下属的工作和生活情况，使自己成为一名企业骨干、称职领导，并逐步成为企业的技术总监。

第五步，尽量发挥自己的核心作用，为企业制订合理的计划与决策，编制各种分析报告，成为企业不可缺少的"顶梁柱"。

五、具体行动计划

(一) 短期计划

1. 在校期间

1）积极准备英语及计算机等级考试。

2）合理安排、分配自己的学习时间，有计划地学习各方面知识，像计算机、工商企业管理等，丰富自己的知识结构。

3）把主要精力投入到学习专业知识与技能上，适时参加各种专业实践活动，提高专业技能。

4）利用自己担任班委、系学生会干部的有利条件，积极组织开展各种活动，培养自己的管理能力，提高自己的综合素质。

5）抽时间阅读各种书籍、报纸杂志，通过电视、网络等关注时事动态、时事资讯、行业发展方向，并发表自己的一些看法，提高自己分析、解决问题的能力。

6）做好有关通信企业市场的调研与分析报告。

7）通过各种途径了解通信企业市场动态，以及所需的职业素质、能力、求职应聘技巧等。

8）通过英语、计算机等级考试，并取得计算机操作工资格证书及电工中级培训合格证书。

9）整理毕业论文基本信息，做出论文基本框架，着手准备个人简历。

10）参加各种人才招聘会及毕业生就业洽谈会，了解就业信息。

11）完成毕业设计和论文，为大学生活画上句号。

2. 工作第一年

1）争取在最短时间适应工作环境，熟悉工作流程及公司的各项规章制度。

2）努力工作，提高自己的实际工作经验，丰富相关理论知识。

3）在工作之余，对自己的业务进行钻研，为上司提供合理化的工作建议。

4）学习与本职业相关的工作内容、方法、技巧，争取对本行业内其他相关职业都有一定了解，以备自己在其他岗位上更快地适应。

5）在工作、生活中培养同事之间的感情，建立良好的同事关系。

6）在工作中，多观察学习领导是如何管理企业、处理事务的，是如何处理上下级关系的。

7）利用业余时间学习高级电工专业方面的知识，争取在最短时间内拿到高级电工资格证。

3. 工作第二年

1）继续学习包括电子线路在内的相关专业知识。

2）坚持学习与目标职业相关的通信技术、模拟数字信号、电工技术等方面的知识。

3）随时关注本行业的最新动态，了解时事资讯，做好策划。在做好本职工作的基础上，继续深入了解本行业相关职业运行机制及工作流程，以适应实际工作中的岗位调动。

4）在对自己的业务进行钻研的基础之上，继续为上司提供合理化的工作建议及策略。

5）争取在本年内取得中级会计专业资格证书。

6）继续与同事保持友好的关系。

4. 工作第三年

1）工作第三年基本上了解了本企业所有岗位职业的工作内容，可以胜任所有岗位。

2）继续深入研究业务，为上司提出更多建议，并成为其得力助手。

3）锻炼自己的实际管理能力，并且抽时间向上司学习管理方面的技巧。

4）继续与同事保持较好的关系，并发展上下级的关系。

5）在努力工作之余，不忽视与家人的关系，保持家庭和睦。

在上述条件都成熟时，利用一切可以利用的条件发挥自身优势，早日成为工程师。之后一如既往地踏实工作，钻研业务，提出建议，培养关系。

（二）中期计划

1）巩固理论知识，加强专业技能。

2）积极参加国内外各种业务知识、技能培训，掌握市场竞争状况和行业发展方向，发挥自己作为助理应起的作用。

3）认真进行市场调研，了解本行业的投资方向，并做出模拟策划，作为上级的参考材料。

4）培养自己决策、授权等能力，提高自己的高级管理才能。

5）在工作中，学习领导是如何管理企业、如何处理各种复杂关系、如何做出决策的，为以后自己的提升做准备。

6）同事关系、上下级关系、家庭关系等仍需长期保持。

（三）长期计划

1）在工作与为人方面，勤勤恳恳，踏踏实实，争取早日成为企业中高层管理者，全面负责技术工作。

2）在本部门建立有效的激励制度和管理发展制度，使下属有自主发展的空间与动力。

3）通过自己各方面的努力，在家人与下属的支持下，实现自己的最终职业目标，即企业技术总监，成为企业的"顶梁柱"，并且继续为企业坚持奋斗，直至退休。

六、评估及调整

"计划赶不上变化"，当情况发生变化时，要使计划行之有效，就必须适时对计划进行评估和调整。因此需要定期或不定期地对规划做出评估，并适时进行调整。

（一）评估调整的频率与原则

1）由于情况的变化是无规律的，所以我决定每季度对我的规划评估一次，当遇到特殊情况时，随时进行评估以便及时对自己的规划做出调整。

2）原则是客观现实，实事求是，与时俱进。

（二）评估的内容和方法

1）职业目标的评估：在尊重现实的基础上对自己的职业目标进行评估。如果一切发展顺利，那么我将一如既往地为实现自己的目标而奋斗。当职业目标难以实现时，我将适当调整自己的职业目标。

2）职业路径评估：当自己在职业发展中遇到由于如国家政策调整、行业形势变化等不可抗拒的因素，而导致自己的职业路径方案出现偏差时，我会适度地调整自己的发展方向与发展路径。

3）其他因素评估：当我的身心、家庭、经济状况等发生变化时，我会适时、适度地调整我的规划，使之切合实际，与时俱进。

（三）调整原则

我的调整原则是：使职业与自己的性格、兴趣、能力及价值取向等个人因素相匹配，以便能更好地发挥自己的才能，挖掘自己的潜力，并且使自己的职业发展路径与内外环境相适应，使自己的职业发展方向明确，最终实现自己的职业目标——技术总监。

结束语

　　规划不只是纸上谈兵，更重要的是具体实施并能取得成效，因此要做好时间规划，努力按时实现每一步计划；要善于审时度势，要根据内外环境的变化，适时进行必要的调整；要培养自我能力，增强自己的各方面本领，持之以恒，一步步争取成功。

××职业技术学院 ×××

20××-××-××

能力训练

职场万花筒

一、训练目标

了解职场中所遇见的问题及应对方法。

二、程序和规则

1）请同学们写下所担心的、在工作后可能会遇到的问题。

_____

_____

_____

2）写完后与小组同学交换，并对自己所拿到的问题写下建议、克服困难的方法。

_____

_____

_____

三、教师总结

_____

_____

思考与讨论

1. 什么是职业生涯管理？

2. 职业生涯管理分为哪三个方面？有什么特点？

模块 五 职场适应

● **导读导学**

　　经历了毕业前找工作的艰辛，跨出校门，迈向社会，同学们将面对一份新的工作、一个新的环境、一种新的经历，如何快速地转换角色、适应从大学生到工作人员的转变，是摆在每一位大学毕业生面前的问题。

　　本模块将从角色转变与适应、职业形象塑造、职业素养提升三个方面，让同学学会如何实现角色的转换，掌握入职的要领，建立良好的人际关系。通过基本礼仪与技能训练，培养基本的职业素养；通过自身职业素养的提升，合理管理好时间，培养干事创业的工匠精神；通过培养不断获取知识、运用知识和创新知识的能力，顺应社会和职业的发展要求。

● 思维导图

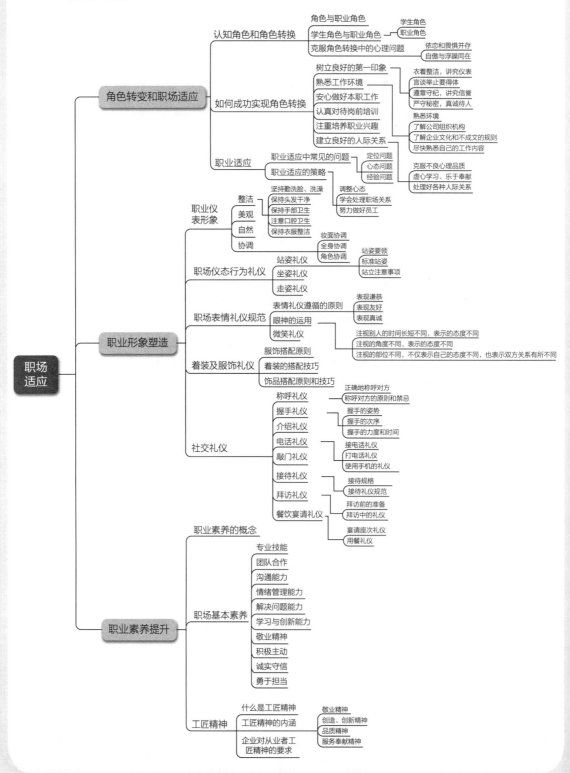

职场适应
- 角色转变和职场适应
  - 认知角色和角色转换
    - 角色与职业角色
    - 学生角色与职业角色
      - 学生角色
      - 职业角色
    - 克服角色转换中的心理问题
      - 依恋和畏惧并存
      - 自傲与浮躁同在
  - 如何成功实现角色转换
    - 树立良好的第一印象
    - 熟悉工作环境
      - 衣着整洁，讲究仪表
      - 言谈举止要得体
      - 遵章守纪，讲究信誉
      - 严守秘密，真诚待人
    - 安心做好本职工作
      - 熟悉环境
      - 了解公司组织机构
      - 了解企业文化和不成文的规则
      - 尽快熟悉自己的工作内容
    - 认真对待岗前培训
    - 注重培养职业兴趣
    - 建立良好的人际关系
  - 职业适应
    - 职业适应中常见的问题
      - 定位问题
      - 心态问题
      - 经验问题
    - 职业适应的策略
      - 克服不良心理品质
      - 虚心学习、乐于奉献
      - 处理好各种人际关系
      - 调整心态
      - 学会处理职场关系
      - 努力做好员工
- 职业形象塑造
  - 职业仪表形象
    - 整洁
      - 坚持勤洗脸、洗澡
      - 保持头发干净
      - 保持手部卫生
      - 注意口腔卫生
      - 保持衣服整洁
    - 美观
    - 自然
    - 协调
      - 妆面协调
      - 全身协调
      - 角色协调
  - 职场仪态行为礼仪
    - 站姿礼仪
      - 站姿要领
      - 标准站姿
      - 站立注意事项
    - 坐姿礼仪
    - 走姿礼仪
  - 职场表情礼仪规范
    - 表情礼仪遵循的原则
      - 表现谦恭
      - 表现友好
      - 表现真诚
    - 眼神的运用
      - 注视别人的时间长短不同，表示的态度不同
      - 注视的角度不同，表示的态度不同
      - 注视的部位不同，不仅表示自己的态度不同，也表示双方关系有所不同
    - 微笑礼仪
  - 着装及服饰礼仪
    - 服饰搭配原则
    - 着装的搭配技巧
    - 饰品搭配原则和技巧
  - 社交礼仪
    - 称呼礼仪
      - 正确地称呼对方
      - 称呼对方的原则和禁忌
    - 握手礼仪
      - 握手的姿势
      - 握手的次序
      - 握手的力度和时间
    - 介绍礼仪
    - 电话礼仪
      - 接电话礼仪
      - 打电话礼仪
      - 使用手机的礼仪
    - 敲门礼仪
    - 接待礼仪
      - 接待规格
      - 接待礼仪规范
    - 拜访礼仪
      - 拜访前的准备
      - 拜访中的礼仪
    - 餐饮宴请礼仪
      - 宴请座次礼仪
      - 用餐礼仪
- 职业素养提升
  - 职业素养的概念
  - 职场基本素养
    - 专业技能
    - 团队合作
    - 沟通能力
    - 情绪管理能力
    - 解决问题能力
    - 学习与创新能力
    - 敬业精神
    - 积极主动
    - 诚实守信
    - 勇于担当
  - 工匠精神
    - 什么是工匠精神
    - 工匠精神的内涵
      - 敬业精神
      - 创造、创新精神
      - 品质精神
      - 服务奉献精神
    - 企业对从业者工匠精神的要求

单元一 角色转变和职场适应

能力目标

1. 学会如何实现角色转换；
2. 掌握顺利入职的要领；
3. 了解如何建立自己良好的人际关系。

案例导读

同样的起点、不同的结果

有两个模具设计专业的高等职业院校的毕业生，同时被当地一家知名的模具企业录用。两人同时被分配到普通机床加工车间，又脏又累的工作使毕业生甲感到苦不堪言，很快就打了退堂鼓。而毕业生乙则坚持了下来，他不怕苦、不怕累，认真负责，受到主管领导的赏识，试用期一过，就被调入专业对口的模具设计所工作。几年以后，毕业生乙已经是该企业模具设计所的骨干了，而毕业生甲调换了几家工作单位后，还没有找到一份顺心的工作。

分析：著名作家柳青说过：人生的道路虽然漫长，但紧要处常常只有几步，特别是当人年轻的时候。高校毕业生走上工作岗位以后的第一步非常重要。这个案例中，毕业生甲因为怕苦怕累，不能安心做好本职工作，没有走好关键的第一步；而毕业生乙则因为立足岗位，安心工作，适应了职业角色，成功地迈出了职业生涯的第一步。

一、认知角色和角色转换

（一）角色与职业角色

角色，本义是戏剧或电影、电视中，演员所扮演的剧中人物，也比喻戏曲演员专业分工的类别。社会学对角色的定义是"与社会地位相一致的社会限度的特征和期望的集合体"，通俗讲就是我们在生活中的人际关系和肩负的责任集合体。人的一生要扮演很多角色，即使是同一阶段，在同一个人身上，也有可能扮演多重角色，如父母、子女、兄长、长者、晚辈、上司、下属、邻居、朋友、老师、学生等。

职业角色是指社会和职业规范对从事相应职业活动的人所形成的一种期望行为模式，如教师、医生、律师等。

（二）学生角色与职业角色

1. 学生角色

学生是"学"的主体，他们在老师的引导和督促下积极参与活动、互相沟通、交流信息，合作完成任务。因大学生在校期间是以学习为主，在经济上主要依靠家庭，所以将其界定为学生角色。其主要任务是在社会教育环境的保证下和家庭经济的资助下，学习知识，培养能力，

全面提高自身素质，努力使自己成长为德智体美劳全面发展的社会主义建设者和接班人。

2. 职业角色

职业角色的个性表现非常具体，但是千差万别的职业角色却有一定的共同特征：职业角色扮演者具有自己的社会职位和一定职权；具有相应的职业规范；具有一定的基础知识和业务能力；履行一定的义务；经济独立。

高职院校的学生完成学业，步入工作岗位，实际上就是一个人由学生角色向职业角色转换的过程。这两种角色之间存在着很大的不同，主要体现在社会责任、社会规范、社会权力、面对的环境、人际关系、对社会的认识等几个方面，见表5-1。

表5-1　学生角色和职业角色的区别

内容	学生角色	职业角色
社会责任	遵守纪律，勤奋学习，接受教育，储备知识，掌握本领，有限度地参与社会实践，逐步完善自己，成为对社会有用的人。在学校里为了学习，什么事情（违法违纪的除外）都可以去尝试，哪怕是错误的尝试，无须承担过多的社会责任	以特定的身份去履行自己的职责，依靠自己的本领或技能独立作业，为社会付出，服务于社会。如果在工作中犯了错误，是没有挽回的机会的，要承担成本和风险的责任，承担相应的社会责任
社会规范	通过国家制订的《大学生行为准则》和各学校制订的《大学生手册》来规范。在违反相关规范时，主要是以教育帮助为主	对职业角色的规范因职业的不同而不同，非常具体，而且要严格执行。一旦违背就必须承担相应的责任，扣减薪水，甚至追究法律责任
社会权利	主要是依法接受教育，并取得经济生活的保证或资助。也就是说在生活上遇到困难可以依赖家长，在学习上遇到问题可以请教老师	依法行使职权，开展工作，运用自己的知识和能力，向外界提供自己的劳动，并在履行义务的同时取得报酬。脱离对家庭的依赖，处于完全的独立状态，自己支付生活所需的一切费用。有自己的社会交往圈子，独立面对和处理工作及生活中的种种问题
面对的环境	生活环境简单：寝室、教室、图书馆、食堂四点一线；学习时间可弹性安排，有较长的节假休息日；在学术上多鼓励师生讨论甚至争论	承受不同地域的生活环境和习惯；工作节奏紧张；规定上下班时间，不能迟到、早退，可能会加班
人际关系	人际关系比较简单。可以保持个性，孤芳自赏，可以不喜欢同学、老师，那只是个人的事。竞争只是促进学习的手段，没有太大的利益冲突	人际关系较为复杂。与同事关系不好，就会影响团队的合作和业绩，成为出局的人。竞争的胜败关系到利益的分配，谁能在竞争中取胜，谁就能获得相应的收益
对社会的认识	学生对社会认识和了解的途径是间接的，主要来自书本和课堂。认识的内容主要是理论性的，他们对社会的期望值很高，有完美的理想，充满着浪漫主义的色彩	从业者认识社会的途径是直接的，他们是通过亲身的实践来加深对社会的认识和了解的。认识的内容是具体的，带有现实主义的色彩

（三）克服角色转换中的心理问题

在学生角色到职业角色转换的过程中，毕业生最容易出现的心理问题是依恋和畏惧并存，自傲与浮躁同在。

1. 依恋和畏惧并存

许多大学毕业生在走上工作岗位后，还怀着对学生角色的依恋，对全新的职业角色充满了畏惧。在职业生涯开始之初，自觉或不自觉地把自己置身于学生角色之中，以学生角色的社会义务和社会规范来要求自己、对待工作，以学生角色的习惯方式来待人接物、观察和分析事物。在工作上放不开手脚，前怕狼后怕虎，缺乏年轻人的朝气和锐气。

2. 自傲与浮躁同在

有一些毕业生对人才的理解不够全面和准确，往往看不起基层工作和基层工作人员，甚至认为一个堂堂的大学毕业生干一些琐碎的不起眼的工作是大材小用，有失身份，于是就轻视实践，眼高手低。一些人在角色转换的过程中受社会环境的影响，表现出不踏实的浮躁作风和不稳定的情绪。一阵子想干这项工作，一阵子又想干那项工作，不能深入工作内部了解工作性质、工作职责及工作技巧。

二、如何成功实现角色转换

如何适应社会、顺利完成角色转换，是每一位高职院校毕业生都无法回避的现实问题。要想更好地实现学生角色向职业角色的转换，可以从以下几个方面来努力。

（一）树立良好的第一印象

毕业生就业后，在新的工作环境中树立的第一印象十分重要。树立好的第一印象往往会"扩大"自己的优点，"弥补"自己的不足，即使出了点差错，也会得到别人的谅解；相反，如果给人的第一印象糟糕，即使你有满腹才华，也很难有机会施展。如何建立一个良好的第一印象呢？具体来讲，应该做到以下几点。

1. 衣着整洁，讲究仪表

衣着一定要整洁，大方得体。男士不留长发、蓄胡子；女士切忌披头散发，发型不要怪异前卫，不宜浓妆艳抹，涂深色指甲。

2. 言谈举止要得体

得体的言谈举止表现在亲切、热情、有礼貌、有理智、讲道德、不冒失莽撞、不木讷呆板。在待人接物中，切忌"傲气"，同时也要避免过度的"谦卑"。

3. 遵章守纪，讲究信誉

严格遵守单位的规章制度、讲究诚信往往是公司对员工的基本要求，如果你初到工作单位，能做到提前上班，稍后下班，工作有序、高效，不但有助于树立良好的第一印象，还会赢得领导、同事的信赖和尊敬。

4. 严守秘密，真诚待人

在当今商业竞争越发激烈的时代，刚到单位的大学生一定要有严守机密的意识，不要随便向外人透露单位内部情况。在同事相处中，要以诚相待、不卑不亢，不能傲慢无礼、自以为是。

总之，良好的第一印象十分重要，有助于初到工作单位的大学生尽快融入集体、站稳脚跟，有助于其今后的发展。

（二）熟悉工作环境

高校毕业生一旦进入工作岗位，需要尽快熟悉单位工作环境、工作流程和具体要求等。

1. 熟悉环境

尽快熟悉各部门办公室、茶水间、卫生间等位置；熟悉自己的工位，整理自己物品，便于工作中使用。

2. 了解公司组织机构

明确公司有哪些部门、是怎么划分的、各部门的负责人是谁，方便在今后工作中可以找到对接人。

3. 了解企业文化和不成文的规则

企业文化是一个公司长期以来形成的，它体现了公司高层领导者的思想和理念。对于新员工而言，熟悉企业文化，可使自己的行为符合公司的总体目标，适应企业发展的要求，便于自己迅速融入公司。同时，每个企业都有一些不成文的规则，了解这些"规则"，有助于适应新的工作环境。

4. 尽快熟悉自己的工作内容

尽快进入新角色，弄清岗位职责，明确工作任务：一是弄清楚自己工作的岗位、任务和责任；二是明确本岗位处理事务的工作权限和程序，并按程序办事；三是掌握工作岗位所需要的基本技能，包括操作工具、操作程序等。

（三）安心做好本职工作

高校毕业生一旦进入工作岗位，就应该脚踏实地、扎扎实实地工作，在工作中认真学习，虚心请教，并在工作之余不断充实自己，切不可一入职就"这山望着那山高"，一心想换岗位。

（四）认真对待岗前培训

岗前培训是新入职大学生职业生涯的起点。岗前培训不但可以帮助新入职者树立集体主义观念，培养主人翁意识，也是用人单位择优录用，分配岗位的重要依据。故每一位毕业生都必须认真对待岗前培训。

（五）注重培养职业兴趣

要做好自己的工作，首先要对这份工作感兴趣，要热爱这份工作。因此，培养对当前职业的兴趣非常重要。高校毕业生在选择工作时，需要主动了解该工作的社会地位、工作责任，一旦选择了，就应尽快确立职业角色，培养职业兴趣，做到爱岗敬业，立足岗位成才。

（六）建立良好的人际关系

1. 克服不良心理品质

大学毕业生走上工作岗位，应注意克服性格内向、多疑、自私、嫉妒心重、骄傲、瞧不起人等不良心理品质。

2. 虚心学习、乐于奉献

在新的工作环境中，技术人员、师傅、领导、同事在职业岗位上工作了多年，具有丰富的专业知识和实践经验，都是自己最好的老师。职场新人要虚心学习，不计较个人得失，乐于奉献。

3. 处理好各种人际关系

职场人际关系十分微妙复杂，稍有不慎，就会陷于被动。刚刚走上工作岗位的大学毕业生必须处理好与领导、同事、客户、竞争对手等不同人的关系，减少职场中的人际关系冲突，学会自我保护。

三、职业适应

与角色转换同样重要的是职业适应。职业适应力，即适应职业、适应社会的能力。适应能力是人生最根本的能力。对于一个刚刚毕业的大学生来说，如何尽快适应新的职场环境并有作为显得尤为紧要。

（一）职业适应中常见的问题

造成当前大学生就业困惑的原因不是单方面的，这里既有社会的原因，也有毕业生自身的问题。社会因素需要全社会的共同努力来改善，而自身问题则需要毕业生们自己去发现并解决。所以，要改善就业状况，首先要明白自身哪些因素导致职业适应上出现了问题并予以积极克服。毕业生在职业适应能力方面的问题主要是定位问题、心态问题和经验不足问题。

1. 定位问题

中国就业市场曾经爆出两条特别引人注目的新闻：南方某高校毕业生号召成立"薪资联盟"，抵制用人单位压低薪资标准，拒签低于每月 2500 元就业协议；东北某高校毕业生为了挤进自己向往的单位，主动提出"零工资就业"，即在见习期不要钱，经过考验认可后再建立劳资关系。这是两个截然相反的现象，但却同时反映了现今大学毕业生在就业择业时在工作定位上的问题。前者体现了一些大学生不切实际的一厢情愿，对社会现实缺乏基本的判断力，没能根据现实情况的变化及时调整自己的心理定位。因此，即使之后进入了职场，也会因为期望值过高、优势心理作祟而影响其职业适应力。另一方面，所谓"零工资就业"就显得过于被动消极，同样是对自己的职业定位存在偏差。无底线的低姿态不一定就能换来工作上的好结果。

2. 心态问题

一项对 1 万多名学生的调查显示，其中 50% 左右的学生认为 35 岁前将达到自己职业生涯的顶峰。事实上，对于很多在职场上打拼多年的经验人士或成功人士来说，这样的想法实在不切实际。但是由于大多数大学生从未经历过社会的磨砺，心态容易浮躁。一方面总是考虑自己能从社会从工作中得到什么，而很少思考自己为他人和集体所做的贡献。另一方面，很多大学生在就业时抱着"骑驴找马"的心态，总是想着先随便找到一个工作，随时都考虑是否能够跳槽或有更佳的选择，因此在工作的过程中不免会受到这种不安定心态的影响，不能脚踏实地地工作。这些心态上的偏差都会影响单位对大学毕业生的评价，从而致使毕业生的就业形势越发不乐观。

3. 经验问题

从现今许多单位招聘信息中不难看出，"具有相关工作经验"是单位非常看中的一个条件。某省高校曾经对即将毕业的近千名大学生做了问卷调查，结果发现，68.09% 的大学生认为在择业中最缺乏的就是实践工作经验，这也是在参加招聘中最令人尴尬的"短处"之一。调查还发现，约有27%的人力资源主管认为应聘者的工作经验越实用就越容易被录用，超过七成的跨国企业会根据具体职位的要求选择应聘者。对于没有任何经验的学生职员群体来说，单位需要花费很多人力、物力和财力进行培养，同时还会担心培养后人才的流失问题。有时候培养投入的资本远远高于短时间内毕业生能够为单位所提供的价值。正是基于这些考虑因素，单位在人才招聘上的工作经验要求和大学生本身普遍缺乏工作经验之间出现矛盾，这也是导致大学生就业困难的一个根本问题。

（二）职业适应的策略

1. 调整心态

（1）克服自傲心理，从小事做起　年轻人刚参加工作，能力还未体现，不可能马上担任重要工作，领导往往会先安排一些普通的勤杂工作，这绝不是不重视，而是对年轻人素质的一种考验，要学会服从、遵守。在平凡小事中培养自己敬业、细致、耐心、认真的品质，切不可自傲自负，眼高手低。要对自己有客观的认识，在短期内，不要将工作目标定得过高，应将期望值降低一些。

（2）消除畏惧心理，放开手脚踏实工作　许多大学毕业生在角色转换过程中容易依恋学生角色，从而对全新的职业角色充满了畏惧，怕做不好工作让人讥笑，怕出事故、担责任，怕吃苦受累，怕领导不重用、同事不帮助。这些心理往往使他们在工作的时候放不开手脚，患得患失，最终限制了自己能力的发挥。只有克服这些恐惧心理，放下架子虚心学习，深入到实际工作当中去，不怕吃苦，不计较个人得失，努力承担岗位责任，主动适应环境，才能更好、更快地完成角色转换。

（3）虚心接受批评，从容面对挫折　对刚刚毕业的大学生来说，从跨入工作岗位的那天起，必然会受到新群体的评价，当然这里不乏批评。正确的态度应当是接受批评、虚心求教、认真自省、积极调整，以实际的表现来改变别人对自己的评价，善于从他人对自己的批评中清楚地认识自己，以此来提高自己的工作能力，切不可由此产生对立的情绪，拒绝接受批评。

2. 学会处理职场关系

（1）处理与领导的关系　正确处理与领导的关系，更容易取得领导的信任、赏识和帮助，有利于为自己营造好的工作环境，使工作做得更好，取得更大的进步。如何处理好与领导的关系呢？第一，要尊重领导，主动配合领导做好工作。不要抱怨领导，别跟领导怄气。注意维护领导的权威，不在背后贬低领导，不当众指责领导，愿意接受领导的批评指正。当然，尊重不是跟领导套近乎，不是庸俗地巴结奉承，一味地讨好献媚。第二，工作上的问题要多问。但为了避免领导产生戒心，一定要注意在跟领导沟通的时候，尽量以请教的态度去咨询，并学会给领导预留指导的空间。第三，学会为领导分忧。如何做到为领导分忧呢？有一个非常实用的方法，叫"换位思考"。"假如我遇到这些事情，又该如何处理？"这种思维方式可以锻炼思考问题的眼光和方式，更加利于成长。第四，从细节上了解你的领导。人际关系处理的好坏，往往在细节上更能体现，也更能反映出你是一个有心之人。你的领导是什么性格，喜欢什么，讨厌什么，做事风格是什么样子的，有什么特殊的习惯等，都需要从日常的工作中去观察，做一个有心人。

（2）正确处理与同事的关系 同事之间相处，重在把握一个"度"。职场上的朋友可以交，但和生活中的好哥们、好闺蜜有所不同。在处理与同事的关系时，要做到以下几点。第一，尊重他人、平等相处。"三人行，必有我师焉。"周围的员工可能没有傲人的学历，但他们有丰富的工作经验和娴熟的业务技能，所以要以平等的态度对待每一位同事，不要以职务的高低、权力的大小来决定对待他人的态度，要学会尊重他们的劳动和劳动成果，尊重他们的人格和感情，尊重他们的习惯和价值。第二，少说多做，注意分寸。作为初入职场的新人，刚刚工作，与同事都不熟悉，言谈举止一定要得体，讲话要有礼，要注意分寸，做到多看、多想、多听、少说。当遇到与你的看法不一致的时候，不要妄加评论。第三，扩大心胸，避免冲突。同事之间，既是合作者，又是客观的竞争者。这种微妙的关系，必然产生既渴望合作又警觉竞争的复杂心理。要处理好这种关系，就要以诚相待，互相支持；要严于律己，宽以待人，学人之长，补己之短；要在竞争中学先进，帮后进，在领先时不骄傲自满，在落后时不灰心气馁；面对冲突，应学会有效沟通。第四，保持距离，远离是非。在职业生活环境中，职位的升迁，工资、奖金的发放等都与个人的利益相关，因此，同事之间的关系比较微妙和复杂，要保持一定距离，不要打听别人的隐私，不要散布传言，不挑拨是非，不猜疑嫉妒，凡事采取中道而行、远离是非、适可而止。第五，参加活动，积累人脉。在闲暇之余，多参加集体活动、娱乐活动，如唱歌、跳舞、郊游、度假等，这不仅能彼此增进了解，还能使你了解到在工作场合难以获得的信息，培养和同事们的关系。

3. 努力做好员工

怎样才能成为一名好员工？第一，将职业当成是一门事业来做，它的荣誉感和使命感将使工作中的一切不如意一扫而空。第二，细节决定成败。"泰山不拒细壤，故能成其高；江海不择细流，故能就其深。"企业里员工大部分干的都是"小事""具体事"，因此，必须养成注重细节的习惯。不注重细节很难将工作做到最好，还可能因小事影响企业大局。第三，加强业务知识与技能学习。学校所学与职场需要有很大的不同。职场中的你必须具备丰富的知识和卓越的能力才能完成工作赋予你的使命，这需要你在工作中加强业务知识与技能学习。第四，在规定的时间内完成规定的工作任务。一项工作从开始到完成，必定有规定的时间。在职场中，你必须在规定的时间内完成任务，决不能拖延。第五，把忠诚敬业当成一种习惯，不要抱怨额外的工作。

经典分享

企业家谈如何面对第一份工作

如何对待第一份工作，听一听企业家们的建议。

1）第一份工作请干满5年，这个世界不缺机会。你的第一份工作，绝大部分不会是你最后一份工作。但第一份工作的坚持，比后面工作的坚持更为重要。不论你考研、出国、创业，不管什么工作，记住，在短暂的时间内，向身边的每一个人好好地学。做的时候不要想离开，有一天等机会来了，再选择下一个机会。

2）做第一份工作时要有"只顾耕耘不求收获"的心态。你面对第一份工作时，就不要去想成败，而是应该去想我怎么样全力以赴地把这份工作做好。你全力以赴以后做成功了，那表明你做这件事情是合适的。如果说全力以赴以后依然做失败了，也很正常，因为你没有工作经验，也许这份工作不适合你做。只顾耕耘不求收获，是做第一份工作时最重要的心态。

3）独立思考，明白自己适合干什么。李彦宏曾对北航学子说，"大学最重要的是独立思考，我回国创业是因为我看到了中国的机会。""我相信那时的中国需要搜索技术，中国的网民也应该像美国人一样便捷地、平等地找到网上的信息，我能够帮助他们做得更好，所以我回来了。当你心中有理想时，那些艰苦条件都变得不重要。"第一份实习工作使这位企业家逐渐认识到，他的兴趣不在学术研究上，而在做实用的产品上。这也让他第一次开始思考：自己适合干什么？

能力训练

熟悉职业素养需求

一、训练目标

加深对职业素养的需求了解。

二、程序与规则

上人才招聘网站，浏览与自己专业相关的岗位需求，撰写本专业岗位需求调研报告。

三、反馈

从沟通协调能力、团队合作能力、思维能力等方面总结企业针对岗位职业素养的要求。

思考与讨论

1.联系本专业 2～3 名毕业生，请他们以亲身经历谈一谈从学生角色到职业角色转换的过程，讨论分析在这一过程中应该注意哪些问题。

2.刚刚入职新公司，到一个陌生环境，可能会觉得不适应，那么怎样度过这个时期呢？

职业适应能力
测试

单元二 职业形象塑造

能力目标

1.了解并掌握礼仪的基本内容；

2.能根据具体场合设计自己的仪容和仪表；

3.注重塑造良好职场第一印象。

案例导读

公司的新同事

某公司来了个新同事，第一天就跟旁边的同事抱怨说："大家互相都不说话，办公室太安静了。"接着，他问一个同事关于工作上的一个问题，同事放下手中的工作，很耐心地解答了他的这个问题，他得到答案后，头也不回地就走了，连一声"谢谢"都没说。

中午就餐的时候，这位新同事四处打探同事的姓名、情况，刚开始还有人跟他谈话，慢慢地他周围一个人都没有了。而他自己孤独地站在那里，还不知道为什么同事都不愿意跟他亲近。

分析：作为职场新人，不应该把自己不好的习惯带进来，应该谦虚谨慎。同时，要表现得有礼貌、有涵养，得到别人帮助应该说"谢谢"，早晚上下班应该跟大家打招呼。

职场礼仪是指人们在职业场所中应当遵循的一系列礼仪规范。学会这些礼仪规范，将使一个人的职业形象大为提高。了解、掌握并恰当地应用职场礼仪有助于完善和维护职场人的职业形象，助力事业取得成功，做一个优秀的职业人。

一、职业仪表形象

"君子之修身也，内正其心，外正其容。"职业人良好的个人仪表形象对于展现自身良好的工作态度、增添自尊自爱、获取他人尊重、塑造良好的企业形象都有着至关重要的作用。仪表，通常指人的外观、外貌。在人与人交往中，每个人的仪表都会引起别人的关注，并纳入别人对自己的整体评价中。

（一）整洁

1. 坚持勤洗脸、洗澡

若脸上常有灰尘、污垢或汤渍，会给人懒和脏的感觉。所以除了早晚洗脸之外，还要适时关注自己脸上是否干净，若有污渍，要及时进行清理。洗澡可以除去身上的尘土、油垢和汗味，并且使人精神焕发。

2. 保持头发干净

首先，要清洗头发。经常清洗头发，不仅可以使头发保持干净，而且有助于头发的正常生长。其次，要定期修剪头发。

3. 保持手部卫生

在每个人的身上，手是与外界进行直接接触最多的一个部位，容易沾染脏东西，所以要勤洗手。此外，还要常剪手指甲，不要留长指甲。

4. 注意口腔卫生

口腔是表现清洁感的另一个重点。首先，不要让食物残渣留在牙齿上或是牙缝里。开口说话让人看见牙齿上有食物残渣，是非常影响职业形象的。其次，还应当特别注意口中的异味。与人交谈的时候如果口中散发出难闻的气味，会使对方很不愉快，自己也很难堪。要避免这种情况，我们就要养成早晚刷牙，餐后漱口的习惯。

5. 保持衣服整洁

衣服要整洁、干净，若有褶皱、污渍等，会让人觉得邋遢，影响整体的形象。此外，要勤换内衣，定期清洗外衣，保持衣服由内到外的干净整洁。

（二）美观

漂亮、美丽、端庄的仪表是形成优美良好的社交形象的基本要素之一。要使仪容达到美观的效果，首先必须了解自己的脸型及脸的各部位特点，其次要清楚怎样化妆、美发才能扬长避短，最后要在把握脸部个性特征和正确审美观的指导下进行修饰。

（三）自然

自然是美化仪表的最高境界，它使人看起来真实而生动。有位化妆师说过："最高明的化妆，是经过非常考究的化妆，让人家看起来好像没有化过妆一样，并且这化出来的妆与本人的身份相匹配，能自然地表现出自己的个性与气质；次级的化妆，是把人突显出来，让人醒目，引起众人的注意；拙劣的化妆，是一站出来别人就会发现她化了很浓的妆，而这层妆是为了掩盖自己的缺点或年龄的；最坏的一种化妆，是化妆后扭曲了自己的个性，失去了五官的谐调。可见化妆的最高境界是无妆，是自然。

（四）协调

美化仪表的协调包括以下几个方面。

1. 妆面协调

妆面协调指化妆部位色彩搭配、浓淡协调，所化的妆针对脸部个性特点，整体设计协调。

2. 全身协调

全身协调指脸部化妆、发型与服饰协调，力求取得完美的整体效果。

3. 角色协调

角色协调指针对自己在社交中扮演的不同角色，采用不同的化妆手法和化妆品。例如，作为职业人员，应注意化妆后体现端庄、稳重的气质。作为专门从事公关、礼仪、接待、服务的人员，要表现出一定的人际吸引魅力，就应浓淡相宜、青春妩媚，适合人们共同的爱美之心。

知识链接

首因效应

首因是指当人们第一次认知客体时，在大脑当中留下的第一印象。首因效应是个体在社会认知过程中，通过第一印象最先输入的信息，会对客体以后的认知产生影响。

在商务交往当中，我们主要通过容貌、表情、姿态、身材、服装等外部信息获得对方的第一印象，这些首次获得的信息往往成为以后认知与评价对方的重要依据。

美国心理学家洛钦斯于1957年首次采用实验方法对首因效应进行了研究。他用文字来描述一个名字叫吉姆的人。第一段把他描述成一个开朗、外向、喜欢交际的人。第二段却把他描述成一个害羞、内向、不喜欢交际的人。然后，他将描述交给四个小组的人阅读。第一组按第一段到第二段的顺序阅读，第二组按第二段到第一段的顺序阅读，第三组只读第一段,第四组只读第二段。结果,洛钦斯发现各小组的人对吉姆的评价都是基于先读的那一段描述:第一组有78%的人认为吉姆比较开朗,第二组只有18%的人这么认为,第三组有95%的人也持同样的观点,第四组则仅有3%的人对此观点没有异议。这个实验表明,产生首因效应的关键原因是信息输入的先后顺序——先入为主。

分析:在人们日常的社会交往中,如果第一次接触留下了好印象,那么在彼此分开后的很长一段时间里,此印象仍然会保留在脑中。当双方第二次再相遇交往时,则会不由自主地按第一次形成的好的评价视角来认知评价对方。

二、职场仪态行为礼仪

下面主要介绍站姿、坐姿和走姿的基本礼仪。

(一)站姿礼仪

1. 站姿要领

站姿的基本要求是"站如松"。站姿的基本要领:一要平,即头平正、双肩平、两眼平视;二要直,即腰直、腿直,后脑勺、背、臀、脚后跟成一条直线;三要高,即重心上拔,看起来显得高;四要收,即下颌微收、收腹、收臀;五要挺,即挺胸、腰背挺直。

2. 标准站姿

标准站姿(见图5-1):身体立直,抬头挺胸,下颌微收,双目平视,嘴角微闭,双手自然垂直于身体两侧,双膝并拢,两腿绷直,脚跟靠紧,男士脚尖分开呈"V"字形,女士则是脚尖并拢。

图5-1 女士和男士的标准站姿

3. 站立注意事项

1)在站立时,切忌东倒西歪,无精打采,懒散地倚靠在墙上、桌子上。

2)不要低头、歪脖、含胸、端肩、驼背。

3)不要将身体的重心明显地移到一侧,只用一条腿支撑着身体。

4）身体不要下意识地做小动作。

5）在正式场合，不要将手插在裤袋里面，切忌双手交叉抱在胸前，或是双手叉腰。

6）男子双脚左右开立时，注意两脚之间的距离不可过大，不要挺腹翘臀。

7）不要两腿交叉站立。

（二）坐姿礼仪

正确的坐姿仪态给人一种端正大方的印象，而不良的坐姿则会让人觉得懒散且无礼。入座时要轻稳，离座时动作要轻缓，一般遵循"左出"礼节。

标准坐姿（见图5-2）：双腿垂直式坐姿（正式场合基本坐姿），按坐姿操作标准入座，坐椅子的2/3处，小腿与地面垂直，女士两膝盖并紧，男士两膝分开，双腿之间保持一拳左右的距离，两臂自然弯曲，女士右手握左手自然放腿部，男士两手分别放在两个膝盖处。

图5-2　女士和男士的标准坐姿

（三）走姿礼仪

在行走时，上身基本保持站立的标准姿势，挺胸收腹，腰背笔直；两臂以身体为中心，前后自然摆动；两腿分别走在一条较窄的平行线上，抬头挺胸，目视前方，面带微笑。行走礼仪注意事项如下。

1）自然摆臂，幅度不能太大。

2）多人一起步行，尤其是与尊长、异性一起在较为正式的场合步行时，一定要注意位置的排列应符合礼仪。两人同行右为尊，以内侧为尊；三人同行中为尊；四人不能并排走，保持距离，除引领人员外，以前为尊。

3）当男女同行时，通常男士应走在女士的左侧，在需要调换位置时，男士应从女士背后绕过；当一个男子与两个以上的女子结伴而行时，男士不应走在女士的中间，而应走在女士们的外侧。

4）走路时不要吃零食，不要随手丢弃废物。

三、职场表情礼仪规范

在职场交往过程中，表情是一种无声的言语，是人际交往中相互沟通的主要形式之一。美国著名的心理学家艾帕尔·梅拉里斯认为：信息的效果 =7% 的文字 +38% 的语言 +55% 的表情动作。因此表情礼仪就显得格外重要。

（一）表情礼仪遵循的原则

1. 表现谦恭

在与人交往时，待人谦恭与否，可以从表情神态方面很直观地看出来，同时，交往对象也会非常重视。

2. 表现友好

在生活和工作中，对待任何交往对象，皆应友好相待。这一态度，自然而然就会在表情神态上表现出来。

3. 表现真诚

人们在相互交往时，既要使个人的表情神态谦恭、友好，更要使之出自真心、充满诚意。这样做的话，才会给人表里如一的感觉，才会取得别人的信任。

（二）眼神的运用

通过眼神注视的时间、角度和部位不同的运用，眼神所传达的信息和情感也是不一样的，因此得体的运用眼神礼仪是非常重要的。

1. 注视别人的时间长短不同，表示的态度不同

如果注视对方的时间占全部相处时间的 1/3 左右，表示友好；占全部相处时间的 2/3 左右，表示重视；不到全部相处时间的 1/3，表示轻视；超过全部相处时间的 2/3 以上，往往表示敌意。

2. 注视的角度不同，表示的态度不同

正视对方需要正面相向注视，表示重视对方；平视对方用在身体与被注视者处于相似的高度时，平视被注视者，表示双方地位平等与注视者的不卑不亢；仰视对方用在注视者所处的位置低于被注视者，而需要抬头向上仰望，表示对被注视者的重视和信任；俯视对方指的是注视者所处的位置高于被注视者，往往表示自高自大或对被注视者不屑一顾。

3. 注视的部位不同，不仅表示自己的态度不同，也表示双方关系有所不同

在一般情况下，不宜注视他人头顶、大腿、脚部与手部，更不应"目中无人"。对异性而言，通常不应该注视其肩部以下，尤其是不应该注视其胸部、裆部、腿部。关系平常的人一般只注视对方的面部，关系密切的异性之间可以注视对方的胸部和身体。

（三）微笑礼仪

微笑是一种宽容、一种接纳，它缩短了彼此的距离，使人与人之间心心相通。喜欢微笑着面对他人的人，往往更容易走入对方的心底。

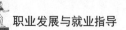

四、着装及服饰礼仪

（一）服饰搭配原则

穿着得体是一种礼貌，不仅体现了一个人的文化修养和素质，也体现了一个人对他人的尊重态度。在参加面试、招聘或会议谈判时，穿着正装、化着得体的妆容，会让人精神抖擞，信心倍增。

着装可遵循国际通行的TOP原则。TOP是三个英语单词的缩写，它们分别代表时间（Time）、场合（Occasion）和地点（Place），即着装应该与当时的时间、所处的场合和地点相协调。

（二）着装的搭配技巧

女士在一般职场中主要选择丝绸、羊毛和棉麻质地的西服套裙或西裤。但是在衣服的板型、颜色和图案选择上要根据自己的身材特点进行挑选。每个人的体型没有完美无缺的，服装最大的意义在于美化不完美的体型。根据自己的体型选择服装，利用视觉上的错觉达到意想不到的效果。

男士在正规场合要着西服。西服有正装和便装两种，穿西服正装时全身上下不能超过三种颜色。

（三）饰品搭配原则和技巧

男士和女士选择配饰的原则都是小而精致，不能过分夸张和张扬。女性配饰可以有耳钉、婚戒、项链、手镯和胸针等。男性的配饰主要包括眼镜、皮带、手表和婚戒等。在社交场合，配饰总数不宜超过三件。

五、社交礼仪

（一）称呼礼仪

1. 正确地称呼对方

（1）职务性称呼　在职场交往过程中，根据职场交往对象的职务来称呼对方以示尊重，一般是在职务前加上姓氏（适合用于正式场合），比如，"张董事长""王总经理""李助理""王处长""孟局长"等。

（2）职业性称呼　在职场交往过程中，可以根据对方从事的行业和具体职业相称，如"王老师""乔律师""赵会计""陈医生"等。

（3）一般性性称呼　先生、夫人是对年纪较大、地位较高的人士使用的尊称，在使用时可不带姓名。此称呼现在在我国商务场合也广为使用。

2. 称呼对方的原则和禁忌

称呼对方主要遵循得体原则和尊重原则，按先尊后卑、先长后幼、先女后男及先疏后亲的顺序。此外，在称呼时不要用不雅的词语称呼对方，如二胖、小黑等绰号；遇到生僻的姓氏或多音字可以提前查阅或询问对方，以免称呼错误造成尴尬的场面。在职场交往过程中应该尽量记住对方的全名，这样能够使对方觉得自己受到重视和尊重，进而巧妙地获得对方的好感。

（二）握手礼仪

握手礼仪是职场交往中的基本礼节，也是适用范围最广泛的见面致意礼仪，它可以应用在表达欢迎、亲近、友好、寒暄、祝贺、感谢、慰问和再见等场合。

1. 握手的姿势

握手的姿势要优雅。在行握手礼时，上身应稍稍往前倾，两足立正，伸出右手，距离受礼者约一步，四指并拢，拇指张开，同受礼者握手，礼毕后松开。距离受礼者太远或太近都是不礼貌的，尤其不要将对方的手拉近自己的身体区域内，这很容易造成对方的误解。尤其是对于男性，更不可这样做。

2. 握手的次序

在社交场合，握手时伸手的先后顺序讲究颇多。一般握手时要等女士、长辈、已婚者、职位高者伸出手来之后，男士、晚辈、未婚者、职位低者方可伸出手去呼应。而朋友和平辈之间则不用计较谁先伸手，一般谁伸手快，谁更为有礼。另外，在祝贺对方、宽慰对方或表示谅解对方的场合下，应主动向对方伸手。

3. 握手的力度和时间

握手时的力度要适当，可握得稍紧些，以示热情，但不可太用力。男士握女士的手应轻一些，不宜握满全手，只握其手指部位即可。初次见面握手时间不宜过长，以 3 秒为宜。切忌握住异性的手久久不松开，与同性握手的时间也不宜过长，以免对方欲罢不能。

（三）介绍礼仪

从礼仪的角度来讲，我们可以把介绍分为四类：第一类，自我介绍，即说明个人的情况。第二类，为他人做介绍，即出面为不相识的双方做介绍，说明情况。第三类，集体介绍。在大型活动社交场合，还需要把某一个单位、某一个集体的情况向其他单位、其他集体或其他人说明，便属于集体介绍。第四类，业务介绍。

介绍时应注意介绍时机、介绍主角和表达的方式。第一，介绍时机，包括具体的时间、地点、场合。第二，介绍主角，即由谁出面做介绍，一般都是由地位低的人向地位高的人说明情况。第三，表达的方式，即介绍时需说什么，如何说。该说的不说，不行；不该说的废话连篇也不行；信口开河乱说更不行。

（四）电话礼仪

在职场当中，用电话沟通和交流工作是必不可少的。以下几点技巧可以参考和借鉴。

1. 接电话礼仪

第一，铃响三声之内应接起。当来电响了三声以后再接，会让对方等得焦急，同时会让人怀疑你们单位或你的工作效率低。如果确实分不开身接电话，电话铃声超过了三声才接起的时候，应该向对方表示歉意。第二，拿起电话之后，先问好，并自报家门，让对方确定所打的电话是无误的，避免因为打错电话而浪费时间。第三，手边准备好纸和笔，做好记录，记录的内容一般包括：来电人姓名、单位、来电时间、主要内容和联络方式。第四，自己的电话尽量自己处理，如需转接，应解释清楚；若对方要求与其他人通话，应尽快帮忙转接；若对方要找的人不在，应温和告知对方，并询问是否需要帮助。第五，礼貌道别，等对方先挂断电话。

2. 打电话礼仪

第一，注意打电话的时间。有关工作电话最好在工作时间打，尽量不在对方用餐、休息、周末、节日打非必要的工作电话。第二，打电话前要确认好对方的电话、姓名、职务及谈话要点；电话接通后，应立即尊称对方，自我介绍并说明去电主旨，倾听对方意见；如果对方不在，可以请代接电话的人代为转达，并真诚致谢。第三，礼貌道别，轻轻挂断。通常是打电话一方先放电话，但对于职员来说，如果对方是领导或顾客，就应让对方先放电话。

3. 使用手机的礼仪

在工作场合不要大声打电话；如有电话呼入，尽量不要接，或起身到人少处接听；参加重要会议时尽量关闭手机或调为振动；不能一边和人讲话，一边编辑手机短信；不编辑或是转发思想内容不健康的短信；当不使用手机的时候，尽量放在包中或是上衣内袋，不要总是拿在手中。

（五）敲门礼仪

在工作场合，我们时常需要进入他人的办公室，懂得并使用敲门礼仪可体现良好的职业形象。敲门礼仪基本规范如下：第一，敲门前调整呼吸、整理形象；第二，先敲三下，隔一小会儿，再敲几下，敲门的响度要适中；第三，在得到允许后，轻推房门轻步进入。

（六）接待礼仪

1. 接待规格

接待规格主要是从场面的安排及主陪人的职位角度而区分其高低的，一般分为三种接待规格。不同规格接待的具体特征如下。

（1）高规格接待　这是指主要接待人员、陪同人员比主要来宾的职位高的接待形式。上级单位派人来下级单位检查指导工作或同级单位来公司洽谈重要业务时，一般采取这种形式的接待规格。

（2）对等接待　这是指接待场面适当，主要接待人员、陪同人员与主要来宾的职位相当的接待形式。

（3）低规格接待　这是指主要接待和陪同人员比主要来宾的职位低的接待形式。一般总公司或总部到分公司考查情况是这种接待形式。

2. 接待礼仪规范

在会议开始前 30 分钟，接待人员各就其位准备迎接会议宾客。当嘉宾到来时，接待人员要精神饱满、热情礼貌地站在会议室的入口处主动地迎接宾客。配合其他接待人员工作，引领嘉宾至指定位置就座。在引领过程中要注意遵守规范、讲究礼貌、彰显职业素养。其具体引领方法如下。

（1）行进过程引领法　一般场所在引领宾客时，遵循以右为尊的原则，接待人员尽量站在客人左前方 2～3 步的位置，并向右侧转身与客人成 120 度左右角度，把客人让到右后方的适当位置上。在引领过程中，接待人员要根据客人的步速调整自己的步伐。此外，在引领过程中若遇到特殊场地，如在走廊引领时，若一边是墙一边是栏杆且逆向行走，为了安全应请客人靠墙行走。在引领过程中，不仅要有明确的引导手势还要伴有礼貌的引导语言和得体大方的微笑。

（2）上下楼梯引领法　在引领客人上下楼时，如果接待人员为男性，应该请客人走在前面，引领者走在后面，并请客人走在靠墙的一侧；当接待人员为女性时，应请客人走在后面。

（3）出入电梯引领法　当电梯间无人操作时，接待人员应先进后出。即在电梯门打开后，接待人员首先进入电梯并站在按键的位置边，用一只手按住开门键，让客人陆续进入电梯后再关门；在出电梯时，也同样按着电梯的开门键，待客人都出电梯后，引领者再出电梯到前面引导。若是有人操作，则接待人员应后进先出。

（七）拜访礼仪

拜访是公共关系活动中的一种常见形式，注意拜访礼节有助于商务工作顺利进行。

1. 拜访前的准备

（1）了解情况　在拜访前对拜访对象进行一些必要的了解，特别是初次登门，一定要了解对方的基本情况。

（2）预约　不要做不速之客，拜访前至少提前一天打电话预约，向对方说明拜访原因和目的，确定拜访时间，经对方同意后前往。

（3）注重仪容仪表　在拜访时一定要仪表端庄、衣着整洁。此外，着装还要与所拜访对象的身份相符合。

（4）如有需要，准备礼物　选择礼物时，一定要提前并仔细了解对方的喜好和禁忌，以避免不必要的尴尬和冲突。

2. 拜访中的礼仪

（1）守时践约　赴约要遵守时间，做到如期而至。一般情况下应提前5分钟左右到达。如果因故不能赴约，应及时通知对方，无故失约或迟到是最不礼貌的行为。

（2）登门有礼　到达拜访单位后，首先要告知工作人员自己的姓名、工作单位及要拜访的对象，并静候工作人员通报。

（3）举止得体　在进门前，先轻声敲门或按门铃，等到主人招呼进门后方可入内。进门后，向主人及在场的其他人问好。

（4）适时告辞　商务拜访一般以半小时左右为宜。在拜访的目的基本实现或达到预约的时间时，应先说一段有告别意义的话后再起身告辞，忌在对方刚说完一段话后就起身告辞。

（八）餐饮宴请礼仪

1. 宴请座次礼仪

商务宴请客人也是职场交往中非常重要的活动，对客人来说是一种礼遇，因此在座次安排上也不能疏忽。一般宴请分为中式和西式两种方式。

1）中式宴请一般使用圆桌。遵循国际惯例"以右为尊"。一般情况下面对门且远离门的座位为尊位，其他位次依据职位高低，以离主人远近而定主次，右主左次，离门最近的位置为最次。如果夫人出席宴请，主宾坐在男主人右侧，其夫人坐在女主人右侧。

2）西式宴请一般使用条形桌。同样遵循国际惯例"以右为尊"的原则。西式宴请一般会考虑女士优先、面门为上、男女交叉或朋友与陌生人之间交叉排列的原则。

2. 用餐礼仪

在商务场合，很多生意和合作都是在饭桌上一锤定音的。因此，用餐礼仪的周全，更是一项对职场新人的重要考验。要学会文明用餐，尤其是在用西餐时要注意刀叉的正确使用方法，左手持叉，右手持刀。当用餐完毕后，将刀叉并拢斜放在盘中即可，注意刀刃要朝向自己。在用餐期间如果用力过猛，打翻酒杯或餐具落地，应沉着冷静，不要着急，并向主人和邻座说一声"非常抱歉"。另外，在席间需要祝酒时，应暂停进餐和交谈，当主人和主宾离席敬酒时，被敬者应立即起立举杯，在碰杯时酒杯要低于对方，以示尊敬。注意在敬酒时要保持风度，只祝酒而不劝酒。

经典分享

怎样尽快赢得他人的好感

1981 年 1 月，钟南山已在英国一家大医院公费进修了三个多月，取得了一些阶段性研究成果。为了了解国外先进的医学临床技术及最新情况，他很希望到罗伯特教授主持的非常著名的一家临床医院去看一看，如果能跟着他一起查病房更好。经过艰难的预约，罗伯特教授同意见他，但只答应给钟南山 10 分钟的时间。

"我为什么不能突破 10 分钟呢？"在去罗伯特办公室的路上，钟南山突然想起一件事，此前自己曾在图书馆里读过罗伯特教授写的《医学生的伴侣》一书，于是他决定从这本书上找点突破口。他按照约定准时进了教授的办公室，罗伯特教授再一次提醒钟南山说，预约的时间只有 10 分钟。钟南山机智地说，"我读过你的《医学生的伴侣》，觉得很有意思。"罗伯特有些怀疑地问："你真的读过我的这本小册子？"钟南山做了肯定的回答，然后对书中一些主要观点进行了简要的评述。听到眼前这位中国医生完全能理解自己的著作，罗伯特教授产生了极大兴趣。他们不但从 11 点谈到 12 点 15 分，还一起去查了病房。在临别时，罗伯特教授送给钟南山一本刚刚出版的精装《医学生的伴侣》，且在扉页上写下："To Dr. Zhong，from Robert.(赠予钟医生，罗伯特)"

能力训练

不同场合的礼仪

一、训练目标

模拟以下场景，选择一种合适的形式进行自我介绍。

（1）竞选学生会干部 （2）到企业应聘 （3）到车站接不熟悉的客户

二、程序与规则

每组选派两位同学，模拟以下场景，进行握手礼仪训练。要求体会不同场合的表达，掌握握手礼仪，模拟结束后进行点评。

1）在毕业两年后，老同学（一男一女）路遇，与老同学握手。

2）受到领导的接见。

3）你带同学去表姐家做客，表姐与你同学见面后。

4）你路遇同学的母亲。

5）在大门口迎接客户。

6）到公司面试，与面试官握手。

7）去其他公司办事，在临走时与他人道别。

思考与讨论

1. 在会议主席台怎样给领导安排座次？

2. 在各种交往活动，尤其是商务活动中，礼仪显得尤为重要，请写一篇有关商务礼仪的小论文。

单元三　职业素养提升

能力目标

1. 了解职业素养、职业能力的概念；
2. 掌握职场所具备的基本素养内容；
3. 掌握工匠精神在职业发展中的作用。

案例导读

细节决定成败

陈芳是某高职院校国贸专业的学生，临近毕业，她也忙碌着找工作。当得知学校要举办招聘会时，她将早已准备好的求职材料，按照她个人的意向职位分门别类地进行了装订并放到不同的档案袋中。

在招聘会这天，陈芳带着她认真准备的个人简历去应聘。来了好多单位和学生，现场真是人山人海。由于是开放的招聘会，每个单位前边都围了很多人，有的同学因为求职心切，一时也忘了排队，场面有些混乱。因陈芳本身就是学生会干部，对组织活动特别有经验，在她的组织和号召下，同学们都排好队有序地参加校园招聘会。之后，她开始慢慢找寻她意向的单位，当她在一家外贸公司前面停下排队，等到轮到她时，她很客气地将简历递给人事经理。人事经理拿着她的简历认真翻看着，看完转给一起来招聘的同事。陈芳面带微笑等着人事经理的发问，她也做好了充分回答的准备。这时，人事经理笑着说："同学，你被录用了，欢迎加入我们的团队。"陈芳正诧异着，人事经理补充说："你刚才的表现我们都看到了，你是位有热心、有组织能力、综合素质很好的同学。"陈芳应聘到了心仪的职位。

分析： 现在用人单位除了看重所学的专业之外，更看重个人的综合素养，即组织能力、热心爱心、协调能力、为人处事、团队合作、沟通等能力，这些能力的体现往往就在于无意识的举动。良好的职业素养来自于良好的职业习惯、得体的职业礼仪，以及团队合作、时间管理、目标管理等娴熟的管理技能。

一、职业素养的概念

职业素养是人类在社会活动中需要遵守的行为规范。个体行为的总和构成了自身的职业素养，职业素养是内涵，个体行为是外在表象。它主要表现在职业兴趣、职业道德、职业能力（专业能力）、职业意识、职业行为、职业技能等方面。毕业生能否顺利就业很大程度取决于自身的职业素养，职业素养越高越容易获得成功。

二、职场基本素养

职场中每年都有新鲜血液注入，为其带来了更多的活力和生气。职场新人如何在职场中占有自己的一席之地，取得职业发展中的成功？智联招聘职场调查显示，在众多因素中，多数职场人认为扎实的基本功排在首位。

（一）专业技能

专业技能主要是指从事某一职业的专业能力。在求职过程中，招聘方最关注的就是求职者是否具备胜任岗位工作的专业技能。夯实专业理论根基、强化专业技能训练可以提高专业技能水平。

（二）团队合作

管理学家斯蒂芬·P. 罗宾斯教授认为：团队就是由两个或两个以上的，相互作用、相互依赖的个体，为了特定目标而按照一定规则结合在一起的组织。在企业，团队是一个由员工和管理层组成的共同体，该共同体合理利用每一个成员的知识和技能协同工作，解决问题，达到共同的目标。团队精神反映一个人的素质、一个人的能力、一个人与别人合作的精神和能力。一个团队是个有机的整体，作为个人，只有完全融入这个有机整体之中，才能最大限度地体现自己的价值。

拓展思考

团队的价值

成功的团队提供给我们的是尝试积极开展合作的机会，而我们所要做的是，在其中寻找到我们生活中真正重要的东西——乐趣（工作的乐趣、合作的乐趣）。

意大利排协专家卡罗尔·西里先生，在看了多场中国女排的比赛后指出："北京奥运会，中国女排胜败取决于赵蕊蕊。"可是，就在奥运会的第一场比赛中，赵蕊蕊因伤退赛，媒体惊呼："中国队将与金牌无缘。"

中国女排将士们并没有因赵蕊蕊的意外退赛而消沉，队员们一场一场拼尽全力。中国女排与俄罗斯队的决赛于2008年8月29日如期展开。在老帅卡尔波利的咆哮声中，俄罗斯队凭借加莫娃肆无忌惮的重扣以30比28和27比25先下两局，即便中国女排以25比20扳回一局，第四局网上实力强劲的俄罗斯队还是一度以23比21抢到先机。在这种局面下，很多人都认为冠军将属于俄罗斯，甚至有国内媒体自摆乌龙提前发布了中国女排失利的快讯。顽强的女排姑娘们并没有轻言放弃，凭借周苏红一攻得分、张萍反击得手，以及张萍、冯坤的双人拦网和杨昊最终的强攻落地，中国女排奇迹般地以25比23拿下了第四局。关键的决胜局紧张得让所有人窒息，中国女排几度拉开微弱的比分优势又几度被同样渴望冠军的俄罗斯"群娃"追赶上，最终老将张越红的一锤定音让中国女排以15比11取胜，实现了奥运会排球比赛历史上一次惊天的大逆转！卡罗尔·西里的预言最终没有实现。

思考：女排精神是什么？

（三）沟通能力

沟通（communication）是人们分享信息、思想和情感的过程，良好的沟通可以增进相互认识、理解，消除误会、化解矛盾。善于沟通是优秀员工的重要职业素养。培养自己的沟通能力可以从两个方面努力：一是提高理解别人的能力；二是提高自己的表达能力。

拓展思考

推销之神原一平

有一位著名的棒球运动员，无论是在运动场上，还是在保险公司推销员的眼里，他都是一个难于攻破的堡垒，因为他对保险、投保之类的事，根本不感兴趣。

推销之神原一平却攻破了这个堡垒。刚接触这位棒球运动员时，原一平没唱那些令人生厌的老调，也没对保险好处进行宣传，而是对棒球运动表现出极大的兴趣，洗耳恭听对方大谈棒球。他的倾听、他的插话、他的问题以及他的简短议论，都给这位职业球手留下了深刻的印象。

在一个适当的时候，原一平向球手提出了一个关键的问题："您怎么评价贵队的另一位投手川田？"

"川田，正因为有了他，我才可以放手投球的，他是我坚强的后盾和依靠，如果我的竞技状态不好的话，他还可以帮我压住阵脚呢。"

"请原谅我打个比方，您想过没有，如果把您的家庭比作一个球队，您家里也应该有个川田？"

"川田？是谁呢？"

"就是您。"原一平话锋一转，"您想想看，您的太太和两个孩子之所以能'放手投球'，也就是说，可以无忧无虑地幸福生活，正是因为有了您，您是他们的坚强后盾和依靠，同时又是他们幸福的保障，因此您就好比是他们的川田。"

"您的意思是……"

"请您谅解我的直率，我的意思是人有旦夕祸福，一旦您发生了不测，我们就能帮助您，也能帮助您的太太和孩子。这样一来，您就可以更加放心地在球场上驰骋，而没有后顾之忧。所以，在这种意义上讲，我们也是您的川田。"

直到现在，这位棒球运动员才想起原一平的身份来，但是他已经被深深地触动了，原一平贴切形象的比喻让他深刻地体会到了他参加人身保险与家庭幸福之间的关系，生意便当场成交。

这个故事告诉了我们什么？请同学们思考。

（四）情绪管理能力

亚里士多德说过："任何人都会生气，这没什么难的，但要能适时适所，以适当方式对适当的对象恰如其分地生气，可就难上加难了。"情绪管理能力是指对情绪的自我管理的能力，即以最恰当的方式来表达情绪。情绪控制对人生有非常大的帮助。一个人真的想有所成就的话，就要有情绪调控的能力。成功者控制自己的情绪，失败者被自己的情绪所控制。

（五）解决问题能力

在我们的职业生涯发展过程当中，除了应用专业能力进行专业活动外，还会碰到各种各样的困难和挑战需要我们去应对和解决。培养解决问题的能力也是我们职业生涯发展所不可缺少的一个重要方面。

一个人工作的过程就是不断地发现问题、解决问题的过程。工作的好坏在一定程度上取决于个人解决问题能力的高低。一个员工的持续竞争优势只有通过不断地解决问题创造价值的过程才能获得。如何提高解决问题的能力，首先是要有问题意识，看问题，不能只看表象，要追究到根本的原因，要站在企业的角度尽量系统全面地看问题。其次是清楚问题的症结所在，并着手思考解决问题的方案。通常情况下，一个问题的解决办法可能有很多种，在评估各个方案的优劣之后，选择最适合的解决办法。最后，就是严格有效的执行。

（六）学习与创新能力

在当今时代，竞争归根到底是人才的竞争。优秀的人才必然具备学习能力与创新能力。唯有学习才能创新，唯有创新才能进步。沃森家族及 IBM 的座右铭是"学无止境"。如何提高学习能力？一是培养学习的兴趣；二是养成学习的乐趣；三是提高学习的效率并持之以恒。

（七）敬业精神

爱岗敬业是最基本的职业道德之一，是对工作态度的一种普遍要求。敬业是成就事业的必要条件。敬业精神是人们基于对一件事情、一种职业的热爱而产生的一种全身心投入的精神，它的核心是无私奉献意识。敬业精神就是要求我们认真踏实、恪守职责、精益求精、勤恳地做好本职工作。

拓展阅读

将简单的事情做到最好

海尔集团董事局主席、首席执行官张瑞敏说："什么是不简单？把每件简单的工作做好就是不简单；把每件平凡的工作做好就是不平凡。"我们的工作都是由一件件小事拼凑起来的，只要将一件简单的事做到最好，积累起来后，就是成功的基石。

蒙牛乳业总裁牛根生也说过："把平凡的事情当作不平凡的事情去做，把不平凡的事情当作平凡的事情做，这就是成功的起点。"当我们都能以这种心态去对待工作的时候，怎么能不成功呢？

（八）积极主动

积极主动的人是能够自动自发地去处理工作，并将工作做到最好的人。作为自己工作的主人，当遇到问题时，有令要行，没有命令也一定要行。当领导不在的时候，一般公司里会有三种员工：第一种，积极自律，比领导在的时候更加认真负责的工作；第二种，严谨慎重，领导在与不在一个样；第三种，两面三刀，领导在时是"龙"，领导不在时是"虫"。其实要做到不管领导在不在，不管别人有没有看到，自己都要努力，因为这样做了以后，收获最大的将是你自己。

拓展阅读

责任心

小周是公司的文秘，最近老总旧病发作，对症的特效药却一直找不到。小周留心了很久，最终功夫不负有心人。一次，上班路上小周看到一家药店有卖专治这种病的药，于是停留了一下，买了两盒。可是，她却为此迟到了半个小时。

一进办公室，老总在见客户，看见她就怒气冲天地说："你是怎么回事，今天李总来要资料你不知道吗？"

"对不起，是我错了。"当着客户的面，小周决定先不解释，而是承认错误。

下午，客户走了，老总一个人在办公室，小周将特效药放在了老总的桌上。老总一下就明白了，对她有些歉意也有些感激，问道："早晨是因为给我买药迟到的吗？"

小周笑了一下说："不管怎么样，我迟到就是不对，而且今天有重要的客户来，因为我迟到让客户等资料，真的不应该。"

后来，小周因工作表现突出，升职为办公室副主任。

（九）诚实守信

"诚是开山斧，信是做人金，人无诚信难立身。"诚实守信是做人的基本品格。诚信既是一种道德规范、行为准则，又是一种法律原则。遵守社会规范是诚信的基本要求。职场人应该了解宪法、民法典、刑法等法律基本知识，做到守法的同时，学会用法律武器保护自己的合法权益。

拓展阅读

诚信

1935 年，正值美国经济大萧条时期，有一个 10 岁的小男孩在一家糖果店工作。他每天要向 100 家商家递送商品。即使如此辛苦的工作，每天干 12 小时的活，却只能挣到一个三明治、一杯饮料和 50 美分。有一天，小男孩在桌子下面捡到 15 美分，他毫不犹豫地将钱给了老板。老板很感动，因为钱是他故意放在桌子下面的，目的是想看看小男孩是否值得信任。小男孩一直在这家糖果店工作到高中毕业，他的诚实使他在美国经济最困难的时期保住了自己的工作。在后来的几年中，小男孩还干过许多工作：侍者、停车场服务员、清洁工等。

这个小男孩就是现在新泽西——曼哈顿航运线的老总兼 APT 卡车运输公司的总裁阿瑟·固佩拉托雷。

（十）勇于担当

担当是一个人对待任务、对待工作的态度，是面对问题时的勇敢接受，是一种直面困难的勇气，是一个人立于社会的品质。

拓展阅读

勇于承担

小张和小王都是速递公司的骨干成员。有一次，他俩奉命将一个非常重要的模型送到客户那去。没想到，客户公司的电梯坏了，但按规定，他们必须在约定的时间内将模型送到。小张仗着自己力气大，决定爬楼梯背上去，背到了八楼，小王说："我替你一下吧。"

可是，在两人换手的那一刹那，模型掉到地上，摔坏了。

小王大喊："你怎么搞的，我还没接你就放手。"

小张辩解道："你明明伸出手了，我递给你，你没接住。"

他们都知道把模型摔坏了意味着什么，没了工作不说，可能要背负债务。果然，回到公司，老板对他俩进行了严厉的批评。事后，老板找他二人单独谈话。

小王一见老总，竭力为自己开脱，将责任推到小张身上：他不应该逞强将模型背上去。小张进来将全过程告诉老板，然后说："这件事情我负很大的责任，如果要赔偿的话，小王的母亲正在生病，他的责任由我来负，我一定会弥补我们造成的损失。"

几天后，老板将他二人叫进办公室，对他们说："公司一直对你们很器重，没想到发生了这件事。不过也好，这使我们更清楚哪一个人更适合在公司发展。我们更需要一个勇于承担责任的人，因为这样的人值得信任。"这次意外对于小张来说，反而成了"好运"的开始。

三、工匠精神

近年来，美国提出"再工业化"，德国提出"工业4.0"，日本提出"再兴战略"，法国提出"新工业法国"。作为制造业大国，我国制造业将面临巨大的挑战。

在当前国内经济转型升级、产业结构调整的关键时期，要推动中国制造业从"中低端"向"中高端"迈进，推动中国从"制造大国"走向"制造强国"，就离不开"工匠精神"的回归。党的十九大报告提出："建设知识型、技能型、创新型劳动者大军，弘扬劳模精神和工匠精神，营造劳动光荣的社会风尚和精益求精的敬业风气。"

（一）什么是工匠精神

简单讲，工匠精神就是对自己的工作敬畏、执着的职业精神，对所做的事和产品精益求精的态度，对技术技艺一丝不苟、完美的追求。

（二）工匠精神的内涵

1. 敬业精神

敬业精神包括爱岗敬业、无私奉献、尊师重道等精神，是从业人员对工作始终保持认真、负责、热爱的态度和精神理念。从这个层面上讲，"工匠精神"不应当狭义地被认为是工人或蓝领才需具备的精神，而是广泛包括各行各业的人在各自工作岗位上应有的价值追求与精神品质。因此，"工匠精神"是一种全民族的精神，它存在于每一个人身上、心中。

2. 创造、创新精神

创造、创新精神具体表现为用心钻研、脚踏实地、勇于创新、持续专注、注重细节。我们熟知的大国工匠，个个都是持续专注、敢于开拓创新的推动者。"工匠精神"所倡导的执着、专注，并不是简单的机械重复或是因循守旧、一成不变，而是强调在原有技术路线上精益求精，在传统技艺基础上不断钻研、革新，在一点一滴的积累中实现技术和工艺的创新。它的核心内涵是通过不断钻研、革新及传承，最终厚积薄发、有所作为。

3. 品质精神

品质精神包括精益求精、追求极致、孜孜不倦、永无止境的精神，是努力想要把品质提升到至善至美的精神。"工匠精神"的目标就是要打造本行业的精品。工作不单单是赚钱、养家、糊口的手段，更是一种对行业执着坚持，对产品打造精益求精的追求和信仰。对产品每个细节做到极致的渴望，注重工艺的精致化，对产品卓越品质的坚持和追求正是"工匠精神"

的重要体现。

4.服务奉献精神

服务奉献精神包括用户至上、不怕辛苦、淡泊名利，耐得住寂寞的精神。这是一种爱，是对自己事业的不求回报的爱和全身心的付出，是抛开盲目的利益冲动，俯下身段，脚踏实地，以非功利的心态选择和对待职业。把本职工作当成一项事业来热爱和完成，从点点滴滴中寻找乐趣，努力做好每一件事，认真善待每一个人，全心全意为工作服务，用无私奉献编织出事业的美丽蓝图。

（三）企业对从业者工匠精神的要求

首先，用人单位需要从业者吃苦耐劳、坚持不懈。如果同学们能以一种肯吃苦、能坚持的精神对待工作，必定能在众多求职者中脱颖而出，成功就业，也能更快地赢得用人单位的赏识和信任。其次，用人单位需要从业者认真负责、爱岗敬业。作为高职教育培养的应用型技能人才，刚踏入社会，往往需要从一线工作做起，具备认真、踏实、敬业的职业素质对未来的发展将起到决定性作用。最后，用人单位需要从业者勇于创新、精益求精。一位优秀的从业者不仅能刻苦坚持、爱岗敬业，也应该具有钻研和学习精神。如果只是因循守旧，不愿学习和创新，逐渐会被社会淘汰。

风云人物

大国工匠

在喧嚣中，他们固执地坚守着内心的宁静，凭着一颗耐得住寂寞的匠心，创新传统技艺，传承工匠精神。

1）中国航天科技集团有限公司第一研究院首都航天机械有限公司特种熔焊焊工、高级技师高凤林。他突破极限精度，将"龙的轨迹"划入太空；破解20载难题，让中国繁星映亮苍穹。焊花闪烁，岁月寒暑，为火箭铸"心"，为民族筑梦。

2）中车长春轨道客车股份有限公司电焊工李万君。他先后参与了我国几十种城铁车、动车组转向架的首件试制焊接工作，总结并制定了30多种转向架焊接规范及操作方法，技术攻关150多项，其中27项获得国家专利。他的"拽枪式右焊法"等30余项转向架焊接操作方法，累计为企业节约资金和创造价值8 000余万元。

3）中国航天科技集团第四研究院7416厂火药雕刻师、整形师徐立平。1987年，19岁的徐立平从技工学校毕业，他选择了母亲工作过的车间，30多年来，徐立平因精湛技艺、敬业态度和奉献精神而被赞誉为"雕刻火药的大国工匠"，曾获得中华技能大奖、全国五一劳动奖章以及中央宣传部授予的"时代楷模"荣誉称号。

能力训练

无敌风火轮

一、训练目标

培养团队协作精神。

二、程序与规则

1.分组

10人一组。

2. 时间

10分钟左右。

3. 详细玩法

1）小组利用报纸和胶带制作一个可以容纳全体团队成员的封闭式大圆环。

2）将圆环立起来，全组成员站到圆环上，并边走边滚动大圆环。

3）看哪组做得最好。

三、道具和场地要求

1. 道具要求

报纸、胶带。

2. 场地要求

一片空旷的大场地。

四、反馈

本活动主要为培养学员团结一致、密切合作、克服困难的团队精神；培养计划、组织、协调能力；培养服从指挥、一丝不苟的态度；增强队员间的相互信任和理解。

坐地起身（团队合作型）

一、训练目标

培养团队协作精神。

二、程序与规则

1. 时间

20分钟。

2. 要求

1）四个人一组，围成一圈，背对背地坐在地上。

2）相邻两人手臂相挽，在不用手撑地的情况下四人同时站起来。

3）随后依次增加人数，每次增加2人，直至增加到10人。

在此过程中，工作人员要引导同学们坚持、坚持、再坚持，因为成功往往就是再坚持一下。

三、场地要求

空旷的场地一块。

思考与讨论

1. 你认为一个企业成功的最关键因素有哪些？

2. 在团队合作时如何扬长避短？

第三部分

就业创业指导

　　高等教育应该将培养学生的创业技能与主动精神放在首要位置，毕业生将不再仅仅是求职者，而首先要成为工作岗位的创造者。

——联合国教科文组织《21世纪的高等教育：展望与行动》

模块 六 就业渠道与创业选择

● **导读导学**

    大学生就业问题是关系着国计民生的大问题，一直备受重视。2019年的政府工作报告，首次将就业优先政策置于宏观政策层面，强化了国家重视就业、支持就业的工作导向。在党和政府政策指导下，我们要全力做好职业院校毕业生多渠道就业创业指导工作，以实现促进毕业生高质量就业、充分就业的目标。

    本模块阐述了我国大学生就业政策和公共就业服务，以及毕业去向和就业渠道，帮助高职毕业生转变就业观念，并有效获取就业信息。同时，还介绍了创业选择与创业政策。推进大众创业、万众创新，是培育和催生经济社会发展新动力的必然选择，也是拓宽就业渠道的重要举措。

● 思维导图

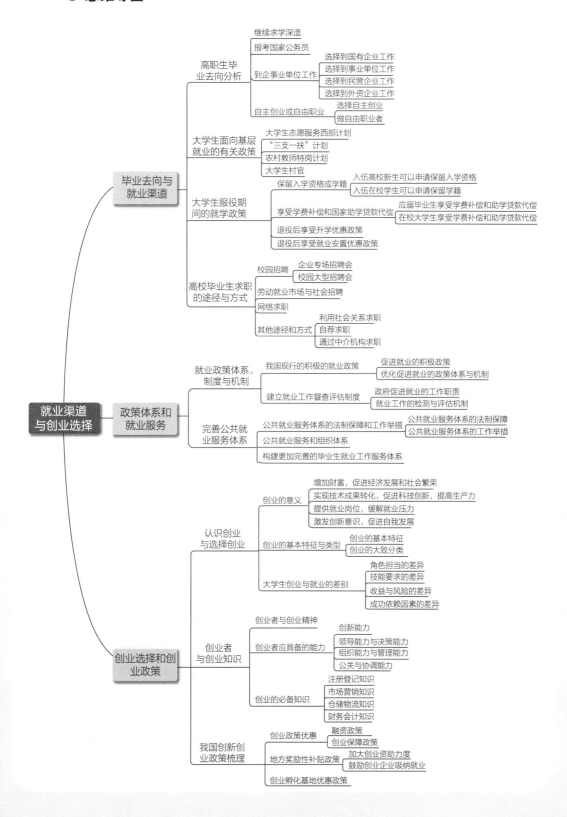

就业渠道与创业选择

毕业去向与就业渠道

高职生毕业去向分析
- 继续求学深造
- 报考国家公务员
- 到企事业单位工作
  - 选择到国有企业工作
  - 选择到事业单位工作
  - 选择到民营企业工作
  - 选择到外资企业工作
- 自主创业或自由职业
  - 选择自主创业
  - 做自由职业者

大学生面向基层就业的有关政策
- 大学生志愿服务西部计划
- "三支一扶"计划
- 农村教师特岗计划
- 大学生村官

大学生服役期间的就学政策
- 保留入学资格或学籍
  - 入伍高校新生可以申请保留入学资格
  - 入伍在校学生可以申请保留学籍
- 享受学费补偿和国家助学贷款代偿
  - 应届毕业生享受学费补偿和助学贷款代偿
  - 在校大学生享受学费补偿和助学贷款代偿
- 退役后享受升学优惠政策
- 退役后享受就业安置优惠政策

高校毕业生求职的途径与方式
- 校园招聘
  - 企业专场招聘会
  - 校园大型招聘会
- 劳动就业市场与社会招聘
- 网络求职
- 其他途径和方式
  - 利用社会关系求职
  - 自荐求职
  - 通过中介机构求职

政策体系和就业服务

就业政策体系、制度与机制
- 我国现行的积极的就业政策
  - 促进就业的积极政策
  - 优化促进就业的政策体系与机制
- 建立就业工作督查评估制度
  - 政府促进就业的工作职责
  - 就业工作的检测与评估机制

完善公共就业服务体系
- 公共就业服务体系的法制保障和工作举措
  - 公共就业服务体系的法制保障
  - 公共就业服务体系的工作举措
- 公共就业服务和组织体系
- 构建更加完善的毕业生就业工作服务体系

创业选择和创业政策

认识创业与选择创业
- 创业的意义
  - 增加财富,促进经济发展和社会繁荣
  - 实现技术成果转化,促进科技创新,提高生产力
  - 提供就业岗位,缓解就业压力
  - 激发创新意识,促进自我发展
- 创业的基本特征与类型
  - 创业的基本特征
  - 创业的大致分类
- 大学生创业与就业的差别
  - 角色担当的差异
  - 技能要求的差异
  - 收益与风险的差异
  - 成功依赖因素的差异

创业者与创业知识
- 创业者与创业精神
- 创业者应具备的能力
  - 创新能力
  - 领导能力与决策能力
  - 组织能力与管理能力
  - 公关与协调能力
- 创业的必备知识
  - 注册登记知识
  - 市场营销知识
  - 仓储物流知识
  - 财务会计知识

我国创新创业政策梳理
- 创业政策优惠
  - 融资政策
  - 创业保障政策
- 地方奖励性补贴政策
  - 加大创业资助力度
  - 鼓励创业企业吸纳就业
- 创业孵化基地优惠政策

单元一　毕业去向和就业渠道

能力目标

1. 明确高职毕业生毕业后的主要去向；
2. 了解目前国家的就业政策和就业制度；
3. 掌握求职途径与方式，提升核心竞争力。

案例导读

我的未来我做主

云南省某高校2016届毕业生小王来自云南罗平，大学本科学习的是生物制药方面的专业，本科毕业没有考研深造打算，准备毕业后直接参加工作。大三阶段小王就开始了求职准备工作，他的求职意向明确：工作地点是昆明市，工作单位不限。

2016年国家药品监督管理局专门为大学毕业生和企业组织了供需见面协调会，有朋友将小王的求职材料带到了协调会上，恰好罗平的一家制药厂参加了此次协调会。对小王来说，如果选择这家企业专业对口，工作地点又是家乡，应该是不错的就业机会，而企业恰好需要小王这样的人才。但当得到消息后小王却表示，不考虑罗平这家企业，因为工作地点不符合他的意愿。他还表示自己将来选择的工作单位，地点必须在昆明市，至于什么样的单位、具体从事什么工作都无关紧要，除此以外，其他任何单位都不考虑。就这样，一直到当年的三月份，小王仍未找到就业单位。

分析： 大学生毕业后的去向，可以有多种选择，直接就业可能是多数人的选择方向。由于受到传统观念和个人价值观的影响，选择留在沿海发达地区、就业机会较多的大城市、国企和事业单位的人相对较多。但是由于目前我国整体就业形势严峻、就业压力大，如果不及时调整思路，往往容易错失机会。

我国目前实行的"自主择业、双向选择"的就业体制，使大学毕业生可以有更多的选择机会，毕业生的就业方式更是多种多样，毕业后的去向亦呈多元化局面。

一、高职生毕业去向分析

（一）继续求学深造

为了提升学历水平，增强就业竞争力，一部分毕业生选择继续升学深造，以谋求更好的发展。近几年，我国每年参加考研的大学生数量为170万~200万人，录取比例在32%左右。从就业角度分析，升学深造可以延缓就业压力，可以获得层次更高、更稳定的工作。但不容忽视的问题是，升学后会有新的同等学历的竞争者，就业压力仍在，而且愈演愈烈。

高职学生在毕业后如果选择继续求学，应该首先做好自我评估，如果对某个专业无限热爱且具备相应的能力，可以考虑继续升学深造。

（二）报考国家公务员

1993 年 10 月 1 日，我国《国家公务员暂行条例》颁布实施，全国从上至下大力推行国家公务员制度。国家公务员制度在国家各级行政机关的基本建立，标志着我国政府机关人事管理开始进入科学化、法制化的新阶段。

我国每年都要从大学毕业生中选拔一定数量的优秀毕业生充实到公务员队伍中。公务员选拔是通过国家公务员考试的方式完成的。公务员考试为分阶段考试，时间相对固定，笔试一般为每年 11 月的第四个星期日。

要想成为国家公务员，自身素质要过硬，如果你品学兼优，可以在毕业前参加国家公务员资格考试。由于公务员职业相对稳定，所以每年报考的人数都比较多，竞争激烈。

（三）到企事业单位工作

1. 选择到国有企业工作

国有企业在所有制形式上属于国家所有或国家控股，是依法自主经营、自负盈亏、独立核算的商品生产和经营单位。国有企业单位历来是大学毕业生就业的主渠道。国有企业在实行所有权与经营权分离以后，企业全面推行全员聘用制，在用人方面，有了自主招聘的权力。

2. 选择到事业单位工作

事业单位是指国家为了社会公益目的，由国家机关举办或其他组织利用国有资产举办的，从事教育、科技、文化、卫生等活动的社会服务组织。国家机构改革以来，事业单位也采取了一系列改革措施，如择优录用、试行聘用制度等，增强了用人自主权。

3. 选择到民营企业工作

民营企业是指在所有制关系上属于劳动者个体所有或采取资本联合经营的非公有制经济形式。一般来说，民营企业人才相对缺乏，毕业生可能会有更好的发展机会。

4. 选择到外资企业工作

外资企业主要包括中外合资经营企业、中外合作经营企业和外商独资经营企业。这些企业的用工体制均为劳动合同制，员工和企业之间属于雇佣劳动关系。外资企业一般资金雄厚、技术先进、管理科学、待遇优厚，而且企业享受一定的国家优惠政策。

伴随着所有制经济多元化、多极化发展潮流，近年来，民营企业和外资企业得以快速发展，这两类企业也为高校毕业生提供了更多的就业机会，同时随着就业形势的变化和人们就业观念的改变，民营企业和外资企业也广受毕业生青睐。

（四）自主创业或自由职业

1. 选择自主创业

"大众创业、万众创新"已成为国家战略，为大学生自主创业、施展才华提供了良好的机遇。自主创业不仅解决了自己的就业问题，还为他人带来了就业机会。目前，大学生自主创业已经成为一种新的就业形式，成为毕业生就业去向的众多选项之一。

2. 做自由职业者

自由职业者（也称"自雇人士"）是指某些脑力劳动提供者，主要是指从艺人员，如自由撰稿人、美术人、音乐人、电脑精英、会计、策划人等。他们不属于任何组织机构，不向任何雇主长期承诺从事某种职业。随着社会的发展、体制的放宽和技术的进步，自由职业者的外延也在不断扩展，且正在向更多领域延伸。

> **知识链接**
>
> **大学生毕业后还可以有哪些去向选择？**
>
> 1）参军入伍。为加快军队现代化建设，部队加大了接收地方大学生的工作力度，接收在校大学生和地方院校本（专）科、理工类及其他类别的毕业生。在校本（专）科学生报名参军，可享有保留学籍、服务期限届满回到大学继续学习的政策。如果在部队表现良好，有立功表现，在回到大学后还将视立功等级给予减免学费、免试推荐专升本和攻读研究生等奖励。
>
> 2）选择出国留学或工作。随着经济全球化，越来越多的年轻人选择走出国门，到国外去学习或工作。出国留学可以学到国外先进的科学技术和管理经验，还可以获得不同的工作体验。

二、大学生面向基层就业的有关政策

（一）大学生志愿服务西部计划

大学生志愿服务西部计划，是共青团中央、教育部根据《国务院办公厅关于做好 2003 年普通高等学校毕业生就业工作的通知》（国办发〔2003〕49号）和 2003 年全国高校毕业生就业工作电视电话会议精神拟定的。实施志愿服务西部计划，旨在鼓励青年知识分子到实践中去、到基层和艰苦地区去，经受锻炼，健康成长。该项计划从 2003 年开始实施。为鼓励大学生积极参加志愿服务西部计划，2003 年，共青团中央、教育部、财政部、人事部还联合

国家鼓励高校毕业生到基层就业政策细则

下发了《关于实施大学生志愿服务西部计划的通知》（中青联发〔2003〕26号）及《关于做好 2004 年大学生志愿服务西部计划工作的通知》（中青联发〔2004〕16号），通知中调整明确了参加西部计划的志愿者除享受国家规定的高校毕业生就业优惠政策外，还可以享受有关文件规定的优惠政策。

（二）"三支一扶"计划

"三支一扶"是指支教、支农、支医和扶贫。2006 年，人事部颁布的《关于组织开展高校毕业生到农村基层从事支教、支农、支医和扶贫工作的通知》（国人部发〔2006〕16号）要求，从 2006 年起连续五年，每年招募两万名左右高校毕业生，从事"三支一扶"工作。2006 年 2 月，共青团中央与中央各部委联合组织并实施了"三支一扶"计划。实施"三支一扶"计划，就是要引导和鼓励高校毕业生到西部去、到基层去、到祖国最需要的地方去，为促进农村基层教育、农业、卫生、扶贫等社会事业的发展，建设社会主义新农村和构建社会主义和谐社会做贡献。

（三）农村教师特岗计划

特岗教师政策是中央实施的一项针对西部地区农村义务教育的特殊政策，通过公开招聘

高校毕业生到西部地区"两基"攻坚县及县以下农村义务教育阶段的学校任教，引导和鼓励高效毕业生从事农村义务教育工作，创新农村学校教师的补充机制，逐步解决农村学校师资总量不足和结构不合理等问题，提高农村教师队伍的整体素质，促进城乡教育的均衡发展。

"特岗计划"一般聘期为三年，为吸引更多优秀高校毕业生到农村学校任教，国家出台了"特岗计划"的相关保障政策。

（四）大学生村官

大学生村官是国家开展的选派项目，岗位性质为"村级组织特设岗位"，非公务员，其工作、生活补助、保障待遇和应缴纳的相关费用，由中央和地方财政共同承担。大学生村官管理及考核比照公务员有关规定进行，由县（区、市）党委组织部牵头负责、乡镇党委直接管理、村党组织协助实施；人事档案由县（区、市）党委组织部管理或县（区、市）人力资源和社会保障部门所属人才服务机构免费代理，党团关系转至所在村。

大学生村官选聘工作由省（区、市）组织、人力资源和社会保障部门定期、统一组织实施，或者由省、市两级组织、人力资源和社会保障部门共同组织实施。由县（区、市）组织、人力资源和社会保障部门与大学生村官签订聘用合同，聘期为2~3年。大学生村官任期届满，主要通过留村任职工作、考取公务员、自主创业发展、另行择业、继续学习深造等"五条出路"有序流动。

案例 6-1

女村官张双用实干助村民致富

2015 年 12 月，张双被选聘为方斗山村大学生村官，同时也是该村扶贫驻村工作队队员之一。有人对她说："当大学生村干部很苦、很累，你可要做好思想准备哟！"张双不假思索地回答："再苦再累我都不怕，能够有机会到农村去锻炼，我的人生才会更充实，同时也证明了生命存在的意义。"

来到方斗山村后，张双迅速开展工作，与驻村书记一起走村串户，跟每一个村民悉心交谈，了解他们的所思、所想及所盼。通过调查走访，她与队员们很快摸清了村情民意，认为村里贫困的根源在于没有稳定的产业支撑，于是，她大胆提出："只有发展壮大村级集体经济，才是改善农村民生的重要途径。"

她为村里引进了 500 亩果园的扶贫项目。但在项目实施前，却遭到了部分村民的反对，张双便与这部分村民进行深入沟通，认真听取大家的意见及建议。通过对村民进行耐心细致的解释，并协调处理方方面面的关系，该项目最终得以顺利实施。

该项目的实施，有效解决了在家务农贫困户就业、闲置土地利用等问题。通过土地入股方式，让贫困户参与到产业发展中来，使其看到脱贫的希望，真真切切地让他们感受到收入得到提高。

（来源：中国青年网）

分析： 从 2006 年起，国家计划每年选拔一定数量的大学生到农村就业。引导大学生到西部去、到农村去、到基层去、到祖国最需要的地方去，一方面可以使大学生在艰苦的条件下得到锻炼，另一方面也解决了这些地区的人才匮乏问题，对扶贫、促进农村基层经济发展等大有裨益。

三、大学生服役期间的就学政策

（一）保留入学资格或学籍

1. 入伍高校新生可以申请保留入学资格

入伍高校新生可以在退役当年或第二年高校新生入学期间，持《保留入学资格通知书》和高校录取通知书，到录取高校办理入学手续。

2. 入伍在校学生可以申请保留学籍

现役军人入伍前是正在普通高等学校就读的学生，服役期间保留学籍，在退出现役后两年内允许复学。

（二）享受学费补偿和国家助学贷款代偿

应征入伍服义务兵役前正在高等学校就读的学生（含高等学校新生），在服役期间按国家有关规定保留学籍，在退役后自愿复学的，国家实行学费减免。具体说明如下：

1. 应届毕业生享受学费补偿和助学贷款代偿

从 2009 年起，国家对应征入伍服义务兵役的高等学校毕业生在校期间缴纳的学费实行补偿。在校期间获得国家助学贷款（含高校国家助学贷款和生源地信用助学贷款）的，学费补偿款必须首先用于偿还助学贷款本金及其全部偿还之前产生的利息。国家对每名高校毕业生每学年补偿学费或代偿国家助学贷款本息的金额，最高不超过 6 000 元。

2. 在校大学生享受学费补偿和助学贷款代偿

从 2011 年秋季学期起，国家对应征入伍服义务兵役的高等学校在校生在校期间缴纳的学费实行补偿，退役后复学的原高校在校生实行学费资助。国家对每名高校在校生应征入伍前在校期间每学年学费补偿或国家助学贷款代偿的金额，按实际缴纳的学费或获得的国家助学贷款金额计算，每人每年最高不超过 6 000 元。

（三）退役后享受升学优惠政策

1）高职（专科）学生入伍经历可作为毕业实习经历。

2）退役大学生士兵入学或复学后免修军事技能训练，直接获得学分。

3）普通高校应届毕业生应征入伍服义务兵役，在退役后三年内参加全国硕士研究生招生考试的，初试总分加 10 分，立二等功及以上的免试（指初试）攻读硕士研究生。

4）具有高职（高专）学历的，在退役后免试入读成人本科，或经过一定考核入读普通本科；荣立三等功以上奖励的，在完成高职（专科）学业后，免试入读普通本科。

5）应征入伍的高校毕业生在退役后报考政法干警招录培养体制改革试点招生时，教育考试笔试成绩总分加 10 分。

（四）退役后享受就业安置优惠政策

1）高校应届毕业生入伍服义务兵役退出现役后一年内，可视同当年的高校应届毕业生，凭用人单位录（聘）用手续，向原就读高校再次申请办理就业报到手续，户口、档案随迁（直辖市按照有关规定执行）。

2）退役一年内的自主就业退役士兵可按规定免费参加教育培训。

3）退役士兵从事个体经营的，自办理个体工商户登记当月起，在 3 年内按每户每年 12 000 元为限额依次扣减其当年实际应缴纳的增值税、城市维护建设税、教育费附加、地方教育附加和个人所得税。

4）在招录公务员、参照公务员法管理的机关（单位）工作人员及招聘事业单位工作人员时，要确保同等条件下优先录用（聘用）符合政府安排工作条件的退役士兵。边疆、民族地区乡镇机关在招录公务员时，可拿出一定数量的职位，招录符合职位要求、由政府安排工作的退役士兵。退役士兵报考公务员、应聘事业单位职位的，在军队服现役经历视为基层工作经历，服现役年限计算为工龄。财政支付工资的各类工勤辅助岗位遇有空缺时，应当首先用于接收由政府安排的符合岗位条件的退役士兵。

5）国有、国有控股和国有资本占主导地位的企业在新招录职工时应拿出 5% 的工作岗位，在符合政府安排工作条件的退役士兵之间公开竞争，用人单位择优招录。

6）按照国家规定发给退役金，由安置地的县级以上地方人民政府接收，根据当地的实际情况，可以发给经济补助，安置地的县级以上地方人民政府应当组织其免费参加职业教育、技能培训，经考试考核合格的，发给相应的学历证书、职业资格证书并推荐就业。

7）参加户籍所在地省级毕业生就业指导机构、原毕业高校就业招聘会，享受重点推荐、就业指导等就业服务。

8）当乡镇补充干部、基层专职武装干部配备时，应注重从退役大学生士兵中招录；对返乡务农的退役大学生士兵，鼓励通过法定程序积极参与村居"两委"班子的选举。

四、高职毕业生求职的途径与方式

（一）校园招聘

参加校园招聘是毕业生就业的主要途径，校园招聘一般包括在学校举办企业专场招聘会和大型综合招聘会等形式。

1. 企业专场招聘会

企业专场招聘会即某企业面向某一高校，在该校单独举行的招聘活动。一般程序如下。

1）企业与学校就业部门取得联系，发布招聘启事。

2）学校就业指导部门或院系通过通知、橱窗、学校就业指导网或微信、QQ 等形式，向学生发布企业招聘公告，明确招聘信息。

3）企业依照约定在面试之前向学生进行宣讲，介绍基本情况。

4）学校协助企业组织笔试和面试（包括特定体能测验和体检）。

5）企业通知学校录用学生名单，学校再通过各种方式公布录用学生名单。

6）企业通过学校通知准录用学生，按照规定进行体检。

7）用人单位、学校与被录用学生签订三方协议。

已经与用人单位签订三方协议的学生，没有特殊原因原则上不得再参加其他单位的招聘活动。未被用人单位录用的学生可继续参加其他单位的招聘。

2. 校园大型招聘会

校园大型招聘会是学校同时邀请许多企业在校园举行的集中招聘活动。大型招聘会的特点是参加招聘的企业数量多、毕业生可选择的空间大，但有时会出现一名学生被几家用人单位同时选中的情况。参加大型招聘会，也容易造成一些毕业生的举棋不定、难以取舍。由于大型招聘会参加的企业和应聘学生数量较多，可能造成企业与毕业生个人之间的交流不够充分，而且组织校园大型招聘会相对于企业专场招聘会难度要大。校园大型招聘会的招聘程序与专场招聘会的招聘程序基本相同。

（二）劳动就业市场与社会招聘

所谓就业市场是在市场经济条件下，人力资源按市场运行规律配置的场所。学生就业市场是为了适应社会主义市场经济发展的需要而建立的，专门为高校毕业生求职择业和用人单位挑选毕业生提供服务的场所。就业市场包括有形市场和无形市场。有形市场是指有固定的场所、具体的时间和地点、特定的参与对象的形式；无形市场则指不受时空限制，可以按照自己的择业意向来挑选工作单位的形式。

由政府组织或人事、劳动部门组织的，用人单位和求职者双方直接交流洽谈的社会招聘会多数是利用有形市场完成的。这种社会招聘会为供需双方提供了当面洽谈机会，可以保障双向交流顺利、反馈及时，提高了招聘工作的效率，增加了就业成功率。

社会招聘会与校园招聘会过程相近，略有不同，即除了用人单位的组织方式不同外，被录用的学生还可参加其他单位的招聘。

无形市场的主要表现形式是网络市场和新媒体市场（微信平台），如各级教育主管部门建立的"高校毕业生就业信息网""毕业生就业网""人才招聘网""求职网"等。毕业生要学会将这种隐形市场作为获得就业信息的重要渠道，达到更快、更准确地获得信息的目的，同时，还要学会抓住和利用一切机会，达到与用人单位成功接洽的目的。

（三）网络求职

利用网络平台招聘、在网上求职，已成为用人单位和求职者都愿意接受的一种时尚。网络招聘有其独特的优势，省钱、省时、省事，因此，网络求职正朝着就业方式的主流方向发展。另外，有些用人单位在举行校园招聘会之前，也会要求应聘者先在网上报名。

网络求职的方式方法与基本步骤如下。

1）查询、检索就业信息。

2）网上投递简历。

3）直接向用人单位发送 E-mail 求职。

4）建立个人主页。

（四）其他途径和方式

1. 利用社会关系求职

利用各种社会关系求职，可以拓宽信息渠道，比如，通过各种社会关系获取招聘信息或确认已有信息的真实性，使自己获得更可靠的信息，减少上当受骗的可能；还可以增加应聘成功的概率，例如，请他们向招聘单位进行推荐，等等。但值得注意的是，你必须对自己的职业目标方向非常明确，否则应谨慎采用这种方式。

2. 自荐求职

职业指导专家认为，求职中的主动表现有两个方面：一是主动为自己寻找机会，主动登门拜访来推销自己；二是在面试后主动做适当的跟踪。事实证明，大学生的主动精神往往会打动用人单位的招聘者，并会让自己最终被录用。当然，是否主动登门求职，还要根据自己的实际情况来决定，不可盲目选择主动登门求职。

3. 通过中介机构求职

许多高校的应届毕业生，也通过人才中介机构寻找工作。通过中介机构求职的一般程序是，到就业中介机构专设的委托招聘部门去办理就业代理登记，投放简历，委托推荐。但目前的人才中介机构良莠不齐，所以在选择代理求职的中介机构时，一定要警惕"伪中介"和"黑中介"，谨防受骗上当。

经典分享

求职虽难，警惕之心不可丢

宁波海曙公安分局以近日抓获的骗子为"教材"，历数最具欺骗性的求职骗局，提醒求职者引以为戒。他们列举了求职者最易碰到的几类骗局：如中介骗局，黑中介往往用网络发布有诱惑力的招聘信息骗取中介费；试用骗局，骗子利用协议"试用期"条款，在试用期间少付工资，或者到期后蓄意辞退；其他还有承诺骗局、电话骗局等。民警告诫求职者，尤其是大学毕业生，求职虽难，但警惕之心不可丢。

能力训练

赠人玫瑰，手有余香

一、训练目标

1）了解、掌握更多的信息渠道，获得更多信息。

2）在信息搜集问题上，学会资源共享。

二、程序与规则

1）活动以小组形式完成（团队协作能力）；3～5人一组，自由组合。

2）发挥小组成员各自优势，利用无形市场（兼有其他渠道）获得就业信息。

3）可以查询隶属政府机关的大学生就业信息网、全国有口碑的综合就业信息网、生源地的人力资源管理部门的网站、各级人才市场的网站、同类院校校园网的就业网站等。

4）对已得到的信息进行筛选和整理（阅读与分析能力）。

5）活动时间设定为一周。

三、反馈与评价

1）活动过程中团队成员多沟通，及时反馈信息（沟通与合作能力）。

2）将收获的信息成果与大家分享。

3）总结活动过程的所失与所得（综合能力）。

思考与讨论

1. 职业院校毕业生走出校门有多种去向可供选择，应如何做出正确的选择和判断？依据是什么？

2. 在当前严峻的就业形势下，毕业生需要做哪些方面的准备才能帮助自己顺利就业？

单元二　政策体系和就业服务

能力目标

1. 了解目前我国就业的政策体系、制度和机制；
2. 明确我国公共就业服务现状；
3. 学会利用大学生就业创业服务平台。

案例导读

关注高校毕业生就业新动态

1. 先就业再择业

对于应届毕业生而言，由于受到工作经验等因素的制约，要找到一份理想的工作有一定的难度。所以，"先就业后择业"在毕业生中颇为流行，他们希望通过积累工作经验提升自我价值，找到更理想的工作。

2. 慢就业

"慢就业"是指一些大学生毕业后，既不马上就业，也不继续深造，而是选择游学、支教或创业考察等。"慢就业"反映了大学生开始注重职业长期规划和就业质量，但"慢就业"选择需要一定的经济条件支撑。

3. 专业不对口就业

面对严峻的就业形势，不少毕业生选择了与自己的专业不对口的工作。某第三方调查机构调查结果显示，2016届高校毕业生有超过三成毕业生的工作与专业不对口，主要原因是专业对口的工作不符合自己的职业期待，迫于现实选择先就业再择业。

4. 频繁跳槽

对于刚毕业的大学生来说，初次选择职业会比较盲目，刚步入社会，对不太适应的环境不能理性对待，这些问题导致毕业生频繁跳槽。调查显示，新录用大学生在一两年内流失率在30%以上的企业达到被调查企业总数的50%。

5. 打工不如当老板

近年来，越来越多的在校学生或毕业生选择了自主创业的发展道路。一部分人认为，通过打工获得成功非常困难，所以趁年轻自己创业当老板。

分析： 我们不难发现，宽松的就业环境、完整的就业服务体系和国家政策的扶持给大学生就业营造了良好氛围，使大学生就业呈现出多态化，也使就业工作呈良性发展态势。在职场中，很多大学生能够把工作做好，在不同的岗位上实现了自己的人生价值。

鉴于我国目前的经济发展状况、劳动力现状和就业形势，为了稳定和促进就业工作，我国一直推行积极的就业政策。积极的就业政策产生于2002年，它是在借鉴其他国家经验、总结地方成功做法的基础上形成的就业政策框架。2005年积极的就业政策得到进一步延续、扩展、调整和充实。2007年《中华人民共和国就业促进法》的制定和颁布，将促进就业的政策体系、制度机制纳入法制轨道。自 2008 年以来，通过应对国际金融危机、重大自然灾害等问题，就业政策的内容得到进一步丰富完善，逐渐形成了更加完备的就业政策体系。

一、就业政策体系、制度与机制

（一）我国现行的积极的就业政策

1. 促进就业的积极政策

就业政策（employment policy）是指政府和社会群体为了解决现实社会中劳动者就业问题，而制订和推行的一系列方案及采取的措施，是解决失业人员和新生劳动力就业问题的政策手段，也是政府履行责任行为的具体体现。我国在 2007 年颁布的《中华人民共和国就业促进法》将经过实践检验、行之有效的积极的就业政策上升到法律层面，这些政策主要包括有利于促进就业的经济发展政策、财政保证政策、税收优惠政策、金融支持政策、城乡统筹政策、区域统筹政策、群体统筹政策、灵活就业政策、援助困难群体就业政策、失业保险促进就业政策等。

目前，我国政府推行积极的就业政策，旨在稳定和促进就业工作，维护失业人员和新生劳动力群体的切身利益，解决需要就业群体的实际问题，在稳增长保就业的同时实现高校毕业生等就业群体更高质量和更充分的就业。

知识链接

扶持就业政策举例

（1）统筹协调产业政策与就业政策。

（2）扶持中小企业，多渠道、多方式增加就业岗位；引导非公有制经济发展，扩大就业，增加就业岗位。

（3）发展国内外贸易和国际经济合作，拓宽就业渠道。

（4）发挥投资和重大建设项目带动就业的作用，增加就业岗位。

（5）国家实行有利于促进就业的财政政策，加大资金投入，改善就业环境，扩大就业。

（6）在财政预算中安排就业专项资金用于促进就业工作。

（7）建立健全失业保险制度，依法确保失业人员的基本生活，并促进其实现就业。

（8）逐步完善和实施与非全日制用工等灵活就业相适应的劳动和社会保险政策，为灵活就业人员提供帮助和服务。

（9）加强对失业人员从事个体经营的指导，提供政策咨询、就业培训和开业指导等服务。

（10）增加中小企业的融资渠道，鼓励金融机构改进金融服务，加大对中小企业的信贷支持，并对自主创业人员在一定期限内给予小额信贷等扶持。

2. 优化促进就业的政策体系与机制

党的十九届四中全会通过的《中共中央关于坚持和完善中国特色社会主义制度 推进国家治理体系和治理能力现代化若干重大问题的决定》，对"健全有利于更充分更高质量就业的促进机制"等做了专门部署，提出了明确要求。为健全有利于更充分更高质量就业的促进机制，该决定列举了一系列重点举措，包括就业优先、公共就业服务、职业技能培训、重点群体就业、创业带动就业、灵活就业、劳动关系协调、公平就业等方面的制度建设任务。

实施就业优先政策就是其中重要的一项。就业优先政策的重点是把扩大就业作为经济发展的优先目标，在保持经济总量的持续稳定增长中不断实现更加充分的就业，在经济结构优化中，既推动就业规模扩大，又实现就业结构转型，实现经济增长与扩大就业良性循环。2020年2月，中共中央政治局常委会会议强调，"多措并举拓宽渠道"做好高校毕业生等群体就业工作，确保就业大局稳定。2020年4月召开的中央政治局会议再次强调，抓好重点行业、重点人群就业工作，把高校毕业生就业作为重中之重。

政府从法律层面和政策角度加强和完善制度体系建设，以优化就业环境，健全就业机制，为进一步做好高校毕业生等就业群体的就业工作明确了方向。

（二）建立就业工作督察评估制度

1. 政府促进就业的工作职责

对世界任何国家来说，促进就业和治理失业都是政府的一项重要职责，同时也是重要的执政目标。在我国促进就业和治理失业工作，不仅是各级地方政府勤政爱民、执政为民工作作风的具体体现，更是法律意义上必须承担责任的彰显。《中华人民共和国就业促进法》对政府在促进就业工作中要承担的重要职责做出了明确规定，主要包括：发展经济和调整产业结构，增加就业岗位；制订并实施积极的就业政策；规范人力资源市场；完善就业服务；加强职业教育和培训；提供就业援助。

政府机关和各个职能部门，在促进就业工作中落实责任、积极履行法律义务体现为：完善就业政策法规，为求职者提供政策咨询；增加就业岗位，满足求职者的需要，提升就业满意度；改善和提高劳动力市场和公共就业服务工作质量，改善就业环境；加强就业指导和职业技术培训，对就业困难群体和弱势群体给予援助。政府在促进就业工作中所发挥的重要作用，对就业工作的整体改进意义重大。

2. 就业工作的检测与评估机制

为进一步促进对就业工作职责、任务的落实，国家正在积极建立和完善就业状况报告、公布、督促、检查和评估制度。全国各省、自治区、直辖市，也在积极建立，并不断完善包括高校毕业生就业工作在内的监测体系。落实就业政策、规范就业政策法规咨询；健全人力资源市场信息服务体系，完善市场信息发布制度；提供供求信息、市场工资指导价位信息和职业培训信息；健全公共就业服务体系，设立公共就业服务机构，为劳动者免费提供职业指导和职业介绍，对就业困难人员实施就业援助，办理就业登记、失业登记等事务服务；以及对其他公共就业服务等各方面进行全面监测、督察，并科学、准确、快速地报告就业工作进展情况，及时公布就业率等相关数据，使就业工作公开、透明，让群众满意。

加强对就业工作的督促检查，并重点检测评估就业工作薄弱地区、薄弱环节，出现就业政策落实不到位、工作力度不到位等情况，发现问题限期整改。检测与评估机制的建立和完善，发挥了促进提升就业工作质量的积极作用。

二、完善公共就业服务体系

公共就业服务体系是指以促进社会就业更加充分和优化社会人力资源配置为主要目的，由公共就业服务机构和基层公共就业服务平台等组成，面向全体劳动者提供基本免费就业服务的公共就业服务系统。

平等就业

"平等就业"是我国宪法赋予公民的基本权利，平等就业一般体现为：任何公民都享有平等就业的权利和资格。在应聘某一职位时，任何公民都需平等地参与竞争，任何人不得享有特权，也不得对任何人予以歧视。平等不同于同等，平等是指对于符合要求、符合特殊职位条件的人。在就业问题上，各级政府应制定政策、采取措施，本着扶持、援助就业困难人员的原则，消除歧视，创造公平就业的环境。

（一）公共就业服务体系的法制保障和工作举措

1. 公共就业服务体系的法制保障

《中华人民共和国宪法》和《中华人民共和国劳动法》对公民平等就业的权利都有明确规定。为维护公民的合法权益、保障就业，从 20 世纪 90 年代起，我国政府就在不断加大就业服务的政策支持力度，中央和地方政府出台了一系列法规制度，以保障建立和完善公共就业服务体系。

《中华人民共和国劳动合同法》《中华人民共和国劳动争议调解仲裁法》《劳动保障监察条例》等法律法规的颁布实施，为完善劳动力市场、促进和稳定就业、提升劳动者就业能力、构建和谐劳动关系提供了基本制度保障。2007 年制定和颁布的《中华人民共和国就业促进法》对公共就业服务机构的设立、功能、经费保障等做了明确规定。

此外，政府还通过完善公共就业服务制度等，来保障公共就业服务体系建设。这些制度包括，政府促进就业的工作责任制度、公共就业服务和就业援助制度、劳动力市场规范管理制度、职业能力开发制度、失业保险和预防预警制度及劳动关系协调、劳动争议调解仲裁和劳动保障监察制度等。

2. 公共就业服务体系的工作举措

《中华人民共和国就业促进法》相关条款明确规定，公共就业服务机构应当免费为劳动者提供就业政策法规咨询、信息发布、职业指导、职业介绍、就业援助、办理就业（失业）登记事务等基本服务项目。公共就业服务机构应当依法维护劳动者的就业权利，对劳动者普遍实行免费服务，对就业困难人员开展就业援助，服务对象范围应遍及城乡全体劳动者。

近年来，根据就业工作需要，公共就业服务机构针对就业困难群体，陆续开展了就业援助月、"春风行动"等活动，帮助他们就业；针对高校毕业生，组织了全国民营企业招聘周活动、高校毕业生就业服务月、高校毕业生就业服务周等就业服务专项活动，引导和推动了大学生就业工作的开展。

公共就业服务体系的建立保持了局势稳定和劳动关系的和谐，有力地促进了就业。

（二）公共就业服务和组织体系

目前，我国公共就业服务已初步形成中央、省、市、区（县）、街道（乡镇）及社区五级管理、六级服务的公共就业服务网络（见图 6-1）。

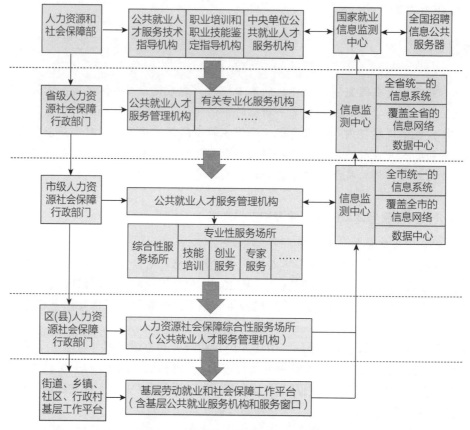

图 6-1　公共就业服务体系建设框架

　　我国公共就业服务强调"托底"功能，注重发挥各部门和社团组织在就业服务工作中的作用，注重提升服务质量和效率，强调社会共促就业，突出对就业困难群体的援助服务，大力推行"人本服务"。

　　公共就业服务体系的建立，在缓解我国就业压力、帮助失业人员再就业、维护劳动力市场秩序、树立市场服务标杆、促进人力资源合理流动和配置、维护劳动者权益等方面都发挥了重要作用。

　　（三）构建更加完善的毕业生就业工作服务体系

　　1）高校毕业生就业指导和服务体系建设是教育教学改革的一项重要内容。建立和完善毕业生就业工作服务体系，对高校就业工作大有裨益。针对大学毕业生的就业服务，主要包括做好信息收集工作（专项收集适合高校毕业生就业需求的信息）、组织面向高校毕业生的供需见面会等。

　　2）加快高校毕业生就业信息化进程。目前高校已基本实现就业服务信息网络化，并能够与国家、省、市网互联互通。加快毕业生就业服务网信息资源建设，争取尽快实现网上招聘和远程面试。

　　3）充分发挥现有高校毕业生就业市场、人才市场和劳动力市场的作用。公共就业服务机构对就业确有困难、需要帮助的未就业高校毕业生，实施登记。对已进行登记的未就业高校毕业生，机构将提供免费就业指导、就业信息等服务、根据市场需求定期举办短期职业技能培训等。

知识链接

大学生就业创业的主要政策文件和服务平台

1）教育部办公厅《关于进一步做好高校毕业生就业创业工作的通知》（教学厅〔2016〕5号）。

2）中共中央办公厅 国务院办公厅印发《关于进一步引导和鼓励高校毕业生到基层工作的意见》（中办发〔2016〕79号）。

3）教育部《关于贯彻落实中央文件精神进一步引导和鼓励高校毕业生到基层工作的通知》（教学〔2017〕3号）。

4）国务院《关于做好当前和今后一个时期促进就业工作的若干意见》（国发〔2018〕39号）。

5）《人力资源社会保障部　教育部　公安部　财务部　中国人民银行关于做好当前形势下高校毕业生就业创业工作的通知》（人社部发〔2019〕72号）。

6）《人力资源社会保障部　教育部　财政部　商务部　国务院国资委　共青团中央　全国工商联关于进一步加强就业见习工作的通知》（人社部函〔2020〕66号）。

7）《人力资源社会保障部　财政部　教育部关于扩大院校毕业年度毕业生参加职业技能培训有关政策范围的通知》（人社部发〔2021〕31号）

8）《中共中央组织部　人力资源社会保障部等十部门关于实施第四轮高校毕业生"三支一扶"计划的通知》（人社部发〔2021〕32号）。

人力资源和社会保障部现已在中国国家人才网开通了高校毕业生就业创业政策宣传平台。该平台汇集了近年来国家和地方出台的众多促进高校毕业生就业创业政策。职业院校毕业生可以通过平台查询各地促进高校毕业生就业创业的政策、措施和办事渠道，也可以就政策和服务等问题进行咨询。高校毕业生就业创业政策宣传平台网址：http://www.newjobs.com.cn/Media/zmwl/index.html。

经典分享

高职专科毕业生的就业现状与未来

毕业生就业质量偏低是当前多数高职院校普遍存在的问题，主要表现在以下几个方面：一是就业单位层次较低；二是就业率无法反映真实的就业情况；三是专业就业对口率相对较低（专业完全对口率约为40%）；四是就业起薪低，退出就业市场的学生逐渐增多；五是学生就业满意度较低，违约数量较多。

高职专科院校毕业生总体就业现状表现为：一是我国现阶段经济形势导致毕业生就业压力增大；二是就职于民营企业的毕业生人数较多；三是刚入职毕业生薪酬较低；四是"跳槽"现象突出；五是就业区域偏向于经济发达地区。

面对当前的就业形势，职业院校毕业生要学会利用和依靠现行政策和制度，依托学校和社会公共就业服务机构来解决就业及就业困难问题。但同时，毕业生还要懂得，在就业竞争中要想突出重围，必须提高自身的综合素质与核心竞争力。

能力训练

谁动了你的奶酪——新技术与就业

一、训练目标

1）正确认识和分析新技术对就业形势的影响。（分析、认识能力）

2）找到自身差距，努力提升就业竞争力。（核心就业竞争力）

二、程序与规则

1. 资料阅读（提炼信息）

1）我国机器人研发起步于20世纪70年代，近年来，随着我国劳动力成本快速上涨，人口红利逐渐消失，生产方式向柔性、智能和精细转变，对工业机器人的需求也呈现大幅增长。到2020年，我国工业机器人密度预计达每万名员工100台以上。

2）以"无人驾驶""农用机器人""机器仓管员"等为代表的人工智能技术崭露头角，正逐步取代基础的劳力工作。一些科技巨头公司，诸如谷歌、微软和百度争相开拓各自的人工智能领域，抢占行业制高点，推出重金招聘、大量并购人工智能小公司、让人工智能团队进驻各个部门等策略吸引人才。全球范围内的人才争夺战将愈演愈烈。

3）"机器换人"的普及对就业岗位数量和结构都会产生影响。目前，创造就业岗位最多的纺织服装、采掘和电子信息等产业出现了"机器换人"的趋势，但从现阶段情况看，机器人和人类劳动者间的替代关系并不明显，机器人具有竞争优势的行业和领域，与人类劳动力优势显著的行业和领域并不完全重叠，或者说，机器人只会在个别产业和环节上替代人工操作，短期内只是对生产效率和产品质量产生影响，尚不会改变制造业劳动力密集程度高的特征，也不会造成严重的失业问题。

2. 分组讨论

每组4~6人，小组代表阐释本组观点。

3. 课后拓展

通过网络等途径收集资料，进一步研究人工智能和机器人等新技术对自己所学专业的就业岗位有什么影响，将创造哪些新的就业岗位，将淘汰哪些原有岗位，对本专业高职毕业生能力提出了哪些新要求？（学习能力）

三、评价与反馈

1）学生对活动进行互评。（评判及综合能力）

2）教师进行总结点评。

思考与讨论

1. 毕业生就业服务体系可以在哪些方面为就业工作提供便利？

2. 我国毕业生就业服务体系现状如何？对毕业生就业工作有何影响？

单元三　创业选择和创业政策

✎ 能力目标

1. 培养创新意识和多种选择就业观念；
2. 了解创业精神、创业知识与创业能力；
3. 熟悉大学生创业优惠政策。

案例导读

从社会实践走向创业之路

2012 年，结束在苏州大学的四年本科生活，杨一成功取得学校的保研资格继续留在计算机科学与技术学院深造，专攻自然语言处理。在学习的同时，杨一总想着干点什么，实践自己的所学。他为学校多个部门做网站及系统开发，多次担任全国重大赛事的网络技术维护，做过的校内外网站和系统达 30 多个，光是这些经验他已经算得上是同学中的佼佼者。

2012 年，在院里老师的帮助下，杨一成立了自己的工作室，主要做网络系统架构、开发升级与维护，同时承接系统开发、网站开发等。期间，他和团队成员还开发了在线收费教育视频，其产品销往北京、广西、苏州、辽宁等地。

总结几年来的实践经验，杨一决定利用攒下来的几万块钱和另外两个同学联手创业，他们创办了苏州 ×× 网络科技有限公司，并正式入驻苏州沧浪区创业园。公司刚成立半年，就盈利近 10 万元。

目前，杨一正在申请国家创业基金，打算开发一个新项目来缓解目前公司面临的潜在危机。"尽管深知前面是一条充满未知与艰辛的路，但我仍然希望我们能走得更远……"在一次采访中，杨一这样说。

分析：把创业作为职业生涯发展的一种选择，需要创业者具备创新精神和应对挑战的能力、出色的专业知识、良好的社会关系、敏锐的洞察力、优秀的领导和组织能力等多种综合素质和能力，同时还要了解国家政策、熟悉创业环境，并学会准确地判断和把握机会。

如果有人问，选择创业可能会改变什么？你不妨简单回顾一下近二三十年间我们自己生活的改变，就能找到答案。从创业者们创造出的新兴行业，如个人计算机、生物技术、电子商务、虚拟技术对我们生活的影响，我们就不难得出："创新创业在逐渐改变这个世界和生活在这个时代的人的生活、工作和学习方式。"

一、认识创业与选择创业

（一）创业的意义

对于创业，《辞海》的解释是"创立基业"。在现代经济社会中，创业是一个创造、增长财富的动态过程，是一个发现和捕获机会，并由此创造出新颖的产品或服务并实现其潜在价值的过程。大学生选择创业，对推进创新型国家建设、促进科技成果转化、促进自身的全面发展，都具有重要意义。

1. 增加财富，促进经济发展和社会繁荣

创业改变了传统的产业格局，催生了很多新的行业，加速了经济结构调整。创业过程是增加社会财富的过程，企业在生产经营过程中，创造了社会价值，增加了社会财富和国家财政税收。企业的产品和服务拉动了市场需求，满足了人们的需要，促进了社会经济繁荣。

2. 实现技术成果转化，促进科技创新，提高生产力

创新是创业的主要驱动力量，创业是新理论、新技术、新知识、新制度形成现实生产力的转化器。如果企业拥有可持续的技术创新能力，并将这种能力应用于持续的技术创新，就一定能使自己始终处于行业的领先地位。

3. 提供就业岗位，缓解就业压力

大学生就业问题是关系民生的大问题，解决就业问题是一项长期任务。目前，劳动市场人数激增，给就业工作带来了巨大压力。可喜的是，创业企业中数量占优的中小型企业，不仅解决了创业者本身的工作岗位问题，而且为他人提供了大量的就业岗位，大大缓解了社会就业压力，提高了就业率，在某种程度上也稳定了社会秩序。

4. 激发创新意识，促进自我发展

1）创业可以自己主宰、充分发挥才干、施展才华、发挥潜能，使自己的人生价值得到更好的体现。

2）创业可以帮助个人积累财富，一定程度上满足个人对物质的追求，而且是摆脱工薪阶层收入不高、提升空间不大等烦恼的最佳途径。据统计，在美国福布斯富人榜前四百名富人中，有75％是第一代的创业先行者。

3）创业能够使个人有机会和实力回馈社会，获得更大的成就感。创业不仅可以为个人创造财富，而且在多个环节中为国家和社会做贡献。

4）创业可以使个人能够从事自己喜欢的事业，并从中获得乐趣。通常做自己喜欢的事情本身就是一种享受。

5）创业使个人从挑战和风险中得到别样的享受和刺激，创业者可以通过征服创业过程中的重重困难来获得某种激励和快感，并丰富个人的人生体验。

核心概念

创业的概念

创业有广义和狭义之分。广义的创业是指带有开拓、创新并有积极意义的社会活动。如杰弗里·蒂蒙斯（Jeffry A. Timmons）指出："创业是一种思考、推理和行为方式，创业导致价值的产生、增加、实现和更新，不只是为所有者，也为所有的参与者和利益相关者。"

狭义上所讲的创业概念，源于"entrepreneur（企业家、创业者）一词，因而对它的理解通常带有经济学的视角。如精细管理工程创始人刘先明认为："创业是指某个人发现某种信息、资源、机会或掌握某种技术，利用或借用相应的平台或载体，将其发现的信息、资源、机会或掌握的技术，以一定的方式，转化、创造成更多的财富、价值，并实现某种追求或目标的过程。"

（二）创业的基本特征与类型

1. 创业的基本特征

1）自觉性。创业是创业者自觉做出的选择，是其能动性的反映。

2）创新性。创新是创业的主旋律。创业过程是一个不断创新的过程，创业者要具备创新意识和创新精神。只有不断创新，企业才会有生命力。

3）利益性。创业以增加财富为目的，创业过程中获利的多少，往往是衡量创业者成功与否的重要标志。

4）风险性。创业是有风险的，一般来说，创业有五种风险可能：政策风险、决策风险、市场风险、扩张风险和人事风险。

2. 创业的大致分类

1）根据创业动机划分——机会型创业、就业型创业。

机会型创业：指创业的出发点并非谋生，而是为了抓住、利用市场机遇。

就业型创业：指为了谋生而走上创业之路。

2）根据创业者数量划分——独立创业、合伙创业。

独立创业：指创业者独立创办自己的企业，其特点在于产权为创业者个人独有，企业由创业者自己掌控，需要独自承担风险。

合伙创业：指与他人共同创办企业，其优劣势与独立创业相对，优势在于资源准备相对容易，风险均摊，决策制衡，可以发挥集体智慧；劣势在于权力多头，决策、响应速度慢。

3）根据创业项目性质划分——传统技能型创业、高新技术型创业、知识服务型创业。

传统技能型创业：指使用传统技术、工艺的创业项目，如酿酒、饮料、中药、工艺美术品、服装与食品加工、修理等，因其独特的传统技能使项目表现出经久不衰的竞争力。

高新技术型创业：指知识密集度高，带有前沿性研究、开发性质的新技术、新产品项目。

知识服务型创业：指那些能为人们提供知识、信息的创业项目，如律师事务所、广告公司等，这类项目投资少、见效快，且市场相对稳定。

4）根据创业方向或风险划分——依附型创业、尾随型创业、独创型创业和对抗型创业。

依附型创业：分两种情况，一是依附于大企业或产业链，以为大企业提供相应的配套服务为主；二是使用特许经营权，利用其品牌效应和经营管理模式等创业，这类创业可以减少经营风险。

尾随型创业：即模仿他人，做出特点。这种创业类型，一般不追求在短期内进入强者行列，不追求独家承揽全部业务，而是在市场上拾遗补阙。

独创型创业：指提供的产品或服务能够填补市场空白。这种创业类型也可以是旧内容新形式，如产品销售送货上门，改变服务方式扩大经营，以增强市场竞争力。

对抗型创业：指进入其他企业已形成垄断地位的某个市场，与之对抗较量。这类创业风险最高，必须知己知彼、科学决策、发挥优势、抓准机遇，才有可能取得成功。

（三）大学生创业与就业的差别

大学生创业是指大学生在校学习期间创办事业，在毕业后不选择到其他单位就业，而是直接成立公司，为自己开辟一条择业新路。大学生创业需要运用自己的知识和技能，选择以自筹资金、技术入股、寻求合作等方式创办企业，通过创业使自身的价值得到体现，同时为社会创造价值。大学生创业是一种主动参与社会竞争的尝试，需要一定的胆识和魄力。

创业与就业是大学毕业生两个完全不同的去向选择，其主要差别有以下几点。

1. 角色担当的差异

员工（就业）与企业创立者在企业中的地位、肩负的责任和使命有较大差异。在企业实体创建过程中，创业者是负责人，属于企业高层，员工通常处在中层或基层；创业者需要对企业的成长负责，员工则只需要做好自己的本职工作。

2. 技能要求的差异

创业者通常身兼数职，需要有战略眼光，有组织、管理、经营等能力和相应的创业知识储备，引领企业发展；员工则需要相应的专业知识和专业技能，在岗位上发挥作用。

3. 收益与风险的差异

创业者需要投入资金成本、技术和人力、物力等，承担的风险大，可能获得的利润和收益也是数量可观；就业除了投入教育成本外，其他投入几乎可以忽略，就业的收入回报，包括固定工资、奖金或提成等，数量相对较少。

4. 成功依赖因素的差异

创业成功所依赖的要素，要考虑自身的经验、学识与财力，以及各种需求和各种资源的占有率；就业成功的前提是自身能力和素质过硬，但很大程度上还要依靠企业。

二、创业者与创业知识

（一）创业者与创业精神

专家认为，所谓创业精神就是一个人不以当前有限的资源为基础而追求商机的精神。创业精神代表着一种突破资源限制，创造机会、创造资源的行为，创业精神的关键在于"是否创造新的价值"。简单地说，创业精神就是"没有资源创造资源，没有条件创造条件，用有限的资源去创造更多的资源"。

核心概念

创业者

"任何想体验充满各种不确定性和模糊性的战场的人都可能成为创业者，任何想跨越诸多高峰的人都可以成为创业者。"创业者有自信、坚定、执着、从失败中吸取教训、追求成功、合作等多项特征；有创造力、想象力、影响力、领导力等多种能力；有乐观、开朗、责任心、进取心等综合素质，他们在追求个人财富和自身价值实现的同时，创造社会财富，他们是为国家经济发展和社会进步做出积极贡献的一个群体。

创业精神一般包括两个层面的含义：一是精神层面，创业精神代表了一种"以创新为基础的做事与思考方式"；二是物质层面，创业精神代表了一种"发掘机会、组织资源建立新公司，创造新的价值"。可以说，创业精神是促成新企业形成、发展和成长的原动力。

创业本身是一种无中生有的历程，创业者在求新、求变、求发展中，以创造新价值的方式为新企业创造利润，在这一过程中充满了创业精神。

风云人物

从失败中吸取教训

　　史玉柱面对巨人集团资金链断裂、负债 2.5 亿元的危机状况，选择再次创业，并在调查市场需求后进行"脑白金"保健产品及"征途"等网络游戏的运营，顺利扭转败局。创业者不应该是一个无法承担风险的人。相反，从失败中学习，快速调整状态，才能转败为胜。

（二）创业者应具备的能力

1. 创新能力

　　创新能力主要包括专业、职业能力、经营管理能力和综合性能力。创新能力是创业者的核心能力，创业者必须具备市场、技术、管理和控制的创新能力。

2. 领导能力与决策能力

　　领导能力指领导者的个体素质、思维方式、实践经验及其领导风格带来的活动效果等个性心理特征和行为的总和。领导能力是领导者素质的核心，用一种整体化的、均衡的思路应对多变的世界，是领导能力的体现。

　　决策能力是根据市场变化，确定创业方向、目标、战略和实施方案的能力，通常包括分析能力、判断能力和创新能力。决策能力是一个人综合能力的表现，一个创业者首先要成为一个决策者。

3. 组织能力与管理能力

　　组织能力指领导者为了组织的利益和实现既定目标运用的方法和技巧，是创业者不可缺少的重要能力。组织能力可分为个人能力、项目/团队能力、组织能力三个层级。增强组织能力，有利于形成自己独特的核心竞争优势。

　　管理能力主要包括激励的能力、控制情绪的能力、演讲的能力和倾听的能力。管理能力是每一个创业者必备的重要能力，管理能力要在工作中不断培养、积累和提高。

4. 公关与协调能力

　　公关就是协调和处理好各种人际关系。在创业过程中，企业内部的协作和外部的协调是确保创业成功的关键。创业者应具备与内部成员精诚合作、默契配合、步调一致、共谋发展的能力，并善于处理与其他企业和有关部门的关系。

素养要求

学会与人沟通

　　创业离不开与各色人进行交往与沟通，如投资商、代理商、消费者、合作伙伴、政府部门、新闻媒体等，因此创业者需要具备良好的人际交往能力来妥善处理这些关系。利用一切有利条件，争取各界的支持和帮助，才能化消极因素为积极因素，变不利为有利，只有这样，才能创造和谐安定的创业环境，为取得成功奠定基础。

　　善于与别人进行互利互惠的合作，实际上也是公关交际能力的表现，对于立志创业的同学来说，有意识地培养这些能力十分必要。

（三）创业的必备知识

1. 注册登记知识

注册登记知识主要包括：有关私营及合伙企业、有限公司的法律法规；怎样申请开业登记；怎样办理税务登记；银行开户程序和有关结算规定；怎样获得税收减征免征待遇；国家对偷漏税等违法行为有哪些制裁措施；增值税率及计征方法；工商管理部门怎样进行经济检查；行业管理部门如何进行行业管理和检查等。

2. 市场营销知识

市场营销知识主要包括：市场预测与调查知识；消费者心理、特点和特征知识；定价知识和策略；产品知识；销售渠道和方式知识；营销管理知识等。

3. 仓储物流知识

仓储物流知识主要包括：批发、零售知识；货物种类、质量和有关计量知识；物流运输知识；货物保管贮存知识；真假货物识别知识等。

4. 财务会计知识

财务会计知识主要包括：货币金融知识；信用及资金筹措知识；资金核算及记账知识；证券、信托及投资知识；财务会计基本知识；外汇知识等。

另外，创业者还应具备基本商业知识，包括经济法相关常识、劳动用工和社会保障知识及公关、商业交际基本知识等。

三、我国创新创业政策梳理

创新创业政策是创业需要的外部宏观环境之一，创业法规与政策环境会直接影响企业的发展前景。目前我国已出台的创新创业政策，包括国家和各地政府对创业者的创业优惠政策、地方奖励性补贴政策和创业孵化基地优惠政策三大类。

（一）创业优惠政策

创业优惠政策包括融资政策和创业保障政策。

1. 融资政策

（1）国家信贷与税收

1）2018年，为鼓励大学生个人创业，全国多地对担保贷款额度进行调整，从10万元上调至不低于30万元；创业的税收优惠政策较2017年有了更大的减免额度。

2）2019年国家在税收、资金等方面出台了一系列措施，对起步阶段的创业者予以更大的支持。

3）2020年农业银行在信贷投资方面将宏观政策着力点和实体经济薄弱环节作为信贷支持的重点领域。重点支持"三农"与脱贫攻坚、基础设施"补短板"、制造业高质量发展、新经济新业态和民生幸福产业等领域。

（2）优化资本市场　综合运用征信管理、账户管理、外汇管理等手段，支持具有良好发展前景的创业企业在证券交易所、全国中小企业股份转让系统及股权交易中心上市、挂牌，充分发挥创业板对创业创新融资的重要平台作用。

（3）金融机构支持　国家鼓励银行业金融机构针对创业资金需求特点积极创新信贷产品和服务模式，如发展小额贷款、债务融资、质押融资等新业务，解决大学生创业资金来源问题。

（4）多元化融资模式　国家鼓励互联网金融平台、产品和服务创新，引导互联网金融企业与创业创新资源无缝对接，实现集聚发展；鼓励互联网企业依法依规设立网贷平台，为投融资双方提供借贷信息交互、撮合、资信评估等服务；大力发展政府支持的融资担保机构，加大创业担保贷款支持力度；加强政府引导和银行担保合作，综合运用资本投入、代偿补偿等方式，促进融资担保机构和银行业金融机构为符合条件的创业者提供快捷、低成本的融资服务。

2. 创业保障政策

（1）建立健全机制，实现优化创业　包括：优化市场准入制度；改革商事制度；完善公平竞争市场环境；健全市场监管机制；加强知识产权保护。此外，还支持建立巡回审判工作机制，推进知识产权民事、刑事、行政案件的"三审合一"；完善知识产权保护协作机制；加大网络知识产权执法力度，积极探索在线创意及研发成果的知识产权保护机制。

（2）完善财税政策，加大创业扶持　主要有加大政府财政支持力度、落实普惠性税收政策和发挥政府采购支持作用等措施。

（3）拓宽创业渠道，以创业带动就业　支持依托电子商务创业就业；引导和鼓励集办公服务、投融资支持、创业辅导及渠道开拓于一体的市场化"网商"创业平台发展；完善基层创业支撑服务；完善跨区域创业转移接续制度；开展远程公益性创业培训，为创业者提供见习、实习和实训服务等。

（4）国家信贷与税收稳固基础措施，推动创业发展　整合创业平台资源，鼓励各类科技园、孵化器、创业基地等与互联网融合创新，推动"互联网＋"创业创新活动，鼓励创客空间、创业咖啡、创新工场等，以及线上虚拟众创空间发展；积极推广众包；完善立体化扶助措施；稳健发展众筹；推动众创平台持续健康发展。

（二）地方奖励性补贴政策

1. 加大创业资助力度

为了深度推进"大众创业、万众创新"，各地纷纷出台奖励性或补贴政策，这些政策或提高补贴标准或扩大奖励补贴范围，以使更多的参与者从中获益。例如，广东省佛山市将一次性创业资助可享受资助政策对象范围，扩大到包括普通高等学校、职业院校、技工学校学生（在校及毕业五年内）和出国（境）留学回国人员（毕业五年内）、军转干部、复退军人及登记失业人员、就业困难人员、返乡创业人员。

2. 鼓励创业企业吸纳就业

（1）降低企业招工费用　地方政府使用就业资助金，以奖励的方式对用人单位及人力资源服务诚信示范机构予以补贴，以降低企业的招工费用，鼓励用工需求量大的企业扩大招工，实现创业带动就业。

（2）支持小微企业吸纳就业　为鼓励中小微企业吸纳就业，一些地区相继出台鼓励政策，如：中小微企业招收应届高校毕业生，社保补贴期限从一年延长至两年；登记注册不满三年的中小微企业，按其吸纳就业人数给予带动就业补贴等。

（三）创业孵化基地优惠政策

2018年，财政部、国家税务总局、科技部、教育部联合发出《关于科技企业孵化器、大学科技园和众创空间税收政策的通知》（财税〔2018〕120号）。该通知明确了关于科技企业孵化器、大学科技园、众创空间的税收优惠政策，以鼓励创业创新。

经典分享

深入推进大众创业万众创新

2020年6月11日，国务院发布《国务院关于落实〈政府工作报告〉重点工作部门分工的意见》（国发〔2020〕6号），在"依靠改革激发市场主体活力，增强发展新动能"中强调"深入推进大众创业万众创新"。要求国务院办公厅、国家发展和改革委员会、人力资源和社会保障部、人民银行等部门，在年内持续推进发展创业投资和股权投资，增加创业担保贷款；深化新一轮全面创新改革试验；新建一批双创示范基地；坚持包容审慎监管，发展平台经济、共享经济，更大激发社会创造力等工作。

能力训练

善于把握创业环境

一、训练目标

1）借助 SWOT 分析来观察内部环境的优势与劣势。

2）掌握 SWOT 分析方法。

3）客观分析创业企业内部状况。

二、程序与规则

1）找到企业长处，如产品优于竞争对手、员工技术水平高等。

2）确定竞争劣势，如产品价格高于对手、无法提供超过竞争对手的综合性系列服务等。

3）利用分析结果，帮助创业者进行创业决策分析（结果填于表6-1）。

表6-1 内部环境分析：优势与劣势

因素	优势	劣势
获利能力		
销售与市场营销		
质量		
顾客服务		
生产力		
财力		
财务管理		
运行		
生产与分配		
员工的发展		
其他		

思考与讨论

1. 参考创业者能力素质要求，分析自身创业素质能力状况，明确努力方向。

2. 组建一支团队，策划组织一次创业创意大赛（小规模）。

模块 七 就业准备与求职指导

● **导读导学**

    对于求职者而言，就业成功与否不仅仅取决于就业者的知识水平和能力的高低，也取决于获取就业信息的多少，以及能否掌握科学、准确的信息即就业质量。就业信息对于每一位谋求工作的毕业生来说都至关重要。择业决策的过程实质上就是一个与择业有关的信息搜集、处理和转换的过程。目前，信息多样化给求职者获取信息及传递信息、利用信息提供了更大的选择空间，毕业生就业一般要通过就业信息收集、筛选、整理，求职材料的准备，简历制作，自荐、笔试和面试等几个阶段，最终获得就业岗位。

    就业材料在很大程度上决定毕业生能否获得面试的机会，同时，毕业生的书面资料也是用人单位了解毕业生的窗口。通过这个窗口，用人单位可以了解毕业生的经历、能力、品行、特长，进而决定进一步的考核计划。所以说，能够撰写有说服力和吸引力的书面材料，是赢得主动、踏向求职成功之路的第一步。毕业生在求职过程中，笔试成绩是毕业生个人能否脱颖而出的实证，而面试的成败则决定着毕业生能否参加复试、试用和签约录用。

    本模块全面介绍就业信息的收集、处理，就业心理调适，准备求职材料，应对各类笔试考试、面试的内容及面试技巧等内容。

● **思维导图**

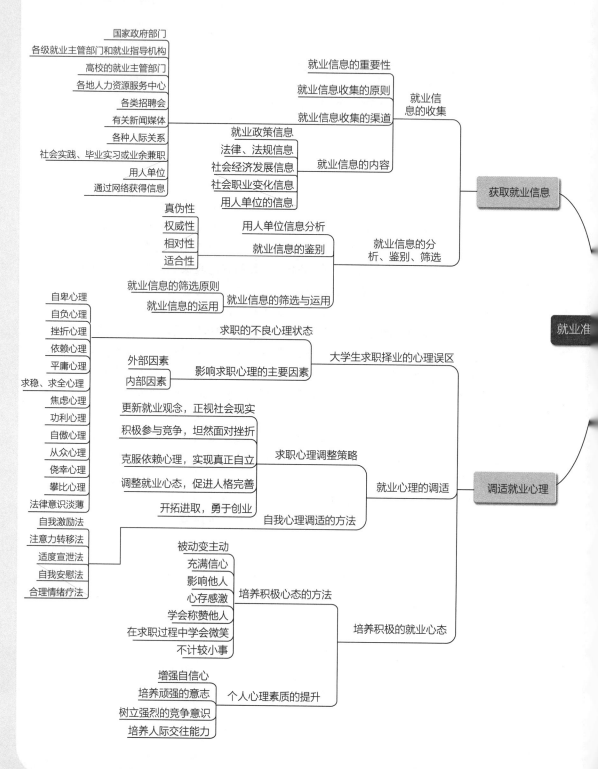

国家政府部门
各级就业主管部门和就业指导机构
高校的就业主管部门
各地人力资源服务中心
各类招聘会
有关新闻媒体
各种人际关系
社会实践、毕业实习或业余兼职
用人单位
通过网络获得信息

就业信息的重要性
就业信息收集的原则
就业信息收集的渠道　就业信息的收集
就业政策信息
法律、法规信息
社会经济发展信息　就业信息的内容
社会职业变化信息
用人单位的信息

真伪性
权威性
相对性
适合性

用人单位信息分析
就业信息的鉴别　就业信息的分析、鉴别、筛选

就业信息的筛选原则
就业信息的运用　就业信息的筛选与运用

获取就业信息

自卑心理
自负心理
挫折心理
依赖心理
平庸心理
求稳、求全心理
焦虑心理
功利心理
自傲心理
从众心理
侥幸心理
攀比心理
法律意识淡薄

求职的不良心理状态

外部因素
内部因素　影响求职心理的主要因素

大学生求职择业的心理误区

就业准

更新就业观念，正视社会现实
积极参与竞争，坦然面对挫折
克服依赖心理，实现真正自立　求职心理调整策略
调整就业心态，促进人格完善
开拓进取，勇于创业　自我心理调适的方法

就业心理的调适

调适就业心理

自我激励法
注意力转移法
适度宣泄法
自我安慰法
合理情绪疗法

被动变主动
充满信心
影响他人
心存感激　培养积极心态的方法
学会称赞他人
在求职过程中学会微笑
不计较小事

培养积极的就业心态

增强自信心
培养顽强的意志
树立强烈的竞争意识　个人心理素质的提升
培养人际交往能力

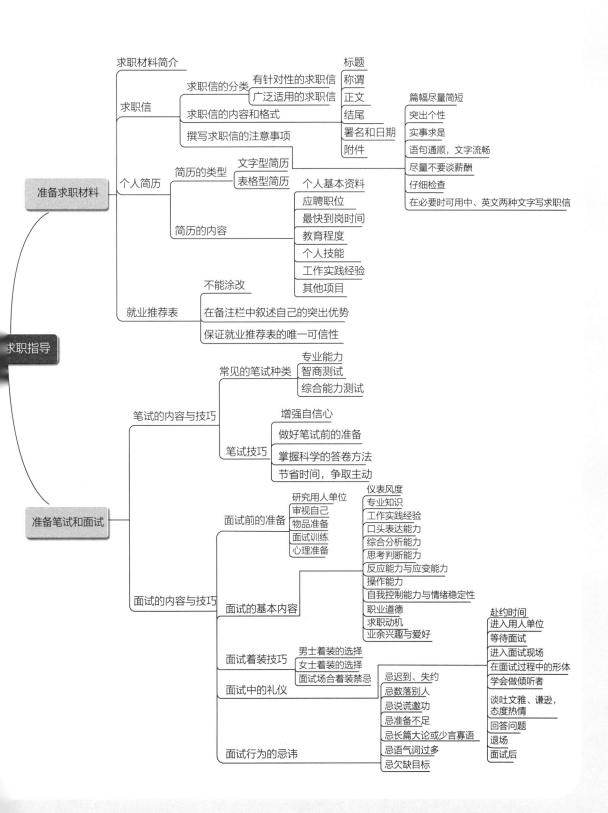

单元一 　获取就业信息

能力目标

1. 了解收集就业信息的渠道；
2. 了解就业信息原则和内容，能有效地收集就业信息；
3. 掌握对各类招聘信息进行筛选、分析和整理的方法。

案例导读

遭遇求职陷阱

2019 年 5 月，当从报纸上得知某人才市场有大型招聘会时，小王认为机会来了。他学的是英语专业，非常有把握找一份翻译工作。第二天，小王早早来到招聘现场，他发现一家公司前挤了很多人，招聘人员正在做招聘宣传："本公司是国家一大型企业的太原分公司，长期从事进出口生意，急聘一名办公室人员，从事翻译工作，待遇优厚……"这不正好是自己要找的工作吗？小王急忙挤进去递上求职材料。招聘人员简单地翻看了一下他的材料，对他说："你完全符合我们单位的要求，请明天来面试。"

第二天，小王准时来到公司所在地，那儿已排了长长的队伍。招聘人员拿出一篇英语文章，想看看他的翻译水平。认真翻译后，小王将翻译的文章交给对方。第二天，他就收到了录取通知邮件，邮件称小王已被公司录取，三天后到公司报到，同时需提前交培训费、制服费等共计 500 元，满心欢喜的小王没加思索就打了钱。可三天后，小王按照网上的地址在大南门附近找了个遍，却发现根本没有公司的影子。

此时，小王感到上当受骗了，但为时已晚。

分析：不注意鉴别就业信息，轻易相信容易遭遇就业陷阱。

一、就业信息的收集

就业信息是指通过各种媒介传递的有关求职就业方面的消息和情况，如就业形势、政策、就业机构、供需双方的情况及用人信息等。

对面临求职择业的毕业生来说，掌握就业信息是很有必要的，谁拥有更多、更有效的就业信息，谁就能赢得择业时的主动权，获得理想的就业岗位。

（一）就业信息的重要性

就业信息在我们求职就业过程中起到十分重要的作用，是求职准备的基础，是通向用人单位的桥梁，是择业决策的重要依据，更是顺利就业的可靠保证。

有效的就业信息可以帮助我们实现以下目标。

1）牢牢把握就业的机遇。

2）不断调整择业或创业的目标。

3）及时调整个人需求与社会需求之间的平衡。

4）增强学习的目标性和主动性。

（二）就业信息收集的原则

1）准确的原则。信息搜集源要真实可靠，在信息搜集过程中要严格分析、筛选，去伪存真，排除错误的信息。

2）时效原则。花最少的时间以最快的速度进行收集，因为信息本身具有时效性，只有及时收集才是有效的。

3）系统原则。对于就业程序、目标职业相关信息、欲报名的单位招聘信息等要全面、系统，以便把握方向，达到预期目的。

4）目的原则。在搜集中要有方向性目标，要有针对性，不能漫无边际地进行。同时，尽量获取不为人注重的信息，才可能在求职择业中占优势地位。

（三）就业信息收集的渠道

就业信息对于每一位谋求工作的毕业生来说都至关重要。择业决策的过程实质上就是一个与择业有关的信息搜集、处理和转换的过程。毕业生可通过以下渠道收集就业信息。

1. 国家政府部门

国家政府部门及各地区推出的有关就业方面的法律、法规、决议、决定、规划、举措等信息能帮助我们认清就业形势，把握就业时机，调整就业心态，理顺就业思路。

2. 各级就业主管部门和就业指导机构

教育部、人社部每年都会制订毕业生就业的有关方针、政策，各省、自治区、直辖市的主管部门也会相应地出台就业方面的法规、决议、决定、规划、举措等，各级毕业生就业指导机构也会开展信息交流和咨询服务，帮助他们认清就业形势，把握就业时机，调整就业心态，理顺就业思路，这些都是高校毕业生获取就业信息的重要渠道。

3. 高校的就业主管部门

学校就业指导中心是毕业生就业的重要主管部门，与各省市的毕业生就业主管部门及有关用人单位保持着联系，能及时掌握国家有关就业政策规定及地方的有关政策、各地举办的"双选"会信息、有关用人单位的需求信息等。他们提供的信息无论是数量还是质量，都有明显的优势。用人单位信息库和就业网上都有大量的用人单位信息和招聘信息，此外，就业指导中心有专业的就业指导老师，能为毕业生提供很大帮助。

4. 各地人力资源服务中心

各地人力资源服务中心为了促进地方经济的发展，也发布来自全国各地的单位招聘信息，信息量大且集中可靠，能够帮助毕业生在较短的时间内获取各种职业信息，并与单位进行直接洽谈。

5. 各类招聘会

各级各类招聘会由省级联合举办、地市级之间联办、多个学校联合举办、行业间联合举办，通过多种形式组织毕业生与用人单位联系。对高职院校毕业生来说，特别要关注的是校园招聘会，因为无论是校园大型招聘会还是专场招聘会、宣讲会都带有明确的针对性，其信息的

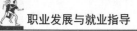

准确性和实用性非常强。

6. 有关新闻媒体

毕业生就业作为社会普遍关注的热点问题，近年来也引起新闻界的重视，毕业生可通过网络、报刊、广播、电视等新闻媒体了解就业市场动态，获得用人的信息资料，尤其是网上双选招聘已经越来越普遍、快捷。

7. 各种人际关系

人际关系网络，包括自己的亲戚、朋友、老师、同学及校友资源等。通常由"熟人"推荐的就业机会，在同等条件下，成功率会更高。

8. 社会实践、毕业实习或业余兼职

大学生通过与社会接触可加强与用人单位的联系，直接掌握就业信息，通过好的表现可获得就业岗位。

9. 用人单位

毕业生在开始求职时可以"普遍撒网"，向自己认为适合的用人单位写自荐信。当确定重要目标后，通过电话预约，然后亲自登门拜访。毛遂自荐的方式也不失为获取就业信息、获得就业成功的途径之一。

10. 通过网络获得信息

随着信息时代的到来，通过网络求职是近年来才兴起的人才交流方式，用人单位和毕业生通过网络互相选择、直接交流，实现跨越时空界限，打破单向选择的传统人才交流格局。

（四）就业信息的内容

就业信息的内容非常广泛，通常包括以下几个方面。

1. 就业政策信息

在求职择业活动中，要注意收集、掌握、正确运用国家有关就业的方针政策，以及地方政府贯彻执行国家就业政策的具体规定。

2. 法律、法规信息

了解关于毕业生就业工作的原则，就业工作程序，政府、学校和中介机构的职责，用工单位、毕业生的权利和义务，毕业生就业市场和就业行为方面的内容等。

3. 社会经济发展信息

了解社会经济发展战略、经济体制改革措施、新工业区开发情况、西部大开发情况、基础设施建设投资力度等。

4. 社会职业变化信息

主动了解社会职业需求信息，根据社会职业的变化特点来确定自己谋求的职业的重要性。

5. 用人单位的信息

用人单位的信息包括以下内容。

1）单位的性质和法律地位。

2）单位的工作和业务内容、生产项目或主要产品。

3）单位知名度和发展前景。

4）单位的地理条件、工作环境。

5）单位的管理体制及其组织机构。

6）单位的岗位需求、人才结构、规格、分工程度。

7）单位工作的紧张程度、学习晋升机会。

8）单位的效益、福利、工资、资金、住房、生活设施等。

知识链接

常用的求职网站

1. 智联招聘网：www.zhaopin.com

2. 卓博网：www.jobcn.com

3. 中华英才网：www.chinahr.com

4. 中国南方人才网：http：//www.job168.com

5. 前程无忧：http：//www.51job.com

6. 中国人才热线：http：//www.cjol.com

7. 人才职业网：http：//www.rencaijob.com

8. 教育部大学生就业网：http：//www.ncss.cn

9. 应届生求职网：http：//www.yingjiesheng.com

10. 易聘网：http：//www.68hr.com

二、就业信息的分析、鉴别、筛选

（一）用人单位信息分析

掌握用人单位的信息，不仅指在招聘广告和职业信息中选择出最适合自己的求职机会，而且应包括在初步确定了自己想应聘的职业或岗位后，对该招聘单位及应聘岗位的工作要求有所了解。对招聘信息多掌握一点，求职的选择机会就多一点。对招聘单位多了解一点，求职的成功希望就多一点。掌握和了解用人单位的信息量越大，判断准确率越高；反之，则越低。

对于用人单位的信息，可以从单位介绍资料中获得，也可以从当地的工商管理部门或企业的主管单位那里获得。当然，如果能认识一些已在该单位就职的人员，从他们那里也许能获得更多更有价值的信息。亲自到企业去社会实践、生产实习与参观考察将会对企业有更多的感性认识，以便做出适合自己的职业抉择。

毕业生可以简单地建立个人就业信息管理库（见表 7-1）、供需见面会信息管理库（见表 7-2）、用人单位基本情况数据库（见表 7-3）等表格。

表 7-1 个人就业信息管理库

收集时间	单位名称	单位性质	招聘专业	招聘人数	所在地或网址	联系部门和联系人	联系电话	E-mail	备注

表7-2　供需见面会信息管理库

举办时间	见面会名称	主办单位	举办地点	联系人	备注

表7-3　用人单位基本情况数据库

单位名称				所有制性质	
所在地					
总体概况	经营范围	经济状况	福利待遇	发展前景	

（二）就业信息的鉴别

对就业信息进行鉴别的目的主要是辨别其真伪及可靠性、实用价值等，通常从以下几个方面进行鉴别。

1. 真伪性

了解就业信息的真伪，一定要弄清楚就业信息的来源渠道、信息的提供者是谁、提供者给出该就业信息的依据是什么。

2. 权威性

判断就业信息权威性的方法有：了解就业信息的来源与质量，掌握信息提供者的背景，比较同类信息。如从国家政府部门来的就业信息，人事部门最有权威；从学校来的信息，毕业生分配（或就业指导）办公室最有发言权。对于小报上发布的信息则要仔细斟酌。

3. 相对性

任何就业信息都是在一定的时间、地点下产生的，而事物又是在不断地发展变化，今天有用的就业信息，明天就有可能没有任何价值，因为岗位可能已经被他人抢先占据。所以，应该注意就业信息的相对性，即就业信息是动态的信息，有一定的时效性。

4. 适合性

搜集就业信息的目的就是为自己找一个合适的岗位，可以从专业性、兴趣爱好及性格特征三个方面来鉴别就业信息的适合性。

1）专业的适合性。专业对口，往往是用人单位与应聘者的共同目标。专业对口可以缩短个人进入职业岗位后的适应期，使个人更容易发挥专业特长，避免自己专业资源的浪费，也可以减少用人单位在职业培训中的投入。因此，应该选择专业对口的就业信息加以考虑。

2）兴趣爱好的适合性。兴趣爱好是一个人在职业中取得成功的重要条件，对所从事的工作有兴趣，不仅可以促使从业者投入大量的精力，而且对其身心健康有益。在大多数情况下，一个人的专业特长与兴趣爱好是基本一致的，不过也有两者发生矛盾的情况，此时一定要权衡利弊，做出抉择。

3）性格特征的适合性。一个人的性格特征本身无所谓好坏，但是就具体的工作职位而言，性格特征有适合与不适合之分。为此，在考虑专业性和兴趣爱好的同时，也要兼顾就业信息与自己性格之间的吻合度。如果自己是一个性格内向、不善言谈的人，那么营销等需要口才好、善于交际的招聘信息则不太适合自己。

（三）就业信息的筛选与运用

1. 就业信息的筛选原则

大学毕业生通过各种渠道所搜集到的原始就业信息可能比较杂乱，毕业生应根据自己的实际情况和需求，对信息进行去粗取精、去伪存真，有目的、有针对性地加以筛选处理，使获得的信息具有准确性、全面性和有效性的特点，使之更好地为自己的求职服务。很多大学毕业生频繁地奔波于各种招聘会，简历也投出去不少，但是很少得到回复，原因就在于缺少对就业信息的整理、筛选。在筛选这些信息时大学毕业生应把握以下原则。

（1）掌握重点原则　将收集到的所有就业信息进行比较、初步筛选后，选出重点信息，标明并注意留存，一般信息仅做参考。

（2）适合自己原则　每个人的情况不一样，毕业生应选择适合自己的信息。

（3）注意信息的时效性原则　人才市场瞬息万变，用人单位在发布需求信息后，随时都会收到大学毕业生的求职信息，及时与用人单位联系能体现出求职者积极的态度，为求职成功增加筹码。因此，在搜集到就业信息后，应及时使用，以免过期。

大学毕业生要做一个有心人，平时要有意识地搜集各种就业信息，尤其是招聘信息。但并不是所有的招聘信息都要搜集，要根据自身的情况，如职业兴趣、专业、性格、能力特长等，对招聘信息进行筛选，对符合自己的信息进行统计、完善。大学毕业生可以将这些信息做成表格。统计招聘信息的表格一般包括6个要素：①企业名称；②企业基本情况（企业性质、隶属关系、企业规模、人数、产品服务、发展现状和发展趋势）；③招聘岗位及招聘人数；④应聘条件（如学历、专业、职业资格、技术等级）；⑤工作环境和薪资福利；⑥联系人及联系方式。

2. 就业信息的运用

对搜集到的各种就业信息进行认真的分析辨别，并分门别类整理出自己的首选信息和备选信息之后，就可以通过这些信息明确职业选择的思路，确定职业选择的优先次序，制定相应的行动方案并开始行动。

首先，通过所获得的就业信息进一步了解市场需求和自身的优势及不足，并对自己的职业规划进行必要的调整。所谓"隔行如隔山"，各行各业都有自己的特点和对从业者的不同要求。通过对就业信息的分析与整理，大学生应正确估计自己的市场行情，对过高或过低的职业期望以及原有的职业规划进行适当的"微调"，使其更加符合实际情况。

其次，对就业信息进行分类之后，按优先次序确定择业的范围并锁定目标。经过对收集到的就业信息进行系统的分类之后，大学生就可以根据个人的情况和对市场上人才需求的符合程度确定大致的择业范围，即确定可供自己选择的职业和工作岗位。然后，就要在大致的择业范围之内确定若干个"重点培养对象"，以便集中精力进行准备。

最后，制订行动计划并开始行动，包括及时与用人单位取得联系和主动发出个人求职信息等。一般来说，职业信息的实效性很强，而且要获得一个工作岗位可能还要面对若干个竞争对手，所以在确定择业目标之后应该在尽可能短的时间内与用人单位取得联系，争取优先和主动。

另外，在搜集就业信息时有可能出现的情况是，对所有的信息都不满意。这时，就可以考虑通过各种渠道把个人的求职信息发布出去，等待"伯乐"的光临。虽然通过这种方法成功就业的概率较低，但也不失为一种择业的好方法。

案例 7-1

成功的面试准备

小张是某高职院校计算机专业的毕业生，在求职过程中，他非常重视就业信息的收集和整理，因此受益匪浅。在大一、大二期间，他就很留意学校就业指导中心发布的各种信息，包括由学校信息栏、校方微信公众号等发布的信息。课外的职业生涯人物访谈；他也认真完成，他认为与师兄师姐面对面交流的亲身经历与体验可以获得宝贵信息。在大三时的就业指导课，他会把如何有效利用就业信息等笔记仔细整理。在校园招聘会上，他也会认真收集每一次面试的具体信息。在大三找工作的过程中，他收集的信息包括公司的历史、经营状况、招聘计划、选择的标准等。在他看来，他每时每刻都在收集信息。

从大三开始，只要有机会他就会主动向毕业的校友、老乡和老师了解就业信息动态，并分门别类地整理所收集到的用人单位需求信息。到毕业之际，小张不慌不忙，按自己的计划开始行动了。他先给分布在广东和浙江等地的校友和老乡们打电话，请他们帮忙提供单位最新的需求信息；然后他在辅导员和亲戚那儿留下了自己的自荐材料；最后他通过学校就业指导中心、网络、报纸等，了解政府部门和学校即将安排举行的各类招聘会信息。他对所有收集到的信息进行了分析比较，挑选了一些用人单位并一一发求职信、简历。在春节前，各种渠道的信息开始反馈回来。有几家单位有意接收他，他们对小张如此熟悉单位的情况惊讶不已，他们认为，就凭这一点，单位也愿意聘用他，并且要求小张尽快去单位实习。小张真没想到，自己的求职之路这样顺利地走出了第一步。

机会总是留给那些做了充分准备的人，在全面、客观地了解信息后，要及时准备，主动联系用人单位询问招聘细则，如时间、地点、要求、方式等，并尽快准备一份求职简历，不能犹豫不决。

经典分享

"2016 感动中国十大人物"耶鲁大学毕业生
村官秦玥飞事迹

秦玥飞 2005 年取得美国耶鲁大学的全额奖学金，赴美留学。2011 年，在耶鲁大学完成了经济学和政治学两个专业的学习，取得经济学和政治学的双学士学位。当年年仅 20 岁的秦玥飞以优异成绩考入耶鲁大学时，许多人以为这是一条穿西装、拿高薪的富贵路。26 岁的秦玥飞从耶鲁毕业后，却来到湖南一个小山村，走上一条进基层、当村官的实干之路。他是一个喝过"洋墨水"的城里孩子：重庆长大的他在高中毕业时，以托福满分的成绩考入美国耶鲁大学，享受全额奖学金，成为重庆第一个被世界一流名校直接录取的高中生。获得双学士学位、以优异成绩毕业的他，没有去跨国公司做都市白领，而是来到湖南衡山脚下的一个小山村，做了一名大学生村官，仅仅一年，无钱无背景的他，帮村民募集 80 万元资金实施了敬老院改造、道路硬化等多个公共项目。村民们都亲昵地称他"耶鲁哥"。

正式上岗的第一天，早上起床后秦玥飞像在大学时一样准备去洗澡，在从宿舍到澡堂的路上，他热情地和碰到的每一个人打招呼。但这天下午，有村民就议论起来："留过洋的人是嫌我们这里脏不咯？""早上洗澡，好浪费水呀。"这让心思细腻的秦玥飞惶恐不安，他开始明白："村民不会关心我从哪所学校毕业，他们只关心我是不是自己人。"秦玥飞说，从那以后最想做的就是"尽快成为村民中的一分子"，他再也没有一天洗两次澡，他还开始长期穿着老乡送的一双解放胶鞋，夏天的 T 恤衫稍微花哨，便翻过来穿。为了能让村里的老人记住自己，秦玥飞还会尽量以固定颜色和样式的穿着出现在老人面前。

在一个月后，开始有村民上门找他修电器。接着有人找他写信，甚至有村民让秦玥飞到地里都忙干活，秦玥飞成了贺家山的人。有朋友形容秦玥飞是理想主义者，他自己则更正为是"有理想的践行者"。困难再多，一个个去克服，要找对方法，杜绝一切拍脑袋的决定。村里准备修水渠，因为涉及各自利益，几个村民小组争得不可开交。秦玥飞自己掏钱买了几包烟，一次次上门做工作，张口一声伯伯，闭口一声叔叔，最后竟然说通了。"农村社会的复杂性超乎我的想象，但我觉得这是个大课堂，我不能把它看作是不正常的现象。在村里做事遇到困难是正常的，只要学会去适应、学习、分析，就有可能找到解决方案。"秦玥飞说。除了修水渠，秦玥飞所做的事还包括敬老院改造、街道硬化和照明、为村里几所学校搭建信息化教学平台。他说，任何一个项目都会做好详尽的预算和规划。他不自作主张替村民做任何决定，但只要是村民要办的事，绝不允许自己办不到。如今"耶鲁哥"已小有名气，但他说，在耶鲁的学习只是人生的一个阶段，"面对基层，面对村民，我仍是一个学生，所有的一切，都需要学习。"

2012 年，秦玥飞被村民直选为县人大代表，代表证和当选通知书被他挂在书桌上方。在他看来，这两样东西的意义不亚于耶鲁大学的录取通知书。村民陈春桃说，"小秦跟我们处得好，又为我们干了这么多事。如果光挂个名，尾巴翘得老高，是没人选他当代表的。"在当选代表后，秦玥飞在县人大会上提交了有关农村校车安全的议案，并且会继续推进乡里校车项目的实施。

如今，自己"要在公共服务领域干点事儿"的追求已经小有成绩，这个梦想也越来越坚定。"大学生村官生涯还有一年多就结束了，这是千金不换的经历。还没想过以后要干什么，但肯定会在公共服务的路上一直走下去。"秦玥飞说。2012 年 10 月底，他以 85% 的选票光荣当选为衡山县第十二届人大代表。2013 年 5 月，湖南省人民政府授予秦玥飞"一等功"奖励，共青团湖南省委授予秦玥飞第十五届"湖南青年五四奖章"。2013 年 8 月，他当选湖南"最美村官"，并代表湖南大学生村官参与 2013 年 CCTV 首届全国"最美村官"评选。2013 年 10 月，他当选 CCTV "最美村官"。2014 年 1 月 17 日，在衡山县第十二届人民代表大会第三次全体会议上，他又被选举为衡阳市第十四届人大代表。2017 年 2 月 8 日，秦玥飞获得"感动中国 2016 年度人物"十大人物。

（资料来源：http://cgks.offcn.com/2017/xw_0209/1880.html.）

能力训练

创建个人职业信息库

一、训练目标

通过该项活动，学会对各项职业信息进行收集、整理、分析。

二、程序与规则

1）请你在报刊或网络上寻找 20 条招聘广告，熟悉招聘广告的内容。

2）针对招聘广告进行分类统计，重点分析和找出适合自己的岗位数量。

3）建立自己的职业信息库。

4）在其中选择一种职业，分析其职业环境。

三、思考

1）你在建成个人的职业信息库后有何感受？

2）你未来是否会对职业信息进行归纳整理？除上述方法外，还有哪些归纳整理方法？

思考与讨论

1. 如何鉴别就业信息的真伪？

2. 获取就业信息的渠道有哪些？

单元二 调适就业心理

能力目标

1. 了解就业过程中的心理误区；

2. 掌握心理调适的常用方法；

3. 掌握塑造积极就业心态的方法、步骤。

案例导读

小静的困难

小静是某高职院校大三学生，即将毕业的她也是和其他毕业生一样忙于找工作。找工作的时候，她跑了很多单位，也参加了多次招聘会，可是都没有结果，尤其是在毕业前的一次大型人才招聘会上，小静递交了很多份个人简历都是石沉大海。转眼间就要毕业了，小静的工作还是没有着落。她身边的同学，有的参加了专升本考试，有的已经找到工作，有些同学甚至还收到了好几个单位的面试通知。随着毕业的时间越来越近，她感到异常烦躁、焦虑，食欲也随之下降，甚至开始怀疑自己大学三年所有的努力是否值得，觉得对不起父母和学校的老师，感觉自己很没用，简直就是个废物。

分析： 小静之所以出现这种情况就是因为暂时没有找到工作而产生了自卑心理。她不能正确地认识自己，尤其是和周围的同学比较后，产生了焦虑情绪，并且开始影响日常生活。

一、大学生求职择业的心理误区

（一）求职的不良心理状态

梳理、分析大学生在求职就业时常出现的心理问题，可以帮助广大毕业生更好地为就业做好心理准备，以便遇到问题时能够及时进行心理调适。

1. 自卑心理

自卑是一种缺乏自信心的表现，是一种消极的失去平衡的心理状态，常和怯懦、依赖等心理交织在一起，它不仅使一些毕业生悲观失望、不思进取，而且有碍自身聪明才智的正常发挥。在择业过程中，有自卑感的毕业生存在的主要问题是，看不起自己，不相信自己，对自己缺乏了解，缺乏自信心，缺乏勇气，不敢竞争，在"供需见面"会上，不敢面对用人单位，有的甚至不敢与招聘单位洽谈。

案例 7-2

小兰的问题

小兰是个腼腆的女孩，每次去应聘，都是输在面试上。当她见了面试官，手脚无措、头不敢抬、眼睛也不敢看人，回答问题时脑子里一片空白，经常出现所答非所问的现象。当她回来后又懊恼不已，自惭形秽。越是这样，就越是严重影响她下次面试的心态，形成了恶性循环，从而产生自卑心理，慢慢失去了信心。

分析： 小兰的问题是个心理问题，属于自卑畏怯、信心不足、心态不佳问题。所以第一步要解决她的心态问题，要让她充满信心去参加面试。要有一个好的心态，心态决定思维，思维决定行动，行动改变结果，结果构成命运。

2. 自负心理

自负也是不能正确评估自己而产生的一种心理现象。自负心理在部分大学生身上反映的比较突出，他们过高地估计自己的能力，缺乏自知之明，自以为高人一等，显得非常傲气。在这种自负心理的支配下，他们在求职中总是自负骄傲、好高骛远、看不上这个单位、瞧不起那种职业，使自己的择业目标与现实产生很大的反差。倘若不能如愿，情绪就会一落千丈，从而产生失落、烦躁、抑郁等心理现象。

3. 挫折心理

挫折心理是指人在从事有目的的活动中遇到障碍时所表现出来的诸如苦闷、焦虑、失望、悔恨、愤怒等多种复杂的情绪。

4. 依赖心理

依赖心理是指过分依靠别人。依赖心理是一种懒惰的心理表现。在择业过程中，毕业生受社会、家庭、亲朋好友、外界舆论的诸多影响，往往举棋不定，顾虑重重，产生"缺乏主见，依赖他人"的心理误区。

5. 平庸心理

在辞典的解释中，平为一般的、平淡无奇的；庸为平常的、不高明的。在择业过程中，

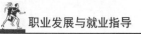

平庸心理是指缺乏竞争意识，对择业采取"生死由命、富贵在天"的消极态度。

6. 求稳、求全心理

有的大学生由于对原来所学专业存在思维定式，他们用过去职业门类的老观念，凭借已有的定式思考问题，从而影响了对新职业的选择，甚至失去了一些本来可供他们就业和发展的机会。思维定式还反映在"一业定终身"的传统观念上。有些大学生对择业和就业持特别慎重的态度，因为按照"专业对口"的传统模式，一种职业一经选定，就终身束缚于此，不能再加以改变了。这种思维定式使他们不敢轻易地在更大的范围内选择职业，害怕一旦选错就终身难改了。

7. 焦虑心理

焦虑是一种紧张不安并带有恐惧体验的情绪状态，是成功就业最大的敌人。目前大学生求职呈现出多元化的趋势，职业选择面大大拓宽。然而，职业选择自由度越大，职业选择行为的责任就越重，择业心理压力便越大。

8. 功利心理

在校期间比成绩、比荣誉，在离校以后还要比工作、比收入，这是现在很多毕业生的一种真实写照。其实，鞋子舒不舒服只有脚知道，各位同学千万不要为了所谓的名和利而忽略了自身的需要和发展，符合自己的才是最好的。盲目地去追求大城市、知名企业、高收益，如果和自己的能力或发展需要不匹配，也很难有所成就。

9. 自傲心理

好高骛远、手高眼低，也是一些毕业生存在的问题。因为没有经历过太多的实践工作，毕业生经常会以学校成就为准绳来衡量自己的能力。这样是不完全准确的，一定要在基础工作中锤炼自己、发掘自我，才能锻炼一身过硬的本领和技能，才能具备自豪的资本。

10. 从众心理

缺乏独立自主做抉择的勇气，选择随着好友、同学或大众追逐热门，放弃自主权。这种情况通常都会影响毕业生的准确定位，而且一旦事后产生任何问题，从众心理者都会将问题归责给当初追随的人，而忽略了自己缺乏独立自主能力的因素，其结果是永远找不对问题的重点，职业之路越发坎坷。

11. 侥幸心理

在求职过程中，毕业生有时会觉得自身竞争力太低，而选择去弄虚作假。这其实就是一种侥幸心理，冒着被发现的风险，去造假学历、假荣誉、假履历、假证书等。先不说现代鉴别真伪技术如此发达及买卖假证件是违法犯罪行为可能承担法律责任，靠造假是无法提升自身的核心竞争力的，在职场竞争日渐激烈的今天，终究是会败露身份的。

12. 攀比心理

攀比心理指大学生在求职过程中，不从自身实际出发，不考虑新形势下用人单位对毕业生的专业、能力、层次等方面的要求，盲目追求起点高、薪水高、职位高的工作岗位，也不考虑所选单位是否适合自己，而是盲目攀比。

案例 7-3

攀比心理要不得

北京某学校社会工作专业的王某，因为专业不吃香，认为以考公务员的方式留在北京是最好的办法。从 2016 年开始，他数次参加中央和国务院直属机关的公务员考试，但最后总是被淘汰。一星期前，他母亲打来电话说："人家都能找到了工作，你怎么就不行？"此后他不停地在网上和招聘会上投简历，一心想留在北京。现在他的就业期望已降到有没有北京户口都无所谓，只要能给 5 000 元／月以上的工资就接受。他曾经想去山西，但他的母亲不同意，说："村里人肯定会议论，谁谁家的孩子在北京念书，结果找工作反倒去了外地。"正是这种攀比心理导致很多大学生迟迟没有签约就业。在这种心理的支配下，有的同学会因为工作的某一方面不如其他同学，就放弃很适合自己发展的工作，从而错失很多好的就业机会。

13.法律意识淡薄

在选择用人单位的过程中，部分高校毕业生抱着"骑驴找马"的心理，即不管用人单位的好坏，先签约再说，然后再继续接受其他单位的挑选，一旦有更理想的工作岗位就毁约。有的毕业生虽然在签订协议时是真心诚意的，但一旦能找到更好的单位又欲毁掉先前已签好的协议，体现出法律意识的淡薄，在求职过程中不懂得契约精神及违约的法律后果。

（二）影响求职心理的主要因素

毕业生求职心理是多种因素综合作用的结果，归纳起来可以分为外部因素和内部因素。

1.外部因素

（1）社会环境　社会环境的变化、社会潮流的变革都会直接影响求职者心理的变化。我国从曾经的分配工作到现在的自由就业，再到近几年兴起的第二次创业浪潮，求职者的心理也在不断变化，危机感剧增的同时，机遇也随之而来。

（2）家庭因素　家庭成员特别是父母的职业观念，对子女的求职心理会产生重要影响。长辈的职业声望和地位越高，给后辈带来的职业影响就越大。父母的职业，更会直接影响子女的求职心理预期。

（3）社会文明认知　社会文明的发展及法治的进步，反映了社会整体发展对职业的需求。在不同的社会文明时期和不同的法治背景下，社会对职业的要求是不同的，对求职者的求职心理的影响也不同。

（4）群体的求职心理　社会群体、同伴、朋友等的求职心理及对职业的评价，也会对周围的求职者产生重大影响。

2.内部因素

（1）心理因素　求职者的兴趣、气质、性格、能力、观念等对其求职心理起着重要作用，个性差异便是求职者心理差异的内在依据。例如，求职者仅根据兴趣这一项差异，其求职心理就会与其他个体产生较大差异。

（2）生理因素　求职者的性别、身高、年龄、相貌、体能等，也会对求职心理产生影响，根据不同的生理特性，求职者的心理动态也是不一样的。例如，男性和女性在职业类别的选择上会有比较明显的差异，这就是由求职心理不同造成的。

二、就业心理的调适

职业选择是每位高校毕业生都要面临的一次重要抉择，社会的变革、就业制度的改革，为即将走向社会的大学生提供机遇的同时，也提出了严峻的挑战。因此，要使自己在择业竞争中处于良好的"竞技状态"，充分发挥自己的主观能动性，自如地应对择业中遇到的各种问题，就必须保持良好的就业心态。

（一）求职心理调整策略

1. 更新就业观念，正视社会现实

社会为大学生提供的工作岗位不可能令每一个人都满意，但随着毕业生就业制度的改革，大学生职业选择的机会也在不断增加。因此，大学生必须从实际出发，更新就业观念，正视社会现实。毕业生的眼光不能仅仅停留在用人单位的待遇方面，而应该结合自身特点，考虑用人单位是否具备发挥个人潜能的空间。正视社会现实是大学生求职阶段必备的健康心态之一。

2. 积极参与竞争，坦然面对挫折

双向选择的就业制度为高校毕业生和用人单位提供了双向选择的机会。因此，大学生应珍惜机遇，积极参与竞争，在竞争中寻找自己的位置，实现职业理想。在竞争日益激烈的今天，优胜劣汰早已被引入了职场，求职失败、遭遇挫折也是正常的事情。因此，对于职场上的得失，要以平常心对待，理性看待失败。面对求职过程中的挫折和困难，高校毕业生应该冷静分析，做到能屈能伸，学会化解求职的心理压力，以积极的态度面对求职中的挫折。

3. 克服依赖心理，实现真正自立

目前的高校毕业生大多都是独生子女，在父母无微不至的关爱下成长，父母常常会解决其生活中的一切困难。因为缺少应对挫折的历练，大学生在毕业前大多仍在依赖父母、老师的帮助，没有实现真正意义上的自立。因此，有些大学生在择业过程中缺乏自信，把希望寄托在"拉关系""走后门"上；有的毕业生甚至是由家长出面与用人单位洽谈就业事宜。实际上，毕业生应该意识到现实社会是一个竞争激烈的社会，是一个需要每个社会成员积极参与竞争的社会。毕业生应该充分认识到自己才是求职的主体，要发挥自身的积极主动性，树立起强烈的主体意识。

4. 调整就业心态，促进人格完善

在求职时，自己或身边的同学出现一些不健康的心态是正常的，没有必要过度担心、害怕自己也有心理障碍。当然对于这些不良心态也要学会主动调适，在必要时还可以寻求有关心理专家的帮助。

通过对自己在就业时出现的种种不良心态的分析，可以发现自己平时不容易察觉的一些人格缺陷。应该说这些人格缺陷是产生这种就业心理问题的根本原因，如果现在没有很好地完善自己的人格，那么这些问题还会给今后的工作、生活带来困扰。因此，有关问题其实是暴露得越早越好，同时也不必为自己所存在的人格缺陷而懊恼，因为很少有人是绝对人格健全的，关键是要在发现自己的问题时，积极改变自己、发展自己，使自己的人格更加成熟，使自己将来的人生道路更顺利。

5. 开拓进取，勇于创业

大学生是青年中的佼佼者，思维活跃、创新意识强，在政府多项优惠政策的激励下，完全可以走自我创业的道路。据不完全统计，大学生创业在美国高达25%，在日本为10%，我国大学生自主创业也呈快速上升的势头。作为新时代的大学生，应有敢闯敢干的精神，树立自主创业意识。当前的一些大学生创业公司虽然遇到了一些困难，但也不乏相当成功的案例。大学生创业肯定是值得鼓励的，关键是要有正确的观念与思路，要对自己有一个合理的规划与定位，要与有市场经验的人合作，要摆脱学生公司的意识，要进行科学化、职业化的管理。

（二）自我心理调适的方法

所谓自我心理调适，就是根据自己的发展及环境的需要对自己的心理进行控制调节，从而最大限度地发挥个人的潜力、维护心理平衡、消除心理困扰。高校毕业生学会自我心理调适，能够在就业遇到困难、挫折和心理冲突时，进行自我调节和控制，以解决问题、排除困扰、改善心境，寻找最佳途径实现自己的就业目标。

1. 自我激励法

自我激励主要指用生活中的哲理、榜样的事迹或明智的思想观念来激励自己，同各种不良情绪做斗争，坚信未来是美好的，因为失败、挫折已经成为过去，要勇敢地面对下一次机会，尽可能地把不可预料的事当成预料之中的，即使遇到意外事件或就业受挫，也要鼓励自己不要冲动、急躁，而应开动脑筋、冷静思考、寻找对策。大学生在就业过程中，要相信自己的实力，通过自我激励，增强自信心，消除自卑感，保持良好的情绪和心态。

2. 注意力转移法

注意力转移法即把注意力从消极情绪转移到积极情绪上。当不良情绪出现时，可以采用转移注意力的方法激活新的兴奋中心，以抵消或冲淡原来的兴奋中心，使不良情绪逐渐消失。例如，听听音乐，参加体育运动，到大自然中放松，参加有兴趣的活动等，使自己没有时间沉浸在因各种原因引起的不良情绪中，以求得情绪平稳。

3. 适度宣泄法

当遇到各种矛盾冲突引发不良情绪时，应尽早进行调整或适度宣泄，使压抑的心境得到缓解和改善。较好的宣泄方法是向挚友、师长倾诉自己的忧愁、苦闷，使不良情绪得到疏导。在倾诉烦恼的过程中，可以获得更多的情感支持和理解，获得认识和解决问题的新思路，增强克服困难的信心。也可以通过打球、爬山等运动量较大的活动，消除压抑心理，恢复心理平衡，但应注意场合、身份、气氛，注意适度，宣泄应是无破坏性的。

4. 自我安慰法

自我安慰法又称自我慰藉法，关键是自我忍耐。在就业过程中，大学生常常会遇到挫折，当经过主观努力仍无法改变时，可适当地进行自我安慰，以缓解内心的矛盾冲突，消除焦虑、抑郁、烦恼和失望情绪，这样有助于保持心理平衡。在遭受挫折时，可用"亡羊补牢，犹未为晚""塞翁失马，焉知非福"等话语来自我安慰，解脱烦恼。总之，在就业的过程中要保持平常心，排除诸如不满、愤懑、妒忌、焦虑、恐惧等负面情绪对正常思维、抉择的干扰。

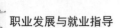

5. 合理情绪疗法

人们的情绪困扰是由于不正确的认知即非理性信念所造成的。因此，通过认知纠正，以合理的思维方式代替不合理的思维方式，就可以最大限度地减少不合理的思维给人们情绪带来的不良影响。

三、培养积极的就业心态

就业心态就是个人在求职过程中对自己、对单位、对同学、对问题的看法和观点。心态决定人生的成败，以积极的心态面对人生，它会使你充满自信。因为积极的心态可以使你赢得心仪的工作单位，赢得幸福和财富，让你知足常乐，消除心理障碍，正视挫折。

（一）培养积极心态的方法

1. 被动变主动

心态是紧跟着行动的，一个人从言谈举止上变得积极起来，才能感染自己的内心，成为一个心态积极者。而消极的人，永远是等着感觉把自己带向行动，那他永远也积极不起来。一个人只有积极地行动起来，才能逐渐摆脱颓废、懒惰、悲观等消极情绪，让思维活跃起来，从而塑造一种积极的心态。求职者需要了解工作本身的特性，只有知己知彼，才能确定个人的职业生涯目标符合现实，而不是一厢情愿；才能对自己从事的职业感兴趣，而不是被动地工作；才能在从事的工作中发挥专长，利用个人的强项；才能适应工作环境，而不是处处感到困难。

2. 充满信心

许多人坚信，成功者之所以成功是因为他们拥有好的机会，故而会被动地等待命运的安排，而不是主动地去计划经营，努力把握自己的生活。这种将成功当作幸运的行为通常会导致一旦不成功便早早放弃，产生拒绝心理和挫折感，失去信心的不良后果。其实，能带来成功的不单单是运气，而往往是努力。所以，大学生应通过自己的努力去主动获得成功，并对此充满信心。另外，还要清楚，通往成功的道路必不是一帆风顺的，但是要对自己充满信心，坚信困难只是一时的，成功终将属于努力者。充满信心的大学生，即使在以后遇到很多问题和困难，也都能以更积极的心态去解决和处理。

3. 影响他人

人们总是喜欢和积极乐观者在一起，一个心态积极的人有一种吸引力，他能很好地感染周围的人。这种良好的心态会体现在他的每一个行动中，让人在行动中获得对于生活的满足感，有了这种满足感，就会信心倍增，人生目标也越来越明确。别人靠近你，能从你身上感受到一种力量，那就是积极的心态带给人的信心和目标感。这种关系所产生的影响是相互的，我们的心态会变得更加积极，同时，别人也会从中获得一种积极态度。大学生在求职的过程中可以多和乐观积极的求职者在一起探讨，将有助于他们后面更好地面对求职的整个过程。

4. 心存感激

一双流泪的眼是看不见满天星光的，一个心怀仇恨和抱怨的人也不可能发现人生中美好的东西。在日常的工作和生活中有很多的不如意，有人抱怨丈夫收入少或妻子不漂亮；有人抱怨孩子难管教，照顾老人累；在工作中可能满腹才华得不到赏识，自己尽力尽责却得不到理解。当你怀着感恩之心时，你就会发现自己拥有的很多，不要等到失去后再悔恨。求职者如何表达你的感恩之心往往反映了你的为人和价值观，从长远看，它决定了你将建立起一个什么样的人际网络。求职者可以出于礼貌在面试后立即发出感谢信，也可以出于尊重在求职过程中告诉对你有所帮助的人你的进展。这样从长期着眼，以诚待人，注重细节和坚持，假以时日，将会建立起稳固而富有收获的人际网络。

5. 学会称赞他人

赞美还可以让人怀着积极的心态去改变自己，去做一种快乐的蜕变，更有利于事业的成功。在对方收获愉悦心情的同时，更加深了你们之间温暖美好的感情。

畅销书作者倪建伟，在他的书中曾分享过这么一个故事。他去一家生产和销售真空设备的德国企业应聘，那家企业的门槛很高，怎么打动 HR 是关键。当他把简历递给 HR 后，HR 随即把简历收了起来，他瞅准时机连忙对 HR 小姐姐说："你的这身衣服真符合你的气质，你是全场最有气质的职业女性！"听到他的夸奖，HR 小姐姐的眼睛一下子亮了起来，人也瞬间显得亲切起来。"谢谢，我会认真看你的简历。"HR 小姐姐微笑着说。后来，他从众多的名牌大学生和销售高手中脱颖而出。倪建伟说，能唯一被这家以严格著称的公司录用，他的那句赞美居功至伟。这个故事告诉我们，打开他人心门最有效的方法，就是去赞美他。

赞美之所以具有神奇的力量，在于人都是渴望被认同和肯定的，这是客观规律，不以人的意志为转移。所以，一句赞美的话，可以调动他人的情绪，让人惊喜、感动。而经常赞美他人的人，一定是洞悉人性的高手。发自内心地赞美他人，既体现了对别人的尊重，也能很好地维系社交关系，丰富自己的生存智慧。

6. 在求职过程中学会微笑

英国有一句谚语："一副好的面孔就是一封介绍信。"一张微笑的脸就如同一幅赏心悦目的画，让人心情愉快。我们的面孔生来如此，是父母的恩赐，我们自己是没有办法改变的，但表情却是由自己支配的。在求职面试的过程中，做一个面带微笑的人，传达的是一种自信、友好、乐观、坚强的态度，它能以最简单、最快捷的方式感染人。

7. 不计较小事

一个人的精力是有限的，我们每天有数不尽的大事小事要做，如果在无关紧要的事情上浪费掉时间，就会偏离大的目标和重要事项，得不偿失。一个有着积极心态的人，绝不会允许这种偏离发生，他懂得轻重缓急，从来不会无缘无故地小题大做。作为大学生求职者，需要拥有积极的心态、豁达的心胸，懂得轻重缓急，不计较小事，把最重要、最能创造价值的事情排在前面。

（二）个人心理素质的提升

案例 7-4　　　　　　　　　　　　**想投就投**

　　小张是某高职学院的一位男生，他根据上一级师兄的工作情况，设定自己的职业目标为计算机编程岗位，具体的要求有：①工资9000元/月；②每周工作五日，每日工作8小时；

③解决户口，提供单身住宿；④住房公积金、劳动保险、养老保险等相关支出均由公司负担；⑤每年调薪一次。小张从12月份开始就不停地在网上进行简历投送，但是却只收到了几份用人单位的面试通知，而面试后，企业都因小张的待遇要求而直接拒绝了他。小张心里很着急，于是他去找了辅导员求助。

分析：在求职中屡受挫折的那部分大学生，往往是因为眼光始终盯着大公司，把工资待遇和岗位作为就业的首选条件。而在择业时又因为常常碰壁或者找到的工作不满意，就会表现出"怀才不遇"的消极情绪和"你不要我是你的损失"的态度，不但不积极主动去争取，反而总是抱怨"世上无伯乐"。大学生若要顺利就业，就必须首先根据自己的实际情况和就业形势调整自己的就业期望值，并在职业生涯规划和职业发展观念的基础上重新确定自己的人生轨迹。在择业时不能只考虑经济收入、工作条件、工作地点等因素，更要考虑该职业对自己一生发展的影响与作用，还要考虑从事该职业是否能够实现自我价值。在求职中遇到挫折时，要用冷静和坦然的态度待之，客观地分析自己失败的原因，调整自己的求职策略，学会安慰自己，以便在下次求职中获得成功。

挫折在人生中是不可避免的，大学毕业生的择业过程也并不是一帆风顺的，不是想去哪家单位就可以去哪家单位的，被用人单位拒绝是很平常的事，要保持良好的心态，经受得起意想不到的困难和考验。对于这些挑战，如果大学生能积极调整自己的心态，化阻力为动力，必能使自己的心理素质得到更大的提高，增强抵抗挫折的能力。

1. 增强自信心

自信心是一个人对自我价值的表达，是对自身力量的认识和充分估计。大学生应该相信自己的实力和水平，相信自己有能力做出一番事业，从而热情、努力地投身到这个事业中去。

2. 培养顽强的意志

意志是指个体有选择性地在自己的活动中设置一定的目的，并为达到该目的而自觉决定和组织自己的行为的心理过程。在当今竞争激烈的环境下，对于即将步入社会的大学毕业生来说，在求职过程中遇到种种挫折已是普遍现象，这对他们来说是进入社会第一次面临的巨大考验，这就需要他们有"屡败屡战"的顽强意志。大学毕业生要注意提高受挫折后的心理承受能力，把挫折转化成认真总结求职失败经验、锻炼自己意志、增强求职能力的好机会。

3. 树立强烈的竞争意识

每年就业市场上有几百万大学毕业生在相对集中的时间里求职，这对每一位高校毕业生来说都存在很大压力，如果没有强烈的竞争意识，没有主动竞争的思想准备和积极参加应聘的行为，一味被动地"等"和"靠"，是很难顺利实现就业的。在就业市场上，一个职位往往有许多同学希望获得，不积极竞争，只是消极等待，永远也得不到这个职位。要具有强烈的竞争意识并积极地参与竞争，才有可能获得这个职位。

4. 培养人际交往能力

人际交往主要包括人际理解力、团队精神和谈判能力。人际理解力，表现在聆听及理解他人说话的能力，以及对他人未充分说明或部分表达的思想、感情及关注点的领悟能力；团队精神，表现在为达到共同的目标与他人合作的能力；谈判能力，表现为通过交流和沟通，采取妥协、调整或与他人合作等方式解决争端的能力。大学生应克服社交恐惧，认清交往的障碍所在，掌握沟通技巧，端正择业心态。

经典分享

如何看待人才？华为的七条人才观

如何看待人才？从华为公司高级管理顾问、中国人民大学商学院教授黄卫伟教授的介绍看，华为的人才观包括七大要点。

第一，华为是一家主要依靠知识劳动者和企业家创造价值的公司。这一点明确了华为的价值是如何来的问题，也体现了华为对人才的重视程度。

第二，华为强调人力资本增值的目标优先于财务资本增值的目标。华为不追求利润最大化，不追求股东价值最大化，而是把公司的长期有效增长作为首要目标。

在华为的投入结构中，人力资本的投入处于优先的、超前的地位，是先有人力资本的投入才有财务资本的增长和高投资回报。这里人力资本的概念，主要包括员工的教育水平、智力、技能和学习能力、创造力、团队合作生产力和员工数量等。财务资本主要指股东权益、总资产等。

第三，从吸引人才的角度看，华为更加注重放眼全球，广纳人才。华为已经是一家全球化公司，其人才的来源已经不仅来自国内，而是来自世界。以华为财经体系为例，现在华为财经体系来自牛津、剑桥、哈佛、耶鲁等著名大学的优秀学生有数百名。2016年度，财经体系招聘了近340名留学生，占财经体系当年校园招聘指标的38%。

第四，华为的核心价值观强调，以奋斗者为本。华为公司的核心价值观是："以客户为中心，以奋斗者为本，长期艰苦奋斗。"所谓"以奋斗者为本"，就是不让奋斗者，特别是奉献者吃亏。

第五，华为注重处理好尊重个性与集体奋斗的关系。华为文化的真正内核就是群体奋斗。其形象的表述是："胜则举杯相庆，败则拼死相救。"所以员工如果想在华为大有作为，一定要能融入团队。

第六，华为强调，用人所长，英雄不问出身。现实生活表明，优点突出的人往往缺点也很突出。所以，华为在选拔各级一把手时，强调要多看优点，多看业绩，多看主流。提拔干部不把学历、学位、资历看得过重，坚持责任结果导向。近年来，随着大量高素质员工的进入，华为更加强调大胆提拔业绩优秀的年轻干部。

第七，华为的内部调查表明，高素质人才更注重个人成长和工作的意义。

能力训练

观看就业相关视频

一、训练目标

了解就业过程中常见的心理问题，学会正确地对待就业问题。

二、程序与规则

1）观看新东方教育创始人俞敏洪在中央电视台"我们"栏目中关于大学生就业的访

谈视频。

2）分享自己印象最深刻的一句话，结合自身经历，谈谈自己对这句话的理解。

建筑工人的三个故事

一、训练目标

人们在做同一件事情的时候心理上有不同的差异，希望同学们能在就业求职的过程中及时调适自己的就业心理。

二、程序与规则

1）教师向学生提供以下文字材料：

一名心理学家来到一所正在建筑中的大楼，他对现场忙碌的敲石头的工人进行访问。心理学家问他遇到的第一位工人："请问你在做什么？"这位工人很烦躁地说："你没有看到吗？我在用这个重得要命的铁锤来敲石头，石头特别硬，我的手都酸了，这真不是人干的工作！"心理学家又找到第二位工人："请问你在做什么？"第二位工人无奈地回答道："为了每周 500 元的工资，我才会做这份工作，若不是为了一家人的温饱，我才不要干这种敲石头的重活。"心理学家又问第三位工人："请问你在做什么？"第三位工人眼中闪烁着喜悦的神采："我正参与兴建这座雄伟华丽的大楼。落成以后，这里可以容纳许多人来工作。虽然敲石头的工作并不轻松，但我想到以后无数的人将来到这儿快乐工作，心中就感到特别有意思。"

2）阅读完毕后分小组讨论。

三、思考与讨论

1）面对当前严峻的就业形势和激烈的求职竞争，你认为高职毕业生需要具备什么样的心理素质？

2）在校期间在提升自己的心理素质方面，你是如何安排的？

3）如果即将面临就业，你在心理方面需要做哪些准备？

4）当求职遇到挫折时，你认为该如何应对？

思考与讨论

1. 大学生求职择业的心理误区有哪些？

2. 大学生应如何进行就业心理的调适？

单元三 准备求职材料

能力目标

1. 掌握求职信的撰写要领，能准确填写就业推荐表；
2. 掌握简历的主要内容和制作方法；
3. 注意其他求职材料的准备。

案例导读

诚信求职

小李是某高职院校计算机专业的学生，在校期间各方面表现都不错。临近毕业，他也像其他同学一样，从各个方面收集就业信息，包括学校主管部门网站上的信息、院系发布的信息、自己从网上收集到的信息，并进行了整理和筛选。当得知学校近期要举办双选会时，他积极准备相关就职材料，还花高价找广告公司制作了精美简历。

招聘会十分热闹，单位也比较多，现场是人山人海。小李拿着简历，穿梭于招聘会现场，一会就将简历投递完了。正当他准备返回时，却又发现一家传媒公司招聘信息上的职位就是他想要的，这家公司以前他也了解过，待遇各方面都不错，就是有一项要求需有在校期间参加计算机方面技能竞赛的获奖证书。虽说小李学习成绩优秀，但他平时喜欢独自钻研，不喜欢参加集体活动，也没有这方面的获奖证书，但他此时非常想去这家公司。他就走过去，负责招聘的中年男子笑着问："同学，你的简历呢？"小李这才意识到手里一份简历都没了，匆忙把姓名、学校、专业、特长填在一张空白纸上递给负责人，当负责人特别强调要有竞赛获奖证书时，小李果断地说"有"，负责人表示让他尽快补一份简历送来，小李也来不及再找公司制作简历，就草率地自己打印了一份简历交给了负责人。

还好，等了一周，公司通知他去面试，他非常高兴地来到面试现场，谁知面试官首先就要他的获奖证书，他一时懵了，因他根本就没有获奖证书。结果他只能灰溜溜地离开。

分析：现在公司招聘特别注重学生社会实践、技能和综合素养方面。一份好的简历应精心设计，简单明了，突出重点和自己的优势。小李求职失败说明了以下几点：一是在投递简历时不要盲目，要有针对性，应注意专业对口。二是在投递简历后经过双方交流，若对方明确表示出专业不对口不提供面试机会或自己对对方公司不感兴趣，可以把简历要回。三是简历内容要实事求是，切忌弄虚作假。

一、求职材料简介

在求职择业时，毕业生为了便于用人单位了解自己，必须准备一套介绍自己的书面材料，即求职材料。它一般包括求职信、就业推荐表、个人简历、学历证明、职业资格证书、获奖证明等。

　　求职材料非常重要，它是毕业生与用人单位之间交流信息的载体。对毕业生来说，可以通过求职材料向用人单位介绍自己的情况和就业意向，表达对用人单位所提供的职位感兴趣的原因和努力工作的决心。这是争取就业机会的重要步骤，是通往就业之路的"敲门砖"。

二、求职信

（一）求职信的分类

1. 有针对性的求职信

　　这种求职信是在已经知道了某个单位招聘人才的情况下写的，它具有高度的针对性。在求职信中，称呼和内容都要针对特定单位的特定人，主要表述自己的主观愿望和特长，以吸引招聘者的注意，获得面试的机会。

2. 广泛适用的求职信

　　这种求职信不分职业、单位和对象，没有求职的具体目标，带有一定的盲目性，成功率相对较低。它主要向用人单位介绍自己的概况，让单位了解并对自己感兴趣，普遍使用在供需见面会和人才市场招聘会上。

（二）求职信的内容和格式

1. 标题

　　求职信的标题通常只有文种名称，即在第一行中间写上"求职信"三个字。

2. 称谓

　　称谓是对收信人的称呼，写在第三行，要顶格写单位名称或个人姓名，在称谓后附上冒号。求职信的称呼比日常书信所用称呼要正规，通常，当写给国家机关、事业单位时，可以用"尊敬的××处长（或科长等）"称呼；当写给外资企业时，可以用"尊敬的××董事长（或总经理等）"称呼；如果写给一般性企业，可用"尊敬的××厂长（或经理等）称呼"；若写给学校，则以"尊敬的××教授（或校长、老师等）"称呼。

3. 正文

　　正文要另起一行，空两格后写求职信的内容。正文内容较多，要分段写。

　　1）求职的原因。首先简要介绍求职者的基本情况，如姓名、年龄、性别、学校、专业等。接着要直截了当地说明从何渠道得到有关信息及写此信的目的。这段是正文的开端，也是求职的开始，介绍有关情况要简明扼要，对所应聘的职务态度要明朗。为了吸引收信者有兴趣读下去，开头要有吸引力。

　　2）对所谋求的职务的看法及对自己的能力的客观评价。这是求职信的重点，要着重介绍自己应聘的有利条件，特别突出自己的优势和"闪光点"，以使对方信服。文字要有说服力，语言要中肯、恰到好处，态度要谦虚诚恳、不卑不亢，达到见字如见其人的效果，力争给对方留下深刻的印象，进而使招聘者相信求职者有能力胜任此项工作。

4. 结尾

　　求职信的结尾应该包含两部分内容：盼回复和祝福语。先写"期盼得到您的回复""静候佳音"等；然后另起一行，空两格，写表示敬祝的话，如先写"此致"，然后换行顶格写"敬礼"。不必过多寒暄，以免"画蛇添足"。

5. 署名和日期

写信人的姓名和成文日期写在信的右下方，成文日期写在姓名下面。

6. 附件

有说服力的附件是鉴定求职者的凭证，是不可忽视的重要组成部分。附件不需太多，但必须有分量，足以证明自己的才华和能力，如自己的外语等级证书复印件（或扫描件）、计算机等级证书复印件（或扫描件）、获奖证书复印件（或扫描件）等。附件可在信的结尾处注明。

（三）撰写求职信的注意事项

1. 篇幅尽量简短

只有篇幅简短、重点突出的求职信才会引起用人单位的注意，才能收到良好的效果。

2. 突出个性

面对不同的招聘单位和不同职位，求职信在内容侧重点上要有所不同，必须有很明确的针对性，切忌千篇一律，没有自己的特色。只有突出自己的个性，并很好地将招聘岗位要求与自身条件相匹配的求职信，才能被招聘者赏识。

3. 实事求是

要不卑不亢，适度的谦虚会让人产生好感，但过分的谦虚则容易给人留下缺乏自信的印象。与此相反，虚假浮夸的表述很容易被招聘者识破。因此，陈述要客观真实、适度修饰。由于文化上的差异，一般对外资企业需要充分地展示自己的能力，充满自信，而对国企、国家机关及事业单位则应适当内敛，着重介绍自己的知识和能力。

4. 语句通顺，文字流畅

求职信一般要求打印，要做到文档编排规范、美观，不要出现错别字，语句流畅通顺，文字通俗易懂，切忌用华丽的辞藻进行堆砌，少讲大话、空话和套话。

5. 尽量不要谈薪酬

如果没有被要求，不宜在求职信中谈论薪酬待遇。如果招聘者要求求职者说明自己的薪酬要求，那么就适度地说明，如不低于×××元、参照行业薪酬标准的中等水平等，并且要注明这是可以协商的。

6. 仔细检查

写完后认真阅读修改，然后请周围的人帮助修改，避免有歧义的表述、避免重点不突出或表述层次不清等疏漏，使求职信更能准确地表达求职者的信息。

下面提供一份求职信，供大家参考。

案例 7-5

求职信示范

尊敬的×× 先生/女士：

您好！首先感谢您抽出时间阅读我的求职信，我是×××，毕业于×××学校会计专业。怀着对贵公司会计岗位的向往，我真挚地写了这封求职信，向您展示真实的自己。

从入校到现在，我系统地学习了基础会计、财务会计、财务管理、审计学、经济学等基础课程，各科均获得了优异的成绩，并获得奖学金，已经具有扎实的理论功底和较强的实际业务操作能力。此外，我还学习了初级财务管理等一些应用性较强的知识及一些与财会相关的法律知识，计算机的相关操作也较为熟悉，为今后的工作打下了坚实的基础。在丰富的大学生涯中，我参加了学校、社会的许多实践活动，它赋予我强健的体魄和吃苦耐劳的品格，让我拥有乐观自信、坚忍不拔的性格，造就了我良好的环境适应能力，也让我养成了严于律己、稳重而富有激情的生活作风。衷心希望可以得到进一步面谈的机会，让我成为贵公司的一员，和大家共同为公司的发展竭尽全力。

　　我的个人简历及其他材料一并附上。祝公司事业蒸蒸日上！

×××敬上
××××年××月××日

7. 在必要时可用中、英文两种文字写求职信

现在有很多用人单位非常重视求职者的英语水平。因此，用中、英文两种文字写求职信，可以使自己的英语水平得到展示和提高。如果求职的单位是一个中外合资企业或外资企业，那么中、英文两种文字的求职信就更有必要了。

三、个人简历

如何从日益激烈的求职竞争中脱颖而出？首先要制作好个人简历，它是求职者介绍自己、推销自己的"人才说明书"。无论是通过哪一种招聘渠道——招聘会、网络申请或他人推荐，都需要提供个人简历。

通过阅读个人简历，招聘人员可以从以下几方面来考量求职者。

一是求职者的能力。招聘者根据求职者受教育的程度、有无相关工作经历、取得过何种成绩等来判断求职者的基本能力和素质，因此，简历中需列举具体事实来证明求职者能胜任招聘岗位。

二是求职者的职业诚信。招聘者很看重求职者的职业诚信，会注重求职者工作的稳定性及材料表述的真实性，如果频繁跳槽或在经历表述中有隐瞒、欺骗的信息，就会使招聘人员对求职者的职业诚信有所怀疑，影响求职者的求职。

三是求职者的思维特征。招聘者可通过简历表述的层次性、逻辑性、准确性及文字写作能力，来判断求职者的思维特征。招聘人员往往先通过阅读个人简历对众多求职者进行初步的筛选，精心准备的简历更容易通过初审。

（一）简历的类型

常见的简历一般分为以下两类。

1. 文字型简历

文字型简历是用文字描述自己的经历，如个人基本情况、做过什么工作、有何成绩、获过什么奖励等。

2. 表格型简历

它是以表格的形式分栏目介绍个人情况，比较简练，一目了然。特别是经计算机处理后的表格型简历，非常规范、美观。在 Word 文档中有很多简历模板，基本上可以满足我们的需求。简历的样式不要太花哨，能够突出个人信息即可。针对设计类的职位，则需花一些时间制作有个性的简历，充分展示自己的设计水平。

（二）简历的内容

求职简历的内容因人而异，可以根据求职者自身的特点适当进行调整，但一份完整的求职简历一般包括以下几方面内容。

1. 个人基本资料

个人基本资料可以包括姓名、性别、出生年月、籍贯、身高、健康状况、毕业院校、所学专业、联系方式等，如果是党员还可加入政治面貌。也可以力求简单，只写姓名、性别、年龄和联系方式。为了保护个人信息不被不法分子利用，简历中的联系方式一般写可以联系的手机号码，而不是宿舍或家庭固定电话；联系地址根据实际情况进行取舍，如需要写地址时，建议不要使用家庭地址作为联系地址，可以写学校地址。至于是否要使用照片的问题，一般可以附上个人证件照，而非生活照，招聘人员需要看到求职者清晰的五官而不是模糊的运动留影。如果企业没有硬性要求，你又不想个人信息外漏，则可以免去照片。

2. 应聘职位

一般分两种，一是应聘公开招聘的职位，一是向潜在招聘单位表明个人求职意向。如果是前一种，求职简历上应直接注明应聘的岗位。对于后一种，求职者希望投递心仪的单位，但该单位没有公开招聘的信息，这种情况下，求职者可直接注明求职意向，表明希望从事哪方面的工作。

3. 最快到岗时间

对仍在校的应届毕业生，什么时候能到岗也是很多单位关注的问题。有些招聘属于非常急的，如果你写上随时到岗，便使自己多了一个获得该岗位的机会。当然对于在校的应届毕业生，一般需根据自身实际，写明最快到岗时间，以免与学校的毕业事宜冲突。

4. 教育程度

以倒叙方式，详列每项重要学历学位、起止年月、就读学校、就读专业。学业成绩优良者可以列出或在简历后面附带大学期间成绩单，一般写到大学即可。对于部分缺少社会实践经验或是社团经历的同学，可以列举部分与目标职位的需求相符的专业课程来充实自己的简历。

5. 个人技能

个人技能包括计算机技能、语言技能和其他技能。所列出的技能一定是与自己所应聘的岗位相符合的，最突出的技能应该是最接近岗位要求的，而不一定是最拿手的。当然也不能忽略一些看似无关的技能。现在越来越多的企业关注员工的健康状况及多元化发展，特别是一些注意企业文化的用人单位，会特意招收有某类特长的员工，如羽毛球、篮球打得非常棒，又或者是做过主持，那么这些技能也许会对你的应聘起到至关重要的作用。

6. 工作实践经验

对应届毕业生而言，工作实践经验主要包括各种兼职或实习的时间、地点、单位、主要工作内容、工作表现、他人评价等。尽量用数字与成果来体现，注重细节与诚实。

7. 其他项目

其他项目包括获奖情况、社团活动、兴趣爱好等。所写内容取决于你的求职目标。

简历模板如图 7-1 所示。

简历编号：	0001	更新日期：	2021/5/25	
姓　　名：	张小姐	国　　籍：	中国	
目前住地：	广州	民　　族：	汉族	
户 籍 地：	潮州	身高体重：	158cm　43kg	
婚姻状况：	未婚	年　　龄：	22岁	
教育背景				
毕业院校	广东女子职业技术学院			
最高学历	大专	毕业日期：	2021-06-01	
所学专业	小学艺术教育	第二专业	小学艺术专业	
培训经历	2018年9月—2021年6月就读于广东女子职业技术学院小学艺术教育专业 2019年6月25日获得全国计算机信息高新技术办公软件应用操作员考试合格证书 2019年4月20日获得入党积极分子结业证书			
语言能力				
外语：	英语　一般			
普通话水平：	良好	粤语水平：	良好	
详细个人自传				
	我是广东女子职业技术学院小学艺术教育系的一名学生，即将面临毕业。大学三年，奠定了我扎实的专业基础、良好的组织能力、优秀的团队协作能力、务实的工作作风。 ★专业知识上 声乐、钢琴是我在专业方面的专长。通过三年的学习，美术（包括儿童美术设计与创作）、舞蹈方面有了很大的提高。在实习中还接触了对小学的民乐团以及合唱团的排练，对这方面也有了一定的认识及了解。 ★工作上 大三担任副班长，实习期间担任实习小组组长，在任期间受到了老师及同学的信任及好评。 ★思想修养上 不断努力提升自己的思想修养 ★			
联系方式				
通讯地址：				
联系电话：		家庭电话：		
手　 机：		ＱＱ号码：		
电子邮件：		个人主页：		

图 7-1　简历模板

当我们所有求职材料准备好后，如果内容比较多，可以设计一个封面，并在求职材料前附一页"材料索引"，这样可以突出求职者办事的条理性。但在选择封面的时候尽量做到简单明了、不花哨。题目可以直接用"××大学××届毕业生求职材料"，下面列上自己的姓名、联系电话、E-mail 地址、专业名称、个人主页等重要信息。关于求职材料里的各种证书、证明材料、推荐表，一般使用复印件，在面试时向用人单位展示，以免各种资料丢失，

简历撰写注意事项

如用人单位提出需要验证时再提供原件材料。但要注意，原件和复印件在面试结束后都要收回。

拓展阅读

怎样做出加分简历

在招聘人才时，什么样的简历会让 HR 增加对你的好感？什么样的操作又会让简历扣分呢？

（一）简历加分项

1.有简明、扼要、全面的基本信息

1）姓名、性别、学校、专业、联系方式（手机、邮箱）均需明确地写出，照片需粘贴正装照。

2）教育经历、主修课程、学习状况、奖学金获得情况、技能证书情况等视岗位或公司情况而填写。

3）个人如果有与岗位相匹配的兴趣爱好、特长等可以进行点缀，锦上添花，增加自己的竞争力。

2.有目标明确、紧扣主题的求职意向

求职意向目标要明确，不可忽略，也不可随便填写，不可有太多意向，以免显得自己很盲目。

简历的内容要与求职意向紧紧相扣，贯穿整个简历，并突出展示你在本职位上的能力及优势。

3.有充实、高质量的工作和实习经验

可以在简历中突出自己独立负责、筹划的某项具体工作，要体现其意义和价值及自己从中能展现出来的某方面能力。这类的经验需是在正规企业、单位的实习经历，或者是在校社团组织参与的大型活动。

4.有符合实际又体现能力的数据

个人的很多能力均可以用数据的形式展示出来，而不是单纯的"假大空"，例如，极大地提升了我的沟通能力等言语应尽量回避。

5.实时、实地根据不同场合更新简历

简历首先要及时更新，这样才能让招聘企业看到你衔接完整、顺畅的工作经历。此外，还要注意针对不同的企业、单位进行个性化处理，以求符合应聘公司的岗位及需求。

6.备好英文简历

在应聘外资、合资企业时，不管对方有没有要求，一定要备好英文简历，同时准备英文自我介绍及面试问题。应聘者的外语能力是现在越来越多的企业要求的一项技能，因此提前准备会让你更具专业性和竞争力。

（二）简历扣分项

1.给阅读简历的人增加成本

1）发件人名字不是真名，而是网名或其他非主流名字，邮箱不是正规邮箱。

2）邮件标题没有投递的职位，或者是错误的职位。

3）简历结构错乱、不清晰，或者采用其他的编辑器导致格式变化。

2. 无关信息的干扰

简历过于啰唆且多口语化的表达。简历没有体现求职者的个人能力。

3. 简历质量差，语言表达及逻辑混乱

1）简历明显是抄袭或拼凑而来。

2）没有严谨的逻辑顺序，出现错别字、字体不一、病句等低级错误。

3）对自己的认识不足，也没有体现出对过去学习、工作很好的总结与反思。

四、就业推荐表

就业推荐表是毕业生和用人单位达成意向后，毕业生在签订就业协议前递交给用人单位的一份正式文件，用人单位应该妥善保存。毕业生如果因种种原因和用人单位解除了录用关系，应该索回就业推荐表，以便与下一个单位签约时使用。若就业推荐表遗失要及时到学校就业主管部门补办手续，以免耽误求职。

现在使用的就业推荐表，是由学校毕业生就业指导服务中心统一印制的，其栏目有姓名、性别、民族、出生年月、政治面貌、学校名称、专业、学历、培养类别、外语水平、健康状况、学校地址、特长、奖惩情况、在校表现、院系推荐意见、学校毕业生就业指导中心意见等。

就业推荐表填写的注意事项如下。

（一）不能涂改

就业推荐表具有代表校方的作用，有关部门加盖了公章。因此，在填表的时候一定要细心、认真。特别是成绩单、院系推荐意见等部分，一旦有涂改的痕迹就可能引起用人单位的误解。因此，当发现错误时，应当换一张重新填写。

（二）在备注栏中叙述自己的突出优势

自己具有的一些突出优势可以在备注栏里展示，如发表的重要作品、突出的外语能力、突出的工作经历等。

（三）保证就业推荐表的唯一可信性

就业推荐表的原件不可仿制，更不可谎称遗失而重新补办。这样做会影响学校的声誉，从而造成不良影响。毕业生在"双向选择"的过程中可以使用就业推荐表的复印件进行"自我推销"。只有在与用人单位签订协议时，才向用人单位或人事主管部门提交就业推荐表的原件。所以一定要保管好本人的就业推荐表。

能力训练

个人简历设计大赛

一、训练目标

掌握个人简历的制作技巧，能够设计适合自己的个人简历。

二、程序与规则

1）学生利用课余时间制作个人简历，然后在课堂上展示。

2）学生投票评选出优秀作品4个，制作者上讲台介绍自己的简历。

3）其他同学提问和点评。

4）教师现场颁发奖品予以鼓励。

一分钟自我介绍

一、训练目标

如何在一分钟时间中展示自己的简历特色。

二、程序与规则

1）给学生展示优秀的一分钟自我介绍，提前在简历设计大赛中挑选4个优秀的作品进行准备。

2）在一分钟时间内展示自己的最大优势。

3）其他学生点评。

思考与讨论

1. 准备个人简历时有哪些注意事项？

2. 就业推荐表填写的注意事项有哪些？

单元四　准备笔试和面试

能力目标

1. 了解笔试的种类和应答技巧；

2. 了解面试的种类，掌握面试中常见问题的回答技巧；

3. 掌握面试过程中的礼仪。

案例导读

小李的坏习惯

小李是某高职学院机电一体化技术专业的一名学生。他为人老实，但有嗜睡的习惯——起床晚，上课也时常趴桌子上睡上一觉。在实习前，辅导员帮他和同宿舍的两位学生给昆山一家大企业投了简历。在企业来学校面试时，他睡过了头，企业的面试官本应带着几位同学去企业里进行第二轮面试，可由于那几位同学要进行考试，就临时决定找小李到企业里先去看看情况。大家将小李从宿舍喊过来，小李的脸似乎都没来得及洗，衣服穿戴的也让人觉得别扭。就这样的小李跟着面试官到了企业，结果可想而知。

企业里的面试官最后与辅导员通话中讲到"我都他找了三个部门，但是都不想要他"。

分析：一是在面试时，小李没有顾及自己的形象，最基本的干净、整洁都没有达到，很难给人留下好的印象。二是在面试时，小李也犯了面试的第一大忌"迟到"。三是小李的懒惰习惯影响到他找工作，如果不改正还会影响到他今后的工作和生活。

一、笔试的内容与技巧

笔试是一种常用的考核办法，目的是考核应聘人员的文字能力、知识面和综合分析事物的能力。它通常用于一些专业技术要求很强和对录用人员素质要求很高的单位，如一些涉外部门、技术要求很高的专业公司及国家机关选聘公务员等。

（一）常见的笔试种类

1. 专业能力

这种笔试主要是检验应聘者担任某一职务时能否达到所要求的专业知识水平和相关的实际能力。例如，这几年热衷招考毕业生的国家机关公务员资格考试，其笔试包括行政职业能力倾向测验、写作和综合知识；招聘行政管理、秘书方面工作的单位对应聘者文字能力的测试；当部分单位对某种计算机语言有较高的要求时，测试应用特定语言编程的能力。

为检验大学毕业生实际工作能力或专业技术能力，通常还要进行专业技术能力考试。这种考试往往在特意设置的工作环境中进行。下面举几个例子。

1）阅读一篇文章，写读后感。

2）自编一份请示报告或会议通知。

3）根据5个人的发言，写一份评价报告。

4）某公司计划在5月赴国外考察，写出需要做哪些准备工作。

5）给一个科研题目，写出科研论文的详细大纲。

从大学毕业生的答卷中，可看出其文字表达能力、分析问题能力和逻辑思维能力等。

2. 智商测试

智商测试是用事先编制好的标准化量表或问卷要求应试者完成，根据完成的数量和质量判定其心理水平或个性差异的方法。一些特殊的用人单位常常以此测试求职者的态度、兴趣、动机、智力和个性等心理素质。

智商测试主要为一些著名跨国公司所采用，他们对大学毕业生所学专业一般没有特殊要求，但对大学毕业生的素质要求较高。他们认为，专业能力可以通过公司培训获得，因此有没有专业训练背景无关紧要，但大学毕业生是否具有不断接受新知识的能力是至关重要的。

智商测试并不神秘。一类是图形识别题。例如，有4种图形，让应试者指出其相似点和不同点。这类题目在一些面向中小学生的智力游戏书中很常见，一些面向大众的杂志偶尔也刊登这类游戏题目。另一类是算术题，主要测试应试者对数字的敏感程度及基本的计算能力。例如，给定一组数据，让毕业生根据不同的要求求出平均值，其难度绝不超过对中学生计算能力的要求水平。

3.综合能力测试

综合能力测试兼有智商测试的要求，但程度更高。例如，应试者要在规定的时间内对一组数据、一组资料进行分析，找出其合理的地方和存在的问题，并设计出解决问题的方案。这是对求职者阅读理解能力及发现问题、分析和解决问题的能力等素质的全方位测试，相对来说难度更大一些。

（二）笔试技巧

笔试的主要内容，首先是基础知识和专业技能知识，其次是心理及能力测试，最后是与专业知识有关及与用人单位有关的某些知识。求职者在参加笔试时要特别注意以下几点。

1.增强自信心

笔试怯场，大多是由于缺乏自信心所致。客观冷静地对自己进行正确的评估，就能克服自卑心理，增强自信心。

2.做好笔试前的准备

提前熟悉考场环境，有利于消除在应试时的紧张心理。除携带必备的证件（如身份证、学生证、准考证等）外，一些考试必备的文具（如钢笔、铅笔、橡皮、直尺、中英文字典等）也要准备齐全。

3.掌握科学的答卷方法

在拿到考卷后，首先，应通览一遍，了解题目的多少和难易程度，以便掌握答题深度和速度。然后，按照先易后难的原则排出答题顺序，先做简单的题，最后再攻克难题。这样就不会因为攻克难题费时太多而没有时间做会答的题目。最后，要尽可能留出时间对易出错的地方进行复查，特别注意不要漏题。

4.节省时间，争取主动

在笔试过程中，求职者应尽量提高效率、节省时间、争取主动。在做完题目并经过仔细复查确认无误后，应迅速上交试卷。因为在答题的准确率基本相当时，谁交卷早就证明谁的反应快、效率高，就会在众多的求职者中占据主动地位。

二、面试的内容与技巧

在整个应聘过程中，面试无疑是最具有决定性意义的一环，事关成败。现在的用人单位越来越看重人员的综合素质，如自信心、合作性、分析解决问题的能力等，能否在面试过程中表现出这些良好素质，将会左右考官对应试者的印象。同时，面试也是应试者全面展示自身素质、能力、品质的最好时机。面试发挥出色，可以弥补笔试或其他条件如学历、专业方面的不足。在求职的几个环节中，面试也是难度最大的，尤其是对于那些初入职场的应届毕业生而言。

（一）面试前的准备

面试是求职的关键环节，需要事先做好准备，主要包括以下几个方面。

1. 研究用人单位

俗话说"知己知彼，百战不殆"，在面试前对用人单位进行充分的了解，对面试有很大帮助。求职者要通过多种渠道（如宣讲会、网站、社会关系等），设法了解自己所应聘公司和职位的情况，了解公司所在地、规模、背景、经营状况和发展前景，还要了解公司对员工的工作要求、待遇、培训情况。了解企业文化有助于判断公司的环境是否良好，知道公司需要招聘什么样的员工，可以帮助自己恰当地回答问题。

2. 审视自己

面试最重要的还是充分了解自己，在面试前要梳理一下自己的情况，对照应聘岗位的招聘要求，问一问自己：我是否对这个岗位感兴趣？我参与竞争的优势是什么？劣势是什么？如果被问到劣势方面，如何应对？

3. 物品准备

在面试前，应把自己准备带去参加面试的文件整理好，带上必需用品，包括求职简历、求职信、各种荣誉证书和成绩单的复印件等。多带一份简历，有备无患。

4. 面试训练

应届毕业生缺乏面试经验，在面试前有必要进行面试的学习和训练，先了解各种面试形式，学习他人的经验。面试前，可以向学长请教，还可以 3～5 人一组，轮流扮演面试官和求职者，模拟面试的过程，锻炼展示自我的能力，积累面试的实战经验。

5. 心理准备

面试的过程是一个复杂的心理变化过程，成功的关键在于自己优秀的素质及良好的临场发挥。在面试前要进行心理调适，克服紧张情绪，并排除心理干扰。在面试时要放松，这样才能发挥出最佳的水平，取得理想的面试效果。

案例 7-6

面试应充分准备

小王是应届毕业生，学的又是热门专业，还当过学生会干部，按"硬件"他完全可以去比较理想的公司。然而，因为平时大大咧咧惯了，做事又毛躁，结果在一次面试中，他被一些细节击败了。

小王看中一家合资公司的销售经理职位，经过笔试、两轮面试后，他顺利进入最后的面试阶段。为此，小王进行了精心准备，还特意买了一套西服。在面试时，小王回答的问题也让考官比较满意。这时考官要看他的一次实习鉴定资料，由于资料提前没有归档装订，加之心中无数，小王心里一慌，资料撒了一地，好不容易找到后，在慌乱中又将考官的茶杯碰倒了，心中一惊，一句脏话脱口而出。

这时，主考官面露愠色。总算挨到面试结束，小王长嘘了一口气，可马上又慌了，原来离开时过于匆忙，竟将毕业证落在考场。小王只好厚着脸皮敲门拿回了自己的毕业证，这时主考官再也受不了，大笔一挥，便将小王的名字从录用的名单中划掉了。

分析： 面试时一定要注重自己的仪表风度。除了外在的衣着，主考官更注重面试者的内在素质。尤其在面试过程中，精神状态不佳、粗心大意、丢三落四等是万万要不得的。

（二）面试的基本内容

从理论上讲，面试可以测评应试者的任何素质，但在人员甄选的实践中，并不是通过面试去测评一个人的所有素质，而是有选择地测评面试者最想测评的内容。面试测评的主要内容如下。

1. 仪表风度

这是指应试者的形体、外貌、气色、衣着、举止、精神状态等。例如，国家公务员、教师、公关人员和企业经理人员等职位，对仪表风度的要求较高。研究表明，仪表端庄、衣着整洁、举止文明的人，一般做事有规律，注意自我约束，责任心强。因此，大学毕业生在面试时应该注意着装得体，举止文雅、大方，表情丰富，回答问题要认真、诚实。

2. 专业知识

了解应试者掌握专业知识的深度和广度，其专业知识更新是否符合所要录用职位的要求，作为对专业知识笔试的补充。面试对专业知识的考察更具灵活性和深度，所提问题也更接近空缺岗位对专业知识的需求。

3. 工作实践经验

一般根据查阅应试者的个人简历或求职登记表，进行相关的提问，查询应试者的有关背景及过去工作的情况，以补充、证实其所具有的实践经验；通过对工作经历与实践经验的了解，还可以考察应试者的责任感、主动性、思维能力、口头表达能力及遇事的理智状况等。

4. 口头表达能力

一般观察应试者能否将要向对方表达的内容有条理地、完整地、准确地传达给对方；引例、用语是否确切；发音是否准确，语气是否柔和；说话时的姿势、表情如何；在面试中应试者是否能够将自己的思想、观点、意见或建议顺畅地用语言表达出来。考察的具体内容包括表达的逻辑性、准确性、感染力、音质、音色、音量和音调等。作为应试者在面试时应注意：说话要前后连贯；主题要突出；思维要清晰；说话要有说服力。

5. 综合分析能力

在面试中，考察应试者是否能对主考官所提出的问题，通过分析抓住本质，并且说理透彻、分析全面、条理清晰。

6. 思考判断能力

一般观察应试者能否准确、迅速地判断面临的状况，能否恰当地处理突发事件，能否迅速地回答考官的问题，且答案简练、贴切。譬如面试中考官问你："工作中你难以和同事、上司相处，你该怎么办？"你可以回答："我会服从领导的指挥，配合同事的工作。"作为应试者应在准确、迅速、决断方面重点准备，对自己的判断应有信心。

7. 反应能力与应变能力

主要考察应试者对考官所提问题的理解是否准确、回答是否迅速准确，对突发问题的反应是否机智敏捷、回答是否恰当，对意外事件的处理是否妥当等。譬如面试时考官可能提出："假设你手头上有好几项工作没有完成，可是上级又给你安排了一项任务，并且你感到自己完成这项工作有困难，你会如何处理这个矛盾？"这道题用于考查应试者人际交往的意识与技巧，主要是考查其在组织中处理权属关系的能力。应试者可以回答："我能够很好地与人沟通，有很好的交往方法和技巧，并能够在尊重他人的前提下恰当地表达自己的意见。我会用适当的方法让领导了解到我现有的任务已经很重，并能向领导提出完成该任务的可行建议。"

8. 操作能力

主要考察应试者能否把已认定的事情进行下去、工作节奏是否紧张有序、对于集团作业的适应性、是否具备领导能力等。譬如面试时考官可能提出："我录用你后，你将怎样开展工作？"这个问题的主要目的也是为了了解应聘者的工作能力和计划性、条理性，而且重点想要知道细节。如果面试者在回答这个问题时采用迂回战术，考官会认为这是在回避问题，如果引导了几次后仍是如此，基本可以宣告面试失败了。

9. 自我控制能力与情绪稳定性

自我控制能力与情绪稳定性对国家公务员及许多其他类型的工作人员（如企业的管理人员）显得尤为重要：一方面，在遇到上级的批评指责、工作有压力或个人利益受到冲击时，能够克制、容忍、理智对待，不致因情绪波动而影响工作；另一方面，工作时更有耐心和韧劲。当面试时考官问你："你和别人发生过争执吗？你是怎样解决的？"其实，这是考官布下的一个陷阱。千万不要说任何人的过错，须知成功解决矛盾是每个团体成员所必备的能力。假如你工作在一个服务行业，这个问题简直成了最重要的一个环节。你是否能获得这份工作，将取决于这个问题的回答。考官希望看到你是成熟且乐于奉献的。

10. 职业道德

职业道德方面的面试，主要考察应试者责任感是否强烈，工作是否能令人放心，对要求较高的业务能否适应等。应试者回答问题时应突出自己饱满的自信心、坚强的意志、强烈的责任感。充满自信心的人，一般都确立了事业上的奋斗目标，并为之而积极努力。其表现是努力把现有工作做好，且不安于现状，工作中常有创新。心态消极的人，一般都是安于现状、无所事事、不求有功、但求无过，对什么事都不热心。对于即将毕业的大学生，可能会被问到："你工作经验欠缺，如何能胜任这项工作？"常规的回答思路是："作为应届毕业生，我在工作经验方面的确会有所欠缺，因此在读书期间一直利用各种机会在这个行业里做兼职。兼职过程中我也发现，实际工作远比书本知识更加丰富、复杂。但我有较强的责任心、适应能力和学习能力，而且比较勤奋，所以在兼职中均能圆满完成各项工作，从中获取的经验也令我受益匪浅。请贵公司放心，学校所学及兼职的工作经验使我一定能胜任这个职位。"

11. 求职动机

询问求职动机，主要为了了解应试者为何希望来应聘单位工作，对哪类工作最感兴趣，在工作中追求什么。判断应聘单位所能提供的职位或工作条件等能否满足其工作要求和期望。

12. 业余兴趣与爱好

了解应试者在休闲时喜爱从事哪些运动、喜欢阅读哪些书籍、喜欢什么样的电视节目、有什么样的爱好等。了解应试者的兴趣与爱好，对录用后的工作安排有好处。

（三）面试着装技巧

面试服装搭配、选择是在面试前必须准备好的。面试的着装最重要的是四个字：干净、整洁。

1. 男士着装的选择

（1）选颜色　整体着装不能超过三种颜色。正装西装的基本特点是单色的、深色的，藏青或深灰色的素色西装最为合适，这两种颜色是正统的西装颜色，同时也会给面试官留下有安心感的良好印象。

（2）选款式　按西装的件数来划分为套装西装和单件西装；按西装的纽扣来划分为单排扣西装和双排扣西装；按适用场合不同划分为正装西装和休闲西装。男士穿戴不是必须很时尚或很流行，只需简洁大方、颜色沉稳，最主要的是上衣和裤子的搭配一定要合理。

（3）选西装　选西装掌握四点：①颜色以单一的深色为佳；②质地以纯毛或含毛量较高的混纺毛料最好；③合体度要好；④套装必须同色同质。当穿正装西服时，全身颜色色系必须限制在三种之内；穿双排扣西装，纽扣一定要全部扣上，坐下后也不能解开；单排扣的西装在正式场合必须扣上一个，两粒扣的应扣上不扣下、三粒扣的应扣中间一粒。

（4）选衬衫　经典白色衬衫永不过时，而蓝色衬衫（最好选择没有格子和条纹的）是IT行业男士的最佳选择，能体现出智慧、沉稳的气质。任何季节都要穿长袖衬衫。衬衫如有扣，最好选择样式简单的那种。

（5）选裤子　裤子长度以直立状态下裤脚遮盖住鞋跟的四分之三为佳。腰带外扎，皮带宽度通常为2.5～3厘米的皮带，颜色以深色为好；皮带头应美观大方；皮带上不能挂东西。

（6）选鞋子　在正规场合穿西装一定要穿皮鞋，不能穿凉鞋、布鞋、球鞋、休闲鞋。

（7）选袜子　穿整套西装一定要穿与西裤、皮鞋颜色相同或较深的袜子，一般为深灰、藏兰或黑色。切记：不穿尼龙袜、不穿白袜子。

2. 女士着装的选择

相对于偏于稳重单调的男士着装，女士们的着装则亮丽丰富得多。女士着装应得体而不浮夸，严谨又不失柔性之美，应以整洁美观、稳重大方、协调高雅为总原则。得体的着装不仅可以使女性显得更加美丽，还可以体现出一个现代文明人良好的修养和独到的品位。在女性面试中，女性面试着装礼仪占了面试技巧的一半，一次好的面试着装能够让女性增加面试的成功率。

（1）套装的选择　女性面试服装少不了套装。套装不一定要追求名牌，但是一定要得体大方。女性的套装中有裙子和裤子的区别。在选套装时，服饰的色彩、款式要和自己的年龄、气质、体态及你所应聘的职业岗位协调一致。如果只买一套正装，深色套装是最稳妥、保险的。

（2）衬衫　在挑选衬衫的时候，无论是颜色还是款式以保守为宜。不要挑选那些透明材质的衬衫。

（3）裙子　女性的裙装不要太短、太暴露。

（4）袜子　丝袜的颜色最好是传统常见的颜色，如黑色，肉色、深灰等，但必须与套装和鞋子搭配和谐。

（5）鞋子　黑色的皮鞋最为传统，也最为保险。鞋子上不要太花哨，鞋跟不能太高也不宜太低。想要增加在面试时所展现的气质，但又不喜欢高跟鞋，可以考虑坡跟鞋。它比高跟鞋穿起来舒服，走路的姿态也不比穿高跟鞋差。

3. 面试场合着装禁忌

1）忌过分杂乱、鲜艳。当穿套装、套裙时，一定要穿皮鞋。

2）忌暴露。忌超短裙、露脐装、小背心、短裤。正式场合着装，不暴露胸部、肩部、腰部、背部等，严格讲不能穿无袖装。

3）忌过分透明、紧身、短小。

4）不要将钥匙、手机、零钱等放在裤袋中，那样会使裤袋鼓起来，影响整体穿着的美观。

同时，女生面试时还要注意三大禁忌。

1）切忌浓妆艳抹。

2）在面试时最好不要涂指甲油，不要留长指甲。

3）选择尽可能简单的饰品，不要戴形状奇特的戒指，不要戴很大很长的耳环，也不要戴太多耳环，简洁的耳钉就可以带来很好的效果。

案例 7-7

如此面试

一次某公司招聘文秘人员，由于待遇优厚，应聘者很多。文秘专业的小张同学前往面试，她的背景材料可能是最棒的：大学三年，英语六级，除在各类征文比赛中获奖外，在校兼职期间还为几家公司策划过周年庆典，书法作品也堪称佳作。小张五官端正，身材高挑、匀称。在面试时，招聘者拿着她的材料等她进来。小张穿着迷你裙，露出藕段似的大腿，上身是露脐装，涂着鲜红的唇膏，轻盈地走到一位考官面前，不请自坐，随后跷起了二郎腿，笑眯眯地等着问话，孰料，三位招聘者互相交换了一下眼色，主考官说："张小姐，请回去等通知吧。"她喜形于色："好！"挎起小包飞跑出门。

（四）面试中的礼仪

众所周知，礼仪是一个人素质与教养的具体表现。面试中良好的礼仪能向面试官传递这样的信息：我非常尊重您，也很希望获得这份工作，同时我对自己面试成功充满自信。

1. 赴约时间

守时是职业道德的一个基本要求，如果你面试迟到，那么不管你有什么理由，也会被视为缺乏自我管理和约束能力，给面试者留下非常不好的印象。在面试时迟到或是匆匆忙忙赶到都是致命的，提前 10 分钟到达面试地点效果最佳，而提前半小时以上到达亦会被视为没有时间观念。

2. 进入用人单位

对于应试者，必须明白你的面试有可能从你一踏入单位的大门就开始了，必须时刻小心留意。到了招聘单位，最好径直到面试地点，不要四处观看，让人觉得你别有用心或图谋不轨。如果面试单位有前台服务，则开门见山说明来意，经指导到指定区域落座。若无前台，则找工作人员求助。这时要注意用语文明，开始的"您好"和被指导后的"谢谢"是必要的。

3. 等待面试

参加面试时可以自带一些报刊在等待时阅读，而不要来回走动显得急躁不安，也不要与其他面试者聊天，因为这可能是你未来的同事甚至是决定你能否称职的人。你的谈话对周围的影响是你难以把握的，这也许会导致你应聘的失败。当然，如果此时有该单位的介绍材料，应该仔细阅读以了解其更多信息，这可能对你的面试有所帮助。另外，在等待面试期间，有可能会发生一些预想不到的事情，这时你千万谨慎，这可能是招聘单位有意设计的测试情景。

4. 进入面试现场

无论门是敞开还是关闭的，在进入面试室之前一定要敲门。连续敲两次门是较为标准的。在敲门时千万不可敲得太用力。进门后应转过身去正对着门，用手轻轻将门合上，然后面带微笑走向面试官。当走到考官面前，应亲切地道一声"您好"，等面试官示意你坐下时方可坐下。在坐下后不要背靠椅子，也不要弓着腰，很自然地将腰伸直即可。注意不要把腰挺得很直，这样反倒会给人留下死板的印象。

5. 在面试过程中的形体

在面试中，上身正直，微向前倾，目光注视主考官的眼部和脸部以示尊重，双手放在扶手上或大腿上，双腿自然弯曲并拢，双脚平落地面。在面试过程中，如果工作人员向你发放资料或索要资料，一定要起身接受或递送，并说声"谢谢"。

6. 学会做倾听者

耐心听完主考官的问题，弄清楚他要你回答的究竟是什么？有些人在别人说话时，唯唯诺诺，仿佛都听进去了，等别人说完，却又问道："很抱歉，你刚才说些什么？"对他来说，也许只是一时的心不在焉，听漏了重点，但对对方却是件很失礼的事。所以，在面试过程中，一定要集中精神，细心地听完对方的讲话。

7. 谈吐文雅、谦逊，态度热情

在谈话时，眼睛要适时地注意对方，不要东张西望显得漫不经心，也不要眼皮低望显得缺乏自信。情绪激动地与用人单位争辩某个问题是不明智的举动，冷静地保持不卑不亢的态度是有益的。有的用人单位专门提一些无理的问题试探你的反应，如果处理不当，容易乱了分寸，面试的效果显然不会理想。

8. 回答问题

回答问题时，口齿要清晰，声音要适度，答案要简练、完整。不要打断面试官的问话或抢问抢答，否则会给人急躁、鲁莽、不礼貌的印象。面试官提问完毕，若未听清楚，可礼貌地要求重复（尽量不要出现这种情况）。当不能回答某一问题时，应如实告诉面试官，含糊其词和胡吹乱侃会导致面试失败。对重复的问题也要有耐心，不要表现出不耐烦。

9. 退场

当面试结束时，应站起来对面试官表示感谢。在走出面试室时，先打开门，然后转过身来向面试官鞠一躬并再次表示感谢、再见，然后轻轻地将门合上。

10. 面试后

在面试结束后，分析一下自己在面试中的得与失，然后写封信寄给面试官表示感谢，这样可以在他们心目中留下深刻的印象。

十种面试"微表情"分析

（五）面试行为的忌讳

1. 忌迟到、失约

迟到和失约是面试中的大忌，这种行为不但反映出求职者没有时间观念和责任感，更会令面试官觉得求职者对这份工作没有热忱，印象分自然大减。守时不但是美德，更是在面试时必须做到的事。如因有重要的事而迟到或缺席，一定要尽早打电话通知面试公司，并预约另一个面试时间。另外，匆匆忙忙赶到面试地点，心情还未平静便开始面试，表现可能会大失水准。

2. 忌数落别人

切勿在面试时当着面试官数落现任或前任雇主、同事、同学、老师。这样做不但得不到同情，反而会令人觉得你记仇、不念旧情和不懂得与别人相处，因而招来面试官的反感。

3. 忌说谎邀功

在面试时说谎，伪造自己的所谓辉煌历史，或者将不属于自己的功劳据为己有，即使现在能瞒天过海，也难保谎言会有被揭穿的一天。因此，在面试时应实话实说，可以扬长避短，但决不能以谎话代替事实。

4. 忌准备不足

无论学历多高、资历多深、工作经验多丰富，当面试官发现求职者对申请的职位知之不多，甚至连最基本的问题也回答不好时，印象分自然大打折扣。面试官不但会觉得求职者准备不足，甚至会认为求职者根本无志于这方面的发展。因此在面试前应做好准备工作。

5. 忌长篇大论或少言寡语

虽说面试是推销自己，不过，切勿滔滔不绝、喋喋不休。面试官最怕求职者长篇大论，说个没完没了。在面试时，只需针对问题，重点回答。与此相反，有些求职者十分害羞，不懂得把握机会表现自己，无论回答什么问题，答案往往只有一两句，甚至只回答"是、有、好、可以"等，这同样不可取。如果性格胆小害羞，则应多加练习，以做到谈吐自如。

6. 忌语气词过多

使用太多"呢、啦、吧"等语气词或口头禅，会把面试官弄得心烦意乱。语气词或口头禅太多，会让面试官误以为求职者自信心不足和准备不充分。

7. 忌欠缺目标

在面试时，千万不要给面试官留下没有明确事业目标的印象。虽然一些求职者的其他条件不错，但无事业目标，就会缺少主动性和创造性，对企业贡献有限。面试官反倒情愿聘用一个各方面条件略微逊色但具有事业目标和工作热忱的求职者。

案例 7-8

情景面试

大学生小强参加一个企业的招聘会。在面试的时候。考官身后的墙壁上贴着一张醒目告示：每人面试只有 5 分钟的时间，请你配合。

许多应聘者一进办公室，面对如此短的时间要求，都倍感紧张。为抓住有限的时间向考官滔滔不绝地介绍自己的情况和经验，即使考官办公室的电话响起，他们也不愿轻易中断介绍。

轮到小强，当他进到招聘办公室时，发现地上有一张用过的白纸，便随手捡起放到桌子上，然后恭恭敬敬地站在那里等待考官的问话。在谈话进行约2分钟时，办公桌上的电话便响了起来。小强心想：面试的紧要程度总还是次要的吧，万一公司有什么事情呢。于是小强笑了笑，在铃声响过两遍后，拿起电话递给了考官。这时，面若冰霜的考官露出了难得的笑容："恭喜你，你被录用了！"

　　当小强与那位考官成为同事后，小强问起自己当初为什么会被录用？那位考官笑着说，面试中地上撒落的纸和电话是我们故意安排的现场测试。我认为能够主动捡起纸和中断介绍并接电话的人，一定是认真、顾全大局的人。

　　分析： 面试考察无时不在。大部分毕业生在面对正式的考试时，能很好地"表现"自己、"包装"自己。因此，现在不少用人单位除采用常规的面试之外，更重视在面试场外设置一些场景，暗中考察来寻找公司想要的人才。因为在一个自然随意、没有约束条件的环境下，处于非应试状态中的毕业生，其表现才接近他的真实面目。

　　在实际面试过程中，主考官可能只采取一种面试形式，也可能同时采用几种面试形式。无论面试的形式怎样变化，目的只有一个，考察应聘者的专业知识背景、智商、情商、仪表、气质、口才和应变等综合能力。可以说，面试是对一名毕业生进行综合素质的测试。

经典分享

谁说中职生不行

　　某个周末，上海展览中心，一场大型招聘会正在举行。

　　某外贸公司的老总亲自负责招聘，展台前围着很多求职者。老总突然接到一个电话，对方是一位来自美国的大客户，与公司一直有合作关系，这次打电话是谈一个新的项目。对方可能说话很快，加上面试现场有点嘈杂，老总身边又没有带翻译，所以他听不太清楚，但是对方又想尽快谈妥这件事情，情急之下，老总要在场的应聘人员前来帮忙。

　　前两个应聘者刚接起电话不到1分钟，就表示专业用语太多，没办法交谈下去。

　　第三个应聘者是商贸英语专业的大学毕业生，不愧是专业出身，他说一口地道的美式英语，但是他回答对方问题时的语气却让人不敢苟同，显得很不耐烦、缺乏礼貌。这种态度让对方不满意，谈话被迫中止。

　　第四个应聘者是一个面容清秀、妆容精致、穿着得体的女生，看得出来她为这次面试做了精心的准备。但是，在和对方交谈时，她却紧张得浑身发抖，声音也很小，听上去很不专业、很不自信，甚至连回答对方提出的简单问题都漏洞百出。无奈，她不得不放弃了与对方的交谈。

　　老总觉得失望，一方面，这个单子可能会泡汤；另一方面，在这么多的求职者中，难道就没有一个高素质的外贸人员吗？

　　正在老总失望之际，一个小伙子说他试一下，老总半信半疑地将电话递到他手上。他的英语口语并不是很流利，但是，他却不像前两位求职者那样轻易地放弃与对方的交谈，实在是遇到听不懂的内容，他就很耐心、很礼貌地请对方重复一遍。大家都为他捏一把汗，小伙子却沉稳地做着每一步——报价、走货、订单，每一步都是那么不容易。最终，他还是完成了这项艰难的任务，老总当场表示录取他。当翻阅他的简历时，老总更是向他竖起了大拇指——原来他只是上海某一中职学校报关专业的毕业生。

其实，这只是该公司为了招到更优秀的人才，采取的一种别开生面的面试方式——模拟面试，给面试者几分钟的时间进行客户沟通场景模拟，根据现场表现决定是否录用或进入下一轮面试。电话那头的美国客户实际上是该公司的人力资源主管，公司认为，这种方式可以更全面地检验求职者的素质。

事后，这个小伙子这样告诉记者，"从事外贸工作是我的第一选择，而这家公司更是我心仪已久的。得知他们会来招聘会，我做了充分的准备。通过各种途径，了解这家公司的最新情况；梳理了这几年在学校和实习中学到的外贸知识；上网查阅、向老师和前辈们请教在面试时应注意的问题。一番努力没有白费，我今天终于应聘成功。"

能力训练

模拟面试

模拟面试就是通过安排仿真的面试现场、正规的面试流程，让同学们亲身感受面试的全过程。模拟面试的整个过程力求达到真实面试的效果，在面试结束后，教师会现场为学生分析其面试表现，并提出改进建议。

一、训练目标

通过全员模拟训练，观察学生的面试情况，发现自身所存在的问题，课后可以及时改正。

二、程序与规则

1. 前期准备

分组（6~8人），小组进行模拟面试准备。

2. 资料准备

准备不得少于10家企业的招聘信息、岗位信息等，准备15个面试问题、面试评价表等。

3. 课堂实践

30分钟。

4. 步骤

1）按小组进行模拟面试。（要求大家表现出真实面试的场景）

2）选出2个小组进行现场模拟。

3）第1小组面试展示，按模拟面试流程完成面试任务。

4）第2小组进行评价。

5）第3小组展示，第4小组评价。

6）教师总结点评。

测测你的面试技巧

思考与讨论

1. 大学生在准备面试的过程中，应该做哪些准备工作？

2. 大学生在求职面试中有哪些禁忌？

模块 八 　就业程序与就业权益

● **导读导学**

　　就业是最大的民生，大学毕业生作为人才资源中较高层次的一类，其就业过程是国家高层次人才资源配置中重要的一个环节。

　　对于即将走上工作岗位的毕业生而言，了解如何办理报到、就业、落户等手续，熟悉就业过程中的基本操作流程，才能少走弯路，事半功倍。

　　进入职场，应尽快与用人单位签订劳动合同，以取代原来的三方协议。如发生劳动合同纠纷，可以选择协商调解、仲裁等形式妥善解决。要学会识别就业过程中可能遇到的各种陷阱和歧视，并掌握规避的方法。

　　本模块主要介绍国家和地方政府关于大学生就业手续办理的政策与规定，以及近几年出台的大学生就业的相关优惠政策，以指导大学生掌握并遵循国家政策，顺利实现就业。学习的重点在于掌握就业中享有的权利和应尽的义务、就业协议和毕业程序、劳动合同和就业权益的维护。

● **思维导图**

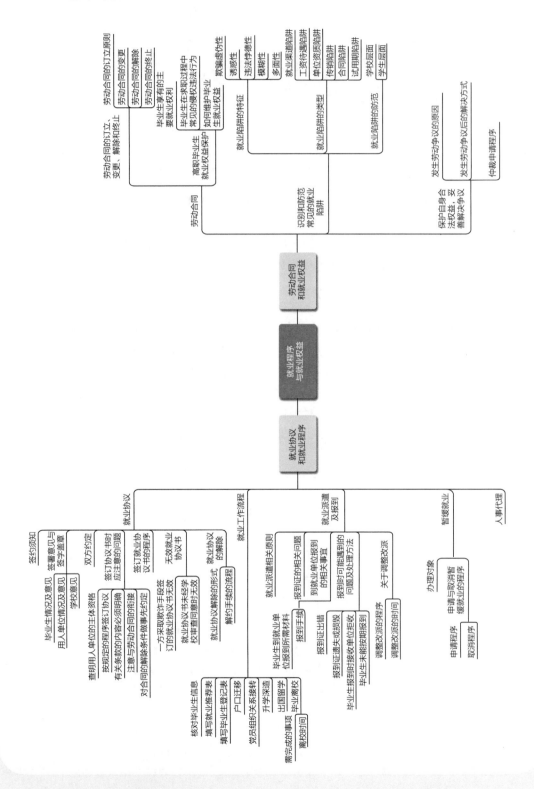

单元一　就业协议和就业程序

能力目标

1. 了解就业协议签订与解除程序；
2. 了解毕业生派遣、档案和户口迁移相关的知识和办理程序；
3. 了解人事代理等基本的就业常识。

案例导读

违反就业协议需付违约金

小冯是某高职院校2019年毕业生，在毕业前2个月，从激烈的竞争中脱颖而出，被广州广日电梯工业有限公司录取。此时，经亲戚介绍，小冯得知广州数控设备有限公司也在招聘，于是他匆匆和广日电梯工业有限公司签订了就业协议书后又应聘了广州数控设备有限公司。他认为反正就业协议书不是劳动合同，对自己没有约束力。随后，小冯又被广州数控设备有限公司录取，当他兴冲冲地跑到广日电梯工业有限公司请求解除就业协议时，该公司告知小冯，解除就业协议可以，但小冯必须按照就业协议的约定向公司交付违约金。初出校门的小冯为自己法律意识的缺乏懊悔不已。

分析： 就业协议书是毕业生和用人单位关于将来就业意向的初步约定，对于双方的基本条件及即将签订劳动合同的基本内容大体认可，并经用人单位的上级主管部门和高校就业部门同意和见证，一经毕业生、用人单位、用人单位主管部门签字盖章，即具有一定的法律效力，是编制毕业生就业计划和将来可能发生违约情况时的判断依据。

就业作为大学毕业生需要亲自完成的过程，不仅受到国家法律、就业法规与政策的约束，还必须遵循一定的原则和程序。毕业生要了解各就业部门的工作程序及就业流程，以便顺利地完成就业中的各个环节。

一般来说，毕业生就业要经过图8-1所示的流程。

一、就业协议

就业协议（又称三方协议，属于格式协议，见图8-2）是"全国普通高等学校毕业生就业协议书"的简称，是明确毕业生、用人单位、学校三方在毕业生就业工作中的权利和义务的书面表现形式，能解决应届毕业生户籍、档案、保险、公积金等一系列相关问题。就业协议在毕业生到单位报到、用人单位正式接收后自行终止。

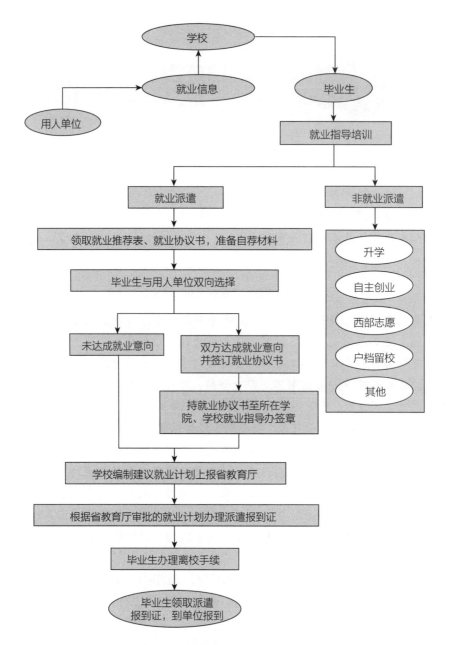

图 8-1 毕业生求职、毕业、就业流程

就业协议书由教育部统一制定式样，具有法律效力，一经签订，各方必须严格履行。

（一）签约须知

就业协议是依据教育部颁布的《普通高等学校毕业生就业工作暂行规定》制定的。该规定第二十四条规定："经供需见面和双向选择后，毕业生、用人单位和高等学校应当签订毕业生就业协议书，作为制定就业方案和派遣的依据。"由此可见，毕业生就业必须签订就业协议书，否则，国家或省（市、区）级毕业生就业主管部门就不能办理毕业生就业报到手续，签发毕业生就业报到证。就业协议书复印无效。

编号：

全国普通高等学校毕业生就业协议书

毕业生姓名：＿＿＿＿＿＿＿

用人单位：＿＿＿＿＿＿＿

学校名称：＿＿＿＿＿＿＿

国家教育部高校学生司制表

辽宁省高校毕业生就业创业服务中心
微信平台：ln91work
关注微信，获得更多就业创业服务
回复"就业协议"了解更多相关事项

辽宁省大学生就业市场
微信平台：bestjob521
找工作，聘人才，更多服务敬请关注
招聘会、就业岗位信息实时发布

签约须知

根据国家规定，普通高校毕业生(以下简称"毕业生")就业实行"市场导向、政府调控、学校推荐、学生与用人单位双向选择"的就业机制，为维护国家就业方案的严肃性，规范毕业生、用人单位、学校三方在毕业生就业工作中的权利和义务，特制定本协议书：

一、本协议书的使用范围：国家计划内统招非定向毕业生(含高职(高专)毕业生、本科毕业生、毕业研究生)；定向生、委培生按定向委培协议就业，不使用就业协议书。

二、签约各方必须遵守国家的有关法律、法规和教育部的有关规定，坚持公开、公平、公正和诚实守信原则。

三、毕业生应按国家和省毕业生就业政策规定就业，向用人单位如实介绍自己的情况，了解单位的用工意图，表明自己的就业意向，在规定时间内到用人单位报到。

四、用人单位要如实介绍本单位的情况，明确对毕业生要求及使用意图，做好各项接收工作。凡取得毕业资格的毕业生，用人单位不得以学习成绩为由提出违约；未取得毕业资格的结业生若与用人单位签订本协议，用人单位应同时出具同意接收结业生的证明。

五、学校要如实向用人单位介绍毕业生的情况，做好推荐工作，用人单位签订协议后，由学校审核汇总并报省毕业生就业主管部门鉴定或国家教育部批准，列入就业方案下达执行，学校负责办省毕业生就业主管部门办理派遣手续。

六、毕业生、用人单位如有其他约定，必须在"双方约定"中明确，并视为本协议书的一部分。

七、毕业生、用人单位、学校中有一方要变动协议，需征得另外两方同意，由违约方承担毕业生、用人单位双方约定的违约责任及政府有关部门规定的违约责任。

八、本协议一式四份，毕业生、用人单位、学校各执一份，省毕业生就业主管部门留存一份，复印件无效。

用人单位情况	单位名称		组织机构代码			
	通讯地址		单位所在地			
	安排岗位	单位所属行业	邮编			
	联系人	联系电话	E-mail			
	单位性质	国有企业/其他企业/机关事业单位/医疗卫生/教育/科研/其他				
	毕业生档案、户口、党团关系接收	档案接收单位名称		联系人		
		档案转寄详细地址		邮编		
		户口接收单位		接收单位电话		
		党、团组织关系接收单位				
毕业生情况	姓名	身份证号		性别	民族	
	政治面貌	学号	专业			
	毕业时间	学历	学位类别			
	联系方式	/	E-mail			
	家庭地址		QQ			
	应聘方式	学校招聘会/政府举办招聘会/人才市场/网络签约	应聘时间			
	应聘意见：					
		毕业生签名：　　　　　年 月 日				

用人单位意见	用人单位上级主管部门或所属地人社局意见
签章 年 月 日	签章 年 月 日

院（系）意见	校（院）就业部门意见
经办人：　　　　签章 联系电话：　　　年 月 日	经办人：　　　　签章 联系电话：　　　年 月 日

双方约定	毕业生对用人单位约定	签章： 年 月 日
	用人单位对毕业生约定	签章： 年 月 日

图 8-2　就业协议书签订样本

（二）签署意见与签字盖章

1. 毕业生情况及意见

这部分内容由毕业生本人填写，毕业生情况包括姓名、身份证号、性别、民族、政治面貌、学号、专业、毕业时间、学历、学位类别、联系方式、E-mail 等。在上述各栏中，特别注意在"学位类别"一栏中，对属于国家计划招收的毕业生要填写"统招"。在应聘意见一栏中，由毕业生填写自己的应聘意见，要求毕业生对是否愿意到用人单位就业表明自己的意见，同时也应将与用人单位在洽谈中达成的基本条件写明，以避免日后发生争议。

2. 用人单位情况及意见

这部分内容由用人单位填写，用人单位情况包括单位名称、组织机构代码、联系人、联系电话、单位性质等。意见包括用人单位意见和用人单位上级主管部门或所属地人社局意见。

3. 学校意见

学校意见包括院（或系）意见和校（院）就业部门意见。院（或系）意见是毕业生所在单位的基层意见，院（或系）在签署意见时除进行初步审核外，还要了解毕业生具体的就业去向。校（院）就业部门意见是代表学校一方在就业协议书上签字盖章。

（三）双方约定

双方约定栏是为毕业生、用人单位双方共同约定的其他条款所设计的。在双方约定中，毕业生与用人单位约定的条款如果不涉及学校的有关规定，不违反政策，并只在毕业生与用人单位之间约定，学校是不予干涉的。

（四）签订协议书时应注意的问题

1. 查明用人单位的主体资格

签订就业协议书的当事人必须具备合法的主体资格，一般而言，用人单位必须具有从事各项经营或管理活动的能力，有录用指标和录用自主权。

2. 按规定的程序签订协议

毕业生凭学校发放的就业协议书，在与用人单位签约后交学校就业部门签字盖章。此程序由学校最后把关，更有利于维护学生的合法权益。

3. 有关条款的内容必须明确

毕业生在与用人单位签约时，应尽量采用示范条款。如确有必要进行变更或增加，亦应在内容上明确。

4. 注意与劳动合同的衔接

由于毕业生就业协议书签订在先，为避免日后订立劳动合同时产生纠纷，应尽可能将劳动合同的主要内容体现在就业协议书的约定条款中，并明确表示在日后订立劳动合同时应予以确认。

5. 对合同的解除条件做事先约定

毕业生就业协议一经订立，就对当事人具有约束力，不得随意解除，否则应承担违约责任。

（五）签订就业协议书的程序

1）毕业生本人填写就业协议书。

2）用人单位签署意见并加盖单位公章。在必要情况下，用人单位上级主管单位栏应填写人事局或教育行政部门意见，以便派遣和迁移户口档案；若招聘单位是部队、中央单位、省管企事业单位，只需加盖单位公章即可。毕业生于非公有制单位就业或自主创业，暂时无法办理户口、档案转移手续，可凭借与单位签署的劳动用工合同或工商营业执照，到当地毕业生就业主管部门或人才就业服务机构办理人事代理关系，签订就业协议书。

3）用人单位或毕业生本人将就业协议书交至学校院系，由学校院系签署意见并加盖公章，纳入就业计划派遣。

4）用人单位或毕业生本人将就业协议书交至学校招生就业处或就业中心，由学校就业主管部门签署意见并加盖公章。

5）毕业生、用人单位各留一份，学校留两份（其中一份交至学校所属毕业生就业主管部门）。

（六）无效就业协议书

无效就业协议书是指欠缺就业协议书的生效要件而导致就业协议书无效。主要包括以下两种情形。

1. 一方采取欺诈手段签订的就业协议书无效

如用人单位不如实介绍本单位情况，或者根本无录用指标而与毕业生签订就业协议，或者毕业生在订立就业协议时对个人情况有重要隐瞒等情况，则签署的协议书无效。无效协议书产生的法律后果由有欺诈行为的一方承担责任。

2. 就业协议书未经学校审查同意时无效

就业协议书未经学校审查同意时无效，学校将不予列入就业方案，不予办理就业报到手续。学校经审查认为该协议书对毕业生显失公平，或者违反公平竞争、公平录用的原则，或者不符合国家有关政策规定，学校有权拒签。就业协议书被确认为无效的法律后果由责任方承担违约责任，并赔偿经济损失。

知识探究

Offer 不是就业协议

在招聘录用工作中，高校毕业生经常会听到"Offer"一词。Offer 即"录用通知书"，是用人单位向被录用者发出的一种工作邀请函，其中说明了毕业生的上班时间、薪水和福利等情况。一般是在劳动者通过用人单位面试、用人单位决定录用后发出的，要求劳动者在上面签字，劳动者签字即表明接受对方的录用意向，愿意到用人单位工作。这种情形在外企中比较常见。

Offer 是毕业生和用人单位达成的一个录用意向，并不涉及学校。因此，对于高校毕业生而言，除了与用人单位签署 Offer 外，还应与其签订就业协议书，以更好地维护自己的合法权益。

在北京和上海等对户口要求较严的大城市，如果高校毕业生与用人单位之间只签 Offer，而没有签订就业协议，则会导致用人单位无法帮助毕业生落户或接收档案。当发生这种情况时，毕业生可将户口和档案放在人才交流中心，也可将户口迁回原籍。

（七）就业协议的解除

1. 就业协议解除的形式

就业协议的解除分为单方解除和三方解除。

（1）单方解除　单方解除包括单方擅自解除和单方依法或依协议解除。单方擅自解除，属违约行为，解约方应对另两方承担违约责任。单方依法或依协议解除，是指一方解除就业协议有法律上或协议上的依据。学生未取得毕业资格，用人单位有权单方解除就业协议；毕业生录取研究生后，可解除就业协议；依协议规定，毕业生未通过用人单位所在地组织的公务员考试，用人单位有权解除协议。此类单方解除，解除方无须对另两方承担法律责任。

（2）三方解除　三方解除是指毕业生、用人单位、学校三方经协商一致，解除原订立的协议，使协议不发生法律效力。此类解除因是三方当事人真实意思表示一致的体现，三方均不承担法律责任。三方解除应在就业计划上报主管部门之前进行，如就业派遣计划下达后三方解除，还须经主管部门批准办理调整改派。

就业协议书一经毕业生、用人单位、学校签署即具有法律效力，任何一方不得擅自解除，否则违约方应向权利受损方支付协议条款所规定的违约金。从实际情况来看，就业违约大多为毕业生违约。

2. 解约手续的流程

毕业生一旦与用人单位签订就业协议，双方就已构成契约关系。毕业生如因故需要终止与原签约单位的协议，必须按所在学校规定办理解约手续。

1）材料准备：①原签约单位书面同意解除协议的函件（原件）；②新单位同意接收的函件（原件）；③原签约的协议书；④本人要求解约的书面申请。

2）从学校就业网站下载并填写解除就业协议申请表，由所在系部（或分院）主管毕业生就业工作的辅导员和主管领导签署意见。

3）学校就业主管部门对毕业生的申请材料进行审核批准。经审核同意的，发放新的就业协议书。对手续不全、材料有虚假、对学校声誉影响较大的解约申请，将不予同意或延期审核。

4）曾经办理过解约的毕业生，在与新单位签约后，学校不再受理该生的第二次解约申请。原则上不受理签约后一个月内递交的解约申请。

5）到国内外升学及录取为国家公务员的毕业生，在征得原单位书面同意的前提下，不受解约受理时间的限制。

核心提示

毕业生违约的不良后果

毕业生违约，除本人应承担违约责任、支付违约金外，往往还会造成其他不良的后果，主要表现在以下几个方面。

第一，就用人单位而言，用人单位往往为录用一名毕业生做了大量的工作，有的甚至对毕业生将要从事的具体工作也有所安排。同时，毕业生就业工作时间相对比较集中，一旦毕业生因某种原因违约，势必影响用人单位的录用工作。

第二，就学校而言，用人单位往往将毕业生违约行为认为是学校的行为，从而影响学校和用人单位的长期合作关系。用人单位由于毕业生存在违约现象，而对学校的推荐工作表示怀疑。从历年情况来看，一旦毕业生违约，该用人单位在几年之内不愿到学校来挑选毕业生。面对激烈的就业竞争，用人单位的需求就是毕业生择业成功的前提，如此下去，必定会影响今后学校的毕业生就业工作。同时，影响学校就业计划方案的制定和上报，并影响学校的正常派遣工作。

第三，就其他毕业生而言，用人单位到校挑选毕业生，一旦与某毕业生签订就业协议，就不可能再录用其他毕业生。若日后该毕业生违约，有些当初希望到该用人单位工作的其他毕业生由于录用时间等原因，也无法补缺，造成就业资源的浪费，影响其他毕业生就业。

第四，就毕业生本人来说，既浪费金钱又浪费时间。

建议毕业生在签约的时候要仔细考虑，减少违约。希望毕业生从我做起，注重诚信，共同维护毕业生良好的社会声誉。在签约前要谨慎，在签约后要信守承诺。

二、就业工作流程

大学生就业管理机构大致由三部分组成：教育部负责制定全国毕业生就业的相关政策，各省、自治区、直辖市和中央有关部委的毕业生就业工作主管部门负责属地内所有高校毕业生的就业工作，各高等院校的毕业生就业工作主管部门负责本院校毕业生的就业工作。大学生就业主要的工作流程如下。

（一）核对毕业生信息

毕业生信息是指学校每年需要列入就业计划的毕业生的基本信息，如毕业生的姓名、身份证号、学号、专业、毕业时间、生源地区、学位类别等。这些基本信息需由学生提供给本院系，由院系统一录入数据库，再由学校就业工作部门汇总上报到省教育厅进行资格审查，经教育厅检验审批通过后，毕业生资源信息才可以正式列入就业计划，为以后继续编写毕业生的就业信息，形成毕业生的就业方案做好准备。因此，毕业生资源信息的准确性是非常重要的，录入时应注意以下几点。

1）应届毕业生的生源地区是指入学前户口所在地，如在读期间家庭户籍变更的，需出示异地户籍部门证明和户籍迁移证复印件，才可更改生源地区名称。

2）在毕业生资源信息中毕业生的姓名必须与录取通知书的姓名一致，如在读期间更改姓名的毕业生，需出示已有更改登记的户口本复印件及身份证复印件。

3）毕业生的学号与身份证号将作为毕业生以后办理户口及档案转移等就业手续的识别号，因此，在录入时需要保证其准确性。

（二）填写就业推荐表

1. 填写就业推荐表须知

毕业生就业推荐表是学校为帮助毕业生就业，专门向用人单位出具的一份正式的推荐函。该表对毕业生和单位都很重要，一个毕业生只能持有一份原件，若需联系不同的单位，可用复印件，待确定单位后，再将原件交就业单位。

2. 填写就业推荐表要规范

1）封面："学校名称"栏填学校全称，"学历"栏填"大学本科或专科"，"专业名称"栏以资源信息表上的名称为准。

2）内表一：姓名、出生年月的填写必须与户口簿、身份证相一致，不得有异，"生源地区"栏格式为"××省××市××县（区）"，"家庭地址"栏一般填父母居住地地址，家庭地址与生源地有出入者，应在家庭住址栏内注明。

3）内表二："自我鉴定"栏就本人在大学学习期间的思想、学习、工作、生活等方面的表现做自我评价，请勿过于简单。

4）内表三："本人求职意愿"栏填本人求职行业、岗位、地区及其他具体要求；"院系推荐意见"栏由院系详细填写，并签名盖章；毕业生和所在院系填写完相关内容后，以院系为单位统一交到学校就业工作部门盖章。

（三）填写毕业生登记表

毕业生登记表是学生毕业档案材料之一，其内容包括了学生基本情况、学习经历、社会关系、自我鉴定、班委鉴定、院系意见及学校意见等，是就读大学的重要证明。毕业登记表由毕业生本人按"填表说明"认真填写。自我鉴定内容是自己在学校期间思想政治、学习等方面的表现，必须如实填写。毕业登记表在毕业生本人填写后，由班委根据填写内容及"自我鉴定"情况对该同学学习期间的总体表现进行民主评议，并将结论写在"班委鉴定"栏中，班长签字后报院系审核并加盖公章，然后，由校级主管部门确认"学校意见"，盖学校公章后封入学生档案。

（四）户口迁移

学生在学校的户口是临时户口，如果毕业时没有落实接收单位，必须办理暂缓就业手续或将户口迁回原籍。不办理暂缓就业又不将户口迁回原籍者，如被公安局注销其户口则责任自负。办理户口迁移手续的毕业生凭报到证到学校户籍管理部门领取"户口迁移证"（见图8-3），认真核实后交到接收单位。

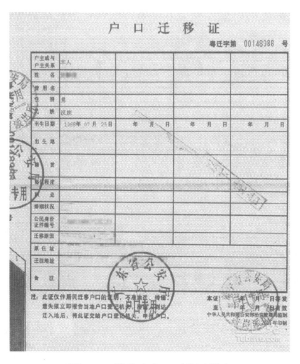

图8-3　毕业生户口迁移证样式

如就业单位有改变，凭新的报到证到学校户籍管理部门更改"户口迁移证"。办理了暂缓就业手续的毕业生，在暂缓就业期限内落实接收单位的，凭报到证到学校户籍管理部门办理户口迁移。暂缓期满，仍未落实接收单位或不办户口迁移者，按暂缓就业的规定处理。毕业生在离校后若不慎将"户口迁移证"遗失，应立即到遗失地有影响的报刊上发表遗失声明，然后将有遗失声明的报纸和登报手续及公安部门的证明带回学校，由学校就业工作部门开具证明，然后到学校户籍管理部门重新办理户口关系迁移。

案例 8-1

大意失"沪籍"

小赵是某重点大学国际经济与贸易专业的毕业生，他来自安徽，毕业后想到上海工作。大学四年，小赵专业成绩在班上名列前茅，年年获得奖学金，并担任学院学生会学习部部长。凭着漂亮的简历和过硬的专业功底，小赵在求职过程中并没有太多的悬念，上海张江工业园区一家国内著名的商贸公司于当年 5 月向他发出了录取通知函。到公司报到后，老总对他非常器重，答应让他先实习三个月，每个月 3500 元工资，实习期满后，工资每月 6000 元。

当年 9 月，小赵与公司签订了正式协议，老总还让他参加了一个重要的国外合作项目，这样一忙就到了 12 月底，他也出色地完成了公司交给的任务。就在这时，一个他没有料到的事情发生了，小赵从同学处得知，外地毕业生在上海就业需要办理"蓝表"审批手续，他这才模模糊糊地想起学校还有一些手续，由于忙于公司的项目，一直拖延未办。于是，他向公司请了假，急急忙忙赶回学校办理相关手续。学校老师告诉他，按照当年的政策规定，进沪手续已经在 10 月底截止，而以后若想解决上海户口，就只能通过复杂的人才引进手续来办理了。听老师这么一说，小赵后悔不已，痛彻心扉。

分析：毕业生要及时了解就业地的有关政策，及时办好户口、档案等迁移事项，关注社保等的办理情况。

（五）党员组织关系接转

毕业生党员在离校前与其签约单位党组织联系确定组织关系转移去向，各支部根据毕业生就业计划填写《毕业生党员组织关系转出情况登记表》，并安排专人到学校党办办理相关手续。因组织关系转移去向不明，暂时无法统一办理的，由毕业生党员本人于毕业当年 7 月 10 日前到学校党办办理相关手续。对毕业离校时未落实就业单位，户口转至入学前户籍所在地的毕业生党员，其组织关系则要转到入学前户籍所在地县（市）级以上的党组织。凡属不就业继续升学或办理出国手续的毕业生党员，其党员组织关系原则上要及时转出。凡是将档案和户口转到各地县级以上人才交流服务中心的，其党员组织关系可以转到相应的人才交流中心党组织。

（六）升学深造

升学深造要以获得录取通知书为依据，不能以毕业生提出申请为依据。考取研究生和普通专升本的毕业生不签发报到证。免试推荐或考取研究生、普通专升本的毕业生，在学校就业方案上报后提出不再攻读的，省级毕业生就业主管部门不再授予其调整改派等手续。

（七）出国留学

符合国家规定申请自费出国留学的毕业生，必须在学校规定的时间内（一般为每年 5 月底或 6 月初）向学校就业工作部门提出书面申请。经批准后，学校不再将其列入就业方案及派发就业报到证，在毕业时将其档案和户口直接转回生源地。超过规定时间，学校不再受理自费留学申请。申请自费留学不参加就业的毕业生，不能办理申请暂缓两年就业手续。办理了暂缓就业手续的毕业生，在暂缓就业期限内提出出国申请的，由省级毕业生就业主管部门办理派遣手续，将其派遣回生源地，到生源地有关部门办理申请出国手续。

（八）毕业离校

1. 需完成的事项

毕业生在毕业离校之前，须完成下列有关的事项。

1）接受毕业教育。

2）填写"高等学校毕业生登记表"。

3）归还所借图书资料和所借公物。

4）归还在校期间贷款。

5）上缴学生证、借书证。

6）办理党团组织关系转移证明。

7）领取户口迁移证、毕业证书。

8）领取报到证。

9）完成所在院校提出的其他事务。

2. 离校时间

根据教育部规定，结合学校实际，毕业生离校的时间一般定于 6 月底或 7 月初，以便让毕业生在 7 月底前到单位报到。

三、就业派遣及报到

（一）就业派遣相关原则

毕业生派遣将发放"全国普通高等学校本专科毕业生就业报到证"，以下简称"报到证"（见图 8-4）。

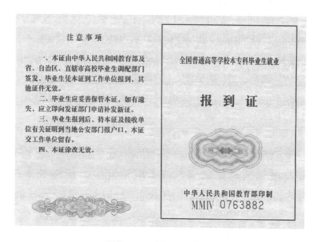

图 8-4　报到证样本

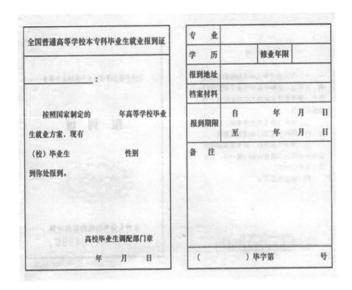

图 8-4 报到证样本（续）

报到证是由省级毕业生就业主管部门单独签发，列入国家就业计划的毕业生才能持有的有效报到证件。用人单位以报到证为依据，接收安排毕业生工作，并接转毕业生的档案、户口等。就业派遣遵循以下原则。

1）有具体单位的毕业生直接派往具体单位。毕业生要认真核对单位名称及单位所在地。

2）升学深造的毕业生需出示相关证明，不参与派遣，不发放报到证。

3）毕业生出国学习、自主创业，派遣到生源地。

4）没有落实单位的毕业生可以与地方政府的人事代理机构签订就业协议，办理人事代理，报到证发往人事代理机构。

5）没有落实单位的按各省级毕业生就业主管部门要求，一律派回生源所在地。

6）在校有学籍的学生，因其他原因中途退学者不予派遣；因行政处分取消学籍者，取消其派遣资格。

7）结业生自荐就业，落实工作单位的可以派遣，但必须在报到证上注明"结业生"字样。

（二）报到证的相关问题

报到证用于单位办理毕业生的接收及人事关系迁转、档案接收等一系列事宜，就业单位所在地的公安部门凭报到证为毕业生办理落户手续，用人单位凭报到证为毕业生办理相关工作手续。报到证一式两联（正本和副本），正本为蓝色，由毕业生持有，到单位报到时交给单位；副本为白色，一般由学校放入毕业生的档案。报到证只允许一人一份，由其他部门印制或签发的报到证无效。毕业生要妥善保管报到证，凡自行涂改、损毁的报到证一律作废。

1. 报到证的作用

1）到接收单位报到的凭证，毕业生就业后的工龄由报到之日开始计算。

2）证明持证的毕业生是纳入国家统一招生计划的学生。

3）凭报到证及其他有关材料办理户口和人事档案等手续。

4）毕业生在工作单位转正和干部身份的证明。

2. 不签发报到证的情况

1）继续升学（专升本）的毕业生。

2）申请出国留学不参加就业的毕业生。

3）办理暂缓就业的毕业生。

（三）到就业单位报到的相关事宜

1. 毕业生到就业单位报到所需材料

①报到证；②毕业证；③户口迁移证；④党（团）关系介绍信；⑤毕业生个人档案（由学校负责寄送）。

2. 报到手续

①持报到证向单位报到；②办理落户手续；③查问档案去向（一般情况下，当档案到单位后才能办理其他有关手续）；④和用人单位签订劳动合同；⑤办理劳动手册。

（四）报到时可能遇到的问题及处理方法

1. 报到证出错

毕业生在领取报到证后，请立即检查是否有误，有误的须立即报自己所在学校就业工作主管部门重新办理。

2. 报到证遗失或损毁

如果毕业生发生了报到证遗失或损毁的情况，应由毕业生及时向学校就业工作主管部门提出申请，然后由学校就业工作主管部门呈报上级主管部门予以补发。

3. 毕业生报到时接收单位拒收

毕业生与用人单位的签约具有法律效力，双方均有义务遵守。如果由于用人单位发生了严重变故，如企业破产、削减编制、转产等原因，而无法继续接收毕业生时，用人单位必须向学校出具解约函，由毕业生重新联系其他单位就业。

4. 毕业生未能按期报到

毕业生应在规定的时间内报到。因不可抗拒的原因（如生病、外出遇灾未归等）无法按期报到，应采取信件、电话、传真等方式向接收单位说明情况和请假。如果逾期不报到，又未向接收单位说明情况和请假的，就可能发生接收单位拒绝接收的后果。

（五）关于调整改派

1. 调整改派的程序

毕业生就业方案公布后，原则上不办理改派。但因特殊原因要求改派的，如果新接收单位与原接收单位在同一市（指设区的市）内范围，由市主管部门调配；如果新接收单位是跨市（地级市）的，按如下程序办理。

1）出具有效的用人单位及其主管部门的接收函。

2）出具原报到单位及其主管部门同意毕业生异地调配的证明。

3）递交本人申请报告，交学校就业工作主管部门审核。

4）对于符合改派条件的，上报省级毕业生就业主管部门审批。如批准，学校就业工作主管部门协助毕业生办理更改报到证手续，并由学校户籍管理部门出具证明由毕业生本人办理户口关系转移。

2. 调整改派的时间

从当年的 7 月至次年的 6 月，由学校统一向省级毕业生就业主管部门申请办理（附有关材料；原派遣单位的退函、新录用单位的接收函、原报到证、学校的意见）。

> **知识探究**
>
> ### 关于毕业生档案
>
> 毕业生档案是在学生毕业前家庭情况、学习成绩、政治思想表现、身体状况等情况的文字记载材料，是用人单位选拔、聘用毕业生的重要依据。用人单位往往根据毕业生人事档案中反映的德、能、才及专业特长，将其安排到适当的工作岗位上。因此，在学生毕业后，其档案能否准确、及时、安全地到达用人单位是非常重要的。
>
> 毕业生档案包含的内容有：①高考录取档案；②学生学籍卡；③高等学校毕业生登记表；④记录在校期间所学全部课程及实验、实习、设计、劳动等成绩的"学习成绩登记表"；⑤实习鉴定表；⑥大学期间的奖惩材料；⑦入团、入党志愿书；⑧大学体格检查表；⑨报到证（白色报到证副本）。

四、暂缓就业

暂缓就业是在每年 5 月底学校向省高校毕业生就业指导中心上报毕业生就业计划时，部分毕业生未落实就业单位，又不愿把户口、人事关系迁回原生源地，将人事关系暂寄存在省级毕业生就业主管部门，将户口暂留学校的一种办法。暂缓就业可以延长毕业生找工作的时间，为部分被用人单位要求先实习后签约的毕业生提供了缓冲时间。

（一）办理对象

符合资格的应届普通高校毕业生均可申请办理暂缓就业。适合办理暂缓就业的毕业生主要有以下几种类型。

1）已与用人单位签订就业协议书，但在学校规定的时间内（一般为每年 5 月底或 6 月初）仍未得到用人单位上级主管部门审批或取得接收函的毕业生。

2）有就业意愿，但在学校规定时间内（一般为每年 5 月底或 6 月初）未找到就业单位而档案户口又不愿意迁回生源地的毕业生。

3）自主创办企业暂未获有关部门正式批准的。

4）准备考公务员的毕业生。

特别说明：外籍生源、港澳台生源、未取得毕业资格、在毕业前申请出国（出境）的学生不得申请暂缓就业。

（二）申请与取消暂缓就业的程序

1. 申请程序

1）毕业生须在规定的时间内由本人向学校提出暂缓就业申请，经批准后签订"暂缓就业协议书"。

2）省级毕业生就业主管部门根据各高校在网上上报的毕业生就业信息打印条形码并下发到各高校，各高校将条形码按要求粘贴在"暂缓就业协议书"（三份，一份上交省就业指导中心、一份由学校留存、一份由学生保管）。在暂缓期间，毕业生的户口暂留学校，档案由省级毕业生就业主管部门集中保管，暂缓期为两年。在暂缓期间如能落实就业单位者，可按照有关就业程序办理就业报到手续。逾期未落实单位者，其户口和档案转回生源地自谋职业。毕业生申请暂缓就业的时间一般为每年5月底或6月初。

2. 取消程序

1）已办理暂缓就业的毕业生，在学校未把档案送到省级毕业生就业主管部门前要求取消暂缓就业的，可向学校就业工作主管部门提出申请，由学校统一到省级毕业生就业主管部门办理派遣手续。

2）在学校送档案到省级毕业生就业主管部门后，毕业生如果在非生源地落实就业单位或回生源地就业而需要取消暂缓就业、办理派遣手续的，可到省级毕业生就业主管部门办理。

派遣回生源地的毕业生办理报到证须携带贴有省级毕业生就业主管部门核发的条形码的"暂缓就业协议书"、身份证、毕业证；派遣到非生源地的毕业生办理报到证须携带贴有省级毕业生就业主管部门核发的条形码的"暂缓就业协议书"、就业单位当地人事部门（人才交流中心）或教育行政部门的接收证明（或就业协议书）或其他有效接收材料、身份证、毕业证。

3）办理报到证后方可凭报到证、毕业证、身份证到学校户籍管理部门办理户口迁移手续（户口未迁至学校者除外），到学校党办办理党员组织关系的转出手续（非党员除外）。

案例 8-2

该不该办理暂缓就业

5月底，就读省内某大专的应届毕业生阿诗一直在忙于找工作。最近她听到同学说，还没落实就业单位的，可办理暂缓就业，这样户口能留在学校。阿诗很郁闷，按照目前自己的情况，在6月前定下工作有些难度，家里人也不想她把户口迁回家乡。目前她一心忙着找工作，根本就没想人事档案、户口如何处理，见不少同学都办理了暂缓就业手续，她决定也办理。

分析： 暂缓就业在一定程度上延长了找工作的时间，毕业生可以有更长的时间来选择。但需要注意的是，毕业生在暂缓就业期间既不是在校学生，也不是社会人，身份比较尴尬，造成有些证件或证明无法办理，如果需要办理这些证件还得取消暂缓。暂缓就业的毕业生因错过应届毕业生就业的最佳时期，将会面临更大的就业压力，不仅可能会受到用人单位的歧视，还要与更多的毕业生竞争。

五、人事代理

人事代理是指由政府人事部门所属的公共就业和人才服务机构，按照国家有关人事政策法规要求，接受单位或个人委托，在其服务项目范围内，为多种所有制经济尤其是非公有制经济单位及各类人才提供人事档案管理、职称评定、社会养老保险金收缴、出国政审等全方位服务，是实现人员使用与人事关系管理分离的一项人事改革新举措。

公共就业和人才服务机构可在规定业务范围内接受用人单位和个人委托，从事下列人事代理服务。

1）流动人员人事档案管理。

2）因私出国政审。

3）在规定的范围内申报或组织评审专业技术职务任职资格。

4）转正定级和工龄核定。

5）大中专毕业生接收手续。

6）其他人事代理事项。

按照《人才市场管理规定》的有关规定，人事代理方式可由单位集体委托代理，也可由个人委托代理；可多项委托代理，也可单项委托代理；可由单位全员委托代理，也可由部分人员委托代理。

单位办理委托人事代理，需向代理机构提交有效证件及委托书，确定委托代理项目，经代理机构审定后，由代理机构与委托单位签订人事代理合同书，明确双方的权利和义务，确立人事代理关系。

经典分享

择业、签约阶段常见的几种侵权现象

（一）择业阶段

择业阶段是指大学生和用人单位还未形成合同关系、劳动关系的阶段，也就是通常所说的求职阶段。这个阶段的侵权主要表现为以下几个方面。

1.对大学生平等权的侵犯

有的用人单位在招聘时通过擅自设置限制性规定，或者提高条件，对女学生或者某些病毒携带者制造就业障碍，实行就业歧视。遇到就业歧视的情况，大学生应当主动与用人单位做好协商沟通工作，极力推荐自己，在必要时可以通过有关行政主管部门的监管、新闻媒体的监督，或者是通过劳动仲裁、法律诉讼等途径依理、依法力争。

2.对大学生知情权的侵犯

有的用人单位为了能招到优秀的高校毕业生，在所提供的招聘信息中夸大其词，隐瞒自己单位的真实情况，致使一些大学生轻信上当，在找工作时浪费了自己宝贵的求职时机，有的甚至误入不法企业精心设置的陷阱。毕业生在应聘时一定要保持清醒的头脑，不要轻信用人单位的一面之词，可以通过咨询有关行政主管部门、实地调查、走访客户、询问员工、网络查询等多种途径全面客观地了解用人单位的真实情况。

3.对大学生隐私权的侵犯

有的用人单位为了详细了解应聘者的情况，在面试时会问应聘者非常隐私的个人问题，如"有没有异性朋友"等无礼的问题。有的用人单位草率处理大学生的推荐资料，致使大学生的私人信息流失。用人单位的这些行为既是对大学生的不尊重，也侵犯了大学生的隐私权。大学生在应聘时一定要有保护隐私权的意识，要策略地回避用人单位侵犯隐私权的询问，推荐表的内容应当简洁明了，以客观介绍自己的基本素质和能力为主，不应事无巨细，暴露自己的隐私。

4.对大学生财产权的侵犯

有的用人单位巧立名目，向大学生收取报名费、培训费、考试费等不合理费用，借录取为名行乱收费之实。大学生应当依照法律法规和政策的规定，拒绝用人单位不合规的收费要求，并且向有关行政主管部门举报。

（二）签约阶段

签约阶段即大学生与用人单位签订就业协议书的阶段，该阶段的侵权现象主要表现为以下几个方面。

1.无主体资格的虚假签约

无主体资格的就业协议是无效的，这就意味着大学生的就业权益失去了保障。主体资格的无效问题有些是由于大学生自己的因素造成的，如在报到时未取得毕业资格，或者没有满足用人单位附带的生效条件，用人单位可以不予接收而无须承担法律责任。还有些是由于用人单位的过错造成的，如用人单位不具有从事各项经营或管理活动的能力，没有录用指标和录用自主权，而进行虚假签约。因此，大学生应当在审视自己的主体资格的同时，严格审查用人单位的主体资格。

2.就业协议的内容不合法

内容不合法或损害公共利益的就业协议是无效的。大学生必须严格审查双方签订的劳动合同内容是否符合法律、法规和政策，不能无原则地迁就用人单位从事非法工作。

3.违约金过高

用人单位刻意设置高额违约金，造成毕业生改派成本过高。因此，大学生在签订就业协议书时，要与用人单位慎重协商违约金额，对于那些违约金约定数额较高的企业，应考量自己承受的风险能力，量力而行。

能力训练

大学生就业手续办理模拟咨询活动

一、训练目标

引导学生熟练掌握大学生就业手续办理的各项流程，锻炼口头表达能力和临场应变能力。

二、程序与规则

（一）准备

1）以班级为单位，将全体同学平均分为A、B两个大组，每大组又平均分为若干个小组，每个小组以3～5人为宜。

2）以小组为单位，小组成员分头准备，熟悉、掌握大学生就业各项手续的办理流程，并拟定若干个准备咨询的问题，问题要联系实际、具体明确，避免过于宽泛。

3）按照小组人数，准备椅子、桌子若干，排成咨询服务工作台。

（二）实施

1.第一阶段（15分钟）

A组同学扮演学校就业办工作人员、就业指导教师；B组同学扮演应届高校毕业生，就大学生就业手续办理问题向A组同学进行咨询。A组同学进行解答,咨询问题不少于5个。

2. 第二阶段（15分钟）

角色互换,B组同学扮演学校就业办工作人员、就业指导教师;A组扮演应届高校毕业生,就大学生就业手续办理问题进行咨询。由B组同学进行解答,B组已咨询过的问题,A组不得重复提问,否则B组同学有权拒绝回答,同样,咨询问题不少于5个。

三、评价与反馈

教师就各小组的表现进行点评、总结。

四、参考时间

45分钟。

思考与讨论

1. 你和某用人单位已经签署了就业协议书,但还未向学校递交就业协议书,此时你心仪的一家单位向你伸出"橄榄枝",你该怎么办?

2. 当你与用人单位签署了就业协议书后,拿到了专升本的录取通知书,此时你应该如何做?

3. 报到证意外丢失如何处理?

单元二　劳动合同和就业权益

✍ **能力目标** 📖

1. 了解劳动合同及就业权益的保护;

2. 识别和防范常见的就业陷阱;

3. 劳动争议的处理。

案例导读

履行劳动义务就有事实劳动关系

李杨在职校毕业后到一家广告公司任职,当时谈好没有试用期,但是要签劳动合同、调档、上各种保险。公司在和她办了相关的人事手续后并没有按约定签订劳动合同,李杨多次跟总经理谈签合同的事,总经理以各种理由推托。在李杨工作7个月后,总经理单独和她谈话,借口公司发展方向转变等原因将她辞退,并让她交接工作。李杨提出公司应该按照《中华人民共和国劳动法》的规定给予自己经济补偿，但被公司拒绝。后又得知公司未给自己缴纳任何保险。因此，她向劳动争议仲裁委员会申请仲裁，要求公司补缴劳动保险并支付1个月工资的经济补偿。但是想不到公司却提出，她还在试用期，并且是她自己提出的辞职，所以不同意她的要求。而李杨除了7个月的工资单外，也没有其他证据，后来仲裁部门要她提供总经理有关辞退谈话的直接证据。可她怎么可能得到呢？

分析：李杨完全可以要求公司补偿一个月的工资。如果公司没有提前一个月通知解除劳动合同，还可以要求再支付一个月的工资。至于要李杨提供公司的有关证明，作为个人是很难做到的，李杨可以要求公司提供否定的证明。员工提出辞职必须有书面申请，公司说李杨是辞职，李杨可以要求公司提供辞职书面申请。如果公司没有将李杨辞退，那么，李杨可以要求公司与其签订劳动合同。

用人单位和李杨虽然没有签订书面劳动合同，但李杨已成为用人单位一员，身份上具有从属关系，双方确已形成了劳动权利义务关系。

可以综合下列情况认定为事实劳动关系：

1）劳动者已实际付出劳动并从用人单位取得劳动报酬。

2）用人单位对劳动者实施了管理、指挥、监督的职能。

3）劳动者必须接受用人单位劳动纪律和规章制度的约束。

按照《中华人民共和国劳动法》规定，建立劳动关系应当签订劳动合同。如果企业未按规定与员工签订劳动合同，但员工已经履行了劳动义务，可视为双方当事人具有事实劳动关系。事实劳动关系受法律保护。如果发生劳动争议符合受理条件，劳动争议仲裁委员会应当受理。

《中华人民共和国劳动合同法》第十条规定：建立劳动关系，应当订立劳动合同。已建立劳动关系，未同时订立书面劳动合同的，应当自用工之日起一个月内订立书面劳动合同。用人单位与劳动者在用工前订立劳动合同的，劳动关系自用工之日起建立。

一、劳动合同

劳动合同也称劳动协议，是指劳动者与用人单位之间确立劳动关系、明确双方权利和义务的协议。作为一个劳动者，依法与用人单位签订劳动合同，是维护自身合法权益的重要保障。劳动合同是劳动关系的直接反映，是劳动者维权的法律凭证。

随着企业用工形式和劳动关系的日趋多样化，劳动者合法权益受到侵害的现象频频发生，尤其是职校毕业生维权意识较弱，在当下就业形势日趋严峻的情况下，如何维护自身就业权益无疑是毕业生最关心的问题之一。《中华人民共和国劳动合同法》成为亿万劳动者维护自身权益的保障。

（一）劳动合同的订立、变更、解除和终止

1. 劳动合同的订立原则

（1）合法原则　合法原则是订立劳动合同的基本原则，也是最重要的原则。合法原则是指劳动合同的订立不得违反法律、法规的规定。这里所说的法律、法规，既包括现行的法律、行政法规，也包括民事、经济方面的法律、法规。

合法原则的基本要求是：

①订立劳动合同的主体必须合法。即当事人双方必须具有法律、法规规定的主体资格。劳动者一方必须达到法定年龄，具有劳动权利能力和劳动行为能力；用人单位一方必须是依法设立的能够独立承担合同义务的组织。

②订立劳动合同的内容必须合法。当事人双方在合同中约定的权利义务条款必须符合国家法律、法规和有关政策的规定。

③订立劳动合同的程序和形式必须合法。程序合法，是指劳动合同的订立，必须按照法律、行政法规所规定的步骤和方式进行，一般要经过要约和承诺两个步骤，具体方式是先起草劳动合同书草案，然后由双方当事人平等协商，协商一致后签约。形式合法，是指劳动合同必须以法律、法规规定的形式签订。

案例 8-3

签劳动合同不可大意

某职校物流专业毕业生王鹏，在毕业后来到一家规模不小的物流公司应聘。公司人事主管向他介绍了公司的简要情况、工作岗位及每月工资和其他待遇等事项。随后便拿出两份合同书说，如果同意就在合同上签字，听完人事主管的介绍觉得很满意，王鹏便在这位人事主管的指点下签了字。人事主管告诉他月初即可来上班，并让他交纳1000元的保证金。王鹏不解地问，为什么要交保证金，主管回答这是公司的规定，而且合同上也清楚地注明了，这时王鹏才想起在阅读劳动合同的内容时，确实看到有交纳保证金的条款。但是自己在已合同上签了字，真是骑虎难下。

分析： 劳动者与用人单位签订劳动合同是为了通过法律来保护自己的利益，所以，签订劳动合同之前要谨慎、细致，不能因为疏忽大意，使自己陷于被动。

（2）平等自愿原则　平等自愿原则是订立劳动合同的核心原则。所谓平等，是指在订立合同时，劳动者和用人单位在法律上处于平等的地位，都有权选择对方并就合同内容表达具有同等效力的意志。所谓自愿，是指订立劳动合同的双方当事人以各自的起初意志表示自己的意愿。任何一方可拒绝与对方签订合同，同时任何一方都不得强迫对方与自己签订劳动合同。

实现平等自愿原则的要求是：①劳动者在订立劳动合同前，有权了解用人单位相关的规章制度、劳动条件、劳动报酬等情况，用人单位应当如实说明；②用人单位在招用劳动者时，有权了解劳动者的健康状况、知识技能和工作经历等情况，劳动者也应当如实说明。

（3）协商一致原则　协商一致原则是平等自愿原则的延伸和结果。协商一致是指当事人双方进行充分的平等协商，就劳动合同的所有事项形成完全相同的意思表示后确定劳动合同的订立。协商一致是维护双方当事人合法权益的基本要求。

（4）诚实信用原则　诚实信用原则常被誉为"帝王规则"，根据此原则，用人单位和劳动者双方在订立劳动合同过程中，必须诚实无欺，讲究信用，不得滥用权利和规避法律的义务。根据该原则，双方当事人在订立劳动合同时，应当真实地向双方当事人陈述与建立劳动关系有关的情况。在现实中，有的劳动者为了获得聘用机会，向用人单位提供假文凭、假证件等，就是不诚实的典型表现。

案例 8-4

关于竞业限制

某职校计算机专业毕业的杜飞来到一家计算机软件开发公司应聘。公司在对他的计算机水平进行测试后，同意录用并拟订为期 3 年的劳动合同。由于杜飞的工作涉及该公司软件开发的核心秘密，所以在劳动合同中规定："员工要为用人单位保守生产、技术、经营秘密。在离开公司 2 年内，不得在与该公司生产同类产品或经营同类业务且有竞争关系的其他用人单位任职，或自己生产、经营与该公司有竞争关系的同类产品或业务。如有违约，依法承担赔偿责任。"杜飞看到这条约定后，认为既然来到公司工作，就应该做到诚实守信，为用人单位保守秘密，所以同意了此项约定。

分析：上述合同中的这一条款，叫作竞业限制条款。竞业限制是指用人单位的员工（尤其是高级工）在其任职期间不得兼职于竞争单位或兼营竞争性业务。在其离职后的特定时期和地区内也不得从业于竞争单位或进行竞争性营业活动。竞业限制的主要目的是为了保护用人单位的商业秘密不会随着员工的流动而流向竞争单位，保持用人单位在竞争中的优势地位。根据我国有关法律法规的规定，竞业限制的期限最长不得超过 2 年，与员工约定竞业限制的单位应当予以补偿。在竞业限制的年限内，补偿额一般不低于受竞业限制人员原工资的 50%。

杜飞在签订这份合同时，首先想到了诚实守信的做人标准，这是值得肯定的。但是，应该考虑的是：一旦离开了用人单位，杜飞就要在 2 年内不得从事他所喜爱和拥有专长的专业，为了生计有可能从事某项没有专业要求和自己并不愿从事的工作，这将对他的收入和生活造成一定的影响。而用人单位只从自身利益出发提出了对劳动者的竞业限制，却没有规定对于诚实守信的员工要给予相应的补偿，这是显失公平的。所以，如果杜飞的工资是每月 3000 元的话，那么在履行其承诺的前提下，应得到 5 万多元的补偿。

坚持诚实守信的原则，为维护用人单位的合法利益而履行相应义务是必需的，但同时也要考虑自身的合法权益是不是受到了侵害。所以我们在签订劳动合同时，应认真分析合同条款，衡量其是否符合权利与义务对等，是否公平、合法。

2. 劳动合同的变更

如果在履行劳动合同期间，由于各方面的原因，需要对合同中约定的部分条款进行修改、补充和完善，这种行为称为劳动合同的变更。在这种情况下要注意以下事项。

1）劳动合同的变更要遵循平等协商的原则，用人单位未征得劳动者本人的同意，不得随意变更劳动合同的条款。

2）变更劳动合同与订立劳动合同的规则一样，也应以书面形式订立。

3）如果协商不成，则原合同应继续履行。

3. 劳动合同的解除

劳动合同的解除是指劳动合同订立后，在未履行完毕之前，由于某种因素导致当事人双方提前终止合同效力的法律行为。

（1）双方协商解除　双方协商解除的条件是：双方自愿，平等协商，不得损害另一方利益。双方协商解除劳动合同，必须达成解除劳动合同的书面协议。

（2）用人单位解除劳动合同

1）劳动者有下列情况之一的，用人单位可以解除合同。

①劳动者在试用期间被证明不符合录用条件的。

②严重违反用人单位的规章制度的。

③严重失职，营私舞弊，给用人单位造成重大损害的。

④劳动者同时与其他单位建立劳动关系，对完成本单位的工作任务造成严重影响，或者经用人单位提出，拒不改正的。

⑤以欺诈、胁迫的手段或乘人之危，使对方在违背真实意思的情况下订立或变更劳动合同的。

⑥被依法追究刑事责任的。

在以上几种情况中，解除劳动合同是由劳动者本身原因造成的，用人单位可以不支付经济补偿。

2）具有下列情况之一的，用人单位要提前30天以书面形式通知劳动者本人或额外支付劳动者补偿金后，才可以解除劳动合同。

①劳动者患病或非因工负伤，在规定的医疗期满后不能从事原工作，也不能从事由用人单位另行安排的工作的。

②劳动者不能胜任工作，经过培训或调整工作岗位，仍不能胜任工作的。

③在劳动合同订立时所依据的客观情况发生重大变化，致使劳动合同无法履行，经用人单位与劳动者协商，未能就变更劳动合同达成协议的。

在以上三种情况下解除劳动合同，用人单位按劳动者在本单位工作年限，每满1年，发予劳动者相当于1个月工资的经济补偿金（满6个月不满1年的，按1年计算）。

案例 8-5

张扬的劳动仲裁案

张扬从某职校印刷系毕业后，到印刷厂从事排版工作。张扬在印刷厂工作的一个多月时间里，该厂领导发现张扬视力明显降低，经常漏掉文字，以至于影响工作质量。印刷厂与张扬协商，将其调往印刷或装订车间工作，但张扬以工作累为由表示不同意。不久，厂领导又提出将其调到业务部工作，张扬嫌工资偏低而不愿意去。鉴于此，经厂领导研究决定，提前1个月书面通知张扬与其解除劳动合同，并给予张扬2个月经济补偿金。张扬收到上述决定后，以合同期限未满、厂方单方解除合同为由申请劳动仲裁，要求厂方撤销决定。劳动争议仲裁委员会经查，双方当事人所述事实无误，在调解无效的前提下，裁决对张扬的申诉请示不予支持，维持印刷厂的决定。

分析： 在劳动合同订立时所依据的客观情况发生重大变化，致使原劳动合同无法履行，经当事人协商不能就变更劳动合同达成协议的，用人单位可以解除劳动合同。所谓客观情况发生重大变化，是指发生的与订立劳动合同有关致使原劳动合同无法履行的行为和事件。张扬在与该印刷厂签订劳动合同时，视力符合从事排版工作的条件。但在履行劳动合同过程中，张扬视力明显降低，排版差错率超标，厂方与其协商调整工作岗位既有利于生产又有利于保护劳动者视力，并无不当。张扬所提不愿从事其他岗位工作的理由不充分，厂方难以考虑。

3）劳动者有下列情形之一的，用人单位不得解除劳动合同。

①从事接触职业病危害作业的劳动者未进行离岗前职业健康检查，或者疑似职业病病人在诊断或医学观察期间的。

②在本单位患职业病或因工负伤并被确认丧失或部分丧失劳动能力的。

③患病或非因工负伤，在规定的医疗期内的。

④女职工在孕期、产期、哺乳期的。

⑤在本单位工作满15年，且距法定退休年龄不足5年的。

⑥法律、行政法规规定的其他情形。

（3）劳动者解除劳动合同

1）劳动者在下列情况下可以随时通知用人单位解除劳动合同。

①未按照劳动合同约定提供劳动保护或劳动条件的。

②未及时足额支付劳动报酬的。

③未依法为劳动者缴纳社会保险费的。

④用人单位的规章制度违反法律、法规的规定，损害劳动者权益的。

⑤以欺诈、胁迫的手段或乘人之危，使对方在违背真实意思的情况下订立或变更劳动合同的。

⑥法律、法规规定劳动者可以解除劳动合同的其他情形。

2）用人单位以暴力、胁迫或非法限制人身自由的手段强迫劳动者劳动的，或者用人单位违章指挥、强令冒险作业危及劳动者人身安全的，劳动者可以立即解除劳动合同，不需事先告知用人单位。

3）劳动者解除劳动合同，应当提前30天以书面形式通知用人单位。劳动者在试用期内提前3天通知用人单位。

案例 8-6

劳动者有辞职的权利

2015年7月，郭兵从职校毕业后应聘到一家科技公司工作，并与用人单位签订了5年的劳动合同。2018年8月，郭兵另谋高就，于是向公司递交了书面辞职信，而公司却以郭兵的合同未到期为由，不同意他辞职。为此，郭兵申请劳动仲裁。30日后公司仍拒绝为其办理解除劳动合同的相关手续，致使郭兵迟迟不能到新的用人单位工作。

分析：劳动者拥有单方解除劳动合同的权利，而不需要任何实质性条件，也无须征得用人单位同意，这是法律赋予劳动者的辞职权，这一规定充分维护了劳动者自主择业的权利。劳动者与用人单位签订了劳动合同，一旦认为自己所从事的工作难以发挥自己的才能，或者有更适合自己的工作，或者有其他原因，都可提出解除劳动合同。除法律规定的之外，要求劳动者解除劳动合同，应当提前30日以书面形式通知用人单位，这主要是为了给用人单位一个合理的准备和调整期限，安排人员接替辞职员工，以减少损失。注意：这里所讲的是"通知"，而不是"批准"。超过30日劳动者提出办理解除劳动合同的相关手续时，用人单位应予以办理。本案例中郭兵可以公司不予办理解除劳动合同的相关手续向劳动争议仲裁委员会提出维权申诉。当然，如果劳动合同中规定了解除劳动合同的违约赔偿责任，劳动者本人还是需要承担的。这也是提醒我们不要草率运用辞职权。

4.劳动合同的终止

有下列情形之一的，劳动合同终止。

1）劳动合同期满的。

2）劳动者开始依法享受基本养老保险待遇的。

3）劳动者死亡，或者被人民法院宣告死亡或宣告失踪的。

4）用人单位被依法宣告破产的。

5）用人单位被吊销营业执照、责令关闭、撤销或用人单位决定提前解散的。

6）法律、行政法规规定的其他情形。

案例 8-7

企业不可任意终止劳动合同

2016年7月，王新从某职校毕业后应聘到某广告公司工作，签订了为期5年的劳动合同，约定试用期3个月。但是在王新上班4个月后该广告公司提出，原先签订的劳动合同由于未经公司领导开会研究因此必须停止履行。王新认为公司的理由不能成立，自己一向表现良好，对待工作认真负责，公司这样对待自己是不能接受的。为此，王新多次向领导要求恢复履行合同并赔偿损失。但是公司始终坚持终止履行合同，并声称领导决策没有商量的余地。王新向当地仲裁委员会提出了申诉。

分析：在本例中，该广告公司声称"未经公司领导开会研究"，单方面停止履行已经签订的劳动合同的做法，是没有法律依据的。按照《中华人民共和国劳动合同法》的规定，用人单位与劳动者应当按照劳动合同的约定，全面履行各自的义务。王新与广告公司之间的劳动合同依法订立，该广告公司应当履行，任意终止劳动合同的行为是违反法律规定的。王新不但有权要求广告公司继续履行劳动合同，而且有权要求该公司进行违约赔偿。

（二）高职毕业生就业权益保护

高职毕业生进入职场，将面临与学校截然不同的环境。由于当前社会存在就业难的客观现实，某些用人单位可能会摆出一副居高临下的架势，在与高职毕业生见面"双选"、签订就业协议书、就业报到等过程中随意处置双方的法律关系，不合理地加大工作指标、压低劳动报酬，甚至不给劳动者缴纳保险。高职毕业生在就业过程中应提高警惕，加强自我保护意识，了解熟知就业的相关政策法规，熟悉毕业后的就业流程，从而使自己在就业时学会用政策法规保护自己，少走弯路，少受不合理的侵犯，成功就业、顺利就业。

1.毕业生享有的主要就业权利

（1）信息获取权　就业信息是毕业生成功就业的前提和必要条件，只有获取充分的就业招聘信息，才能结合自身情况选择适合自身发展的职业和用人单位。毕业生信息获取权主要包括3个方面：①信息公开，所有用人信息向全体毕业生公开，任何单位和组织不得隐瞒和截留相关信息；②信息及时，即毕业生获取的信息必须及时有效，而不能将过时无利用价值的信息传递给学生；③信息全面，毕业生有权获得准确的、全面的就业信息，以便对用人单位有全面的了解，从而做出符合自身要求的选择，而不是盲目的。

（2）就业指导权　学校应当为毕业生提供就业指导和服务，并成立专门机构，安排专业指导老师对毕业生进行指导，具体内容包括：①向毕业生宣传国家的有关就业方针、政策；②宣传毕业生就业的有关原则、规定和程序；③对毕业生进行择业技巧的指导，引导毕业生根据国家需要、社会需要，结合个人实际情况进行择业。

（3）就业推荐权　高等职业院校在就业工作中的一个重要职责就是向用人单位推荐毕业生。历年工作经验证明，学校的推荐往往在较大程度上影响到用人单位对毕业生的取舍。毕业生享有被推荐权包含：①如实推荐，即高校在对毕业生进行推荐时应实事求是，根据毕业生本人的实际情况向用人单位进行介绍、推荐，不能故意贬低或随意捧高毕业生在校表现。②公正推荐，学校对毕业生进行推荐应做到公平、公正，应给每一位毕业生以就业推荐的机会，不能厚此薄彼。公正推荐是学校的基本责任，也是毕业生享有的最基本的权益。③择优推荐，学校根据毕业生的在校表现，在公正、公开的基础上，还应择优推荐，用人单位在录用毕业生时也应坚持择优标准。这样才能调动广大毕业生和在校生学习的积极性。

（4）就业选择权　毕业生只要符合就业的条件，就有自主择业的权利。在与用人单位签订意向时，任何的组织和个人都无权干涉和侵犯毕业生的就业选择权，不能将个人意志强加给毕业生。

（5）待遇公平权　很多毕业生在就业过程中会遇到用人单位待遇不公平、不公正的现象，如女生在就业过程中就常会遇到这种问题。这种待遇的公平是毕业生在就业过程中最需要维护的权益。

（6）获悉知情权　高职毕业生在就业过程中有获取知悉用人单位信息、了解用人单位的工作环境、福利待遇、工资水平、发展前景等情况的权利。用人单位有义务向毕业生和学校如实介绍本单位的真实情况。任何发布虚假信息、对毕业生隐瞒本单位实际情况的做法，都是对毕业生就业获悉知情权的侵犯。

（7）违约求偿权　毕业生的就业协议书一经签订，毕业生、用人单位、学校任何一方不得擅自毁约，如果有违约都必须严格履行相应责任。任何一方提出变更或解除协议，均须得到另外两方的同意，并应承担违约责任。

2. 毕业生在求职过程中常见的侵权违法行为

（1）发布虚假信息　主体不合格的机构，如非法人才中介机构，以收取信息介绍费为目的，发布过时或子虚乌有的招聘信息，欺骗毕业生。传销机构假借一些知名企业的名义发布虚假招聘信息，高薪诱骗毕业生进入非法传销组织。

（2）在招聘要求中有歧视条款　招聘要求中经常会有性别、身高、相貌、学历、专业、家庭关系、血型、工作经验等歧视。其中，工作经验歧视比较多，有的用人单位在招聘中需要毕业生有实际工作经验，对于刚刚毕业步入职场的学生工作经验是慢慢积累的，这样的要求分明就是不合理的条款。

（3）收取求职者的财物或扣押证件　在招聘过程中，向毕业生收取招聘费、培训费、押金或服装费，扣押身份证、毕业证、档案等。

（4）不按规定签订就业协议书和劳动合同　在签订就业协议书时，对毕业生档案接收单位、户口迁移地址不明确，对工作内容、合同期限、工资福利等协商条款不明确注明。

（5）不履行和部分履行就业协议书和劳动合同　在就业协议书签订后，违约或不按时接收毕业生；不按就业协议安排相应的工作岗位、不能履行协商工资福利等；以试用期为由，解除劳动合同，不按劳动合同条款履行合同等行为。

3.如何维护毕业生就业权益

（1）认真签订就业协议书，发挥协议书的作用　就业协议书是明确毕业生、用人单位、学校在毕业生就业工作中权利义务的书面文本，毕业生应该认真签订好就业协议书。签订就业协议书应注意：①查明用人单位主体资格是否合格；②有关协议条款是否明确合法；③签订就业协议书程序是否合法；④写明违约责任；⑤了解就业协议书的法律责任。

（2）遵循市场规则，防止侵害自身合法权益行为的发生　毕业生在就业求职过程中，无论是自荐、应聘、面试、笔试，都应该遵循"诚实、守信、平等"的原则，以自身实力参与竞争。要有风险意识，对于有些用人单位在招聘时明显夸大条件，以高薪和高福利吸引人才的做法要有警戒心，预防侵害自身合法权益行为的发生。

（3）善于用法律手段维护自身合法权益　由于目前就业市场还不够成熟和完善，法律法规和制度尚不健全，加以社会风气、旧观念、旧思想的影响，毕业生在就业过程中难免权益会受到侵害。针对侵犯就业权益的行为，毕业生应向用人单位上级主管部门、学校进行申诉，并听取他们的处理意见，同时，也可提交给当地的劳动争议仲裁机构进行调解和仲裁，或者直接向人民法院提起诉讼。

（4）防范就业陷阱　仔细鉴别各类就业信息，有效识别就业陷阱；了解国家有关的政策法律法规，努力提高自身法律意识；慎重签订就业协议书，注意约定条款的合理性。

二、识别和防范常见的就业陷阱

就业陷阱，是指在就业过程中，用人单位借工作机会和拥有信息的有利条件，以发布虚假、夸大或模糊的招聘信息为手段，以牟利或其他意图为目的的招聘，或者违反求职者个人意愿使其额外支付财物或诱骗求职者进行违背法律道德行为的情况。

案例8-8

职介所提供虚假信息需赔偿

从职校毕业后，阿冰到某职介所登记找工作，这个职介所收取阿冰100元中介费后，告知该区某公司急需一名销售员，让他去面试。阿冰到公司以后，面试轻松过关，但公司告诉她必须缴纳400元的"建档费"才能上岗，急于找工作的阿冰只好向公司交了这笔钱。两天后，阿冰到公司上班，却发现公司早已人去楼空。阿冰找到职介所，费尽口舌之后，职介所才答应将中介费退给阿冰，"建档费"则由阿冰自行承担。阿冰此时才明白自己遇到了"黑职介"。

分析：按规定，职业介绍机构负有审查责任，不仅要审查用人单位的合法性，还要审查用人单位招工信息的真实性，如果职业介绍机构提供虚假信息，应受到相应处罚，对当事人造成损害的，应承担赔偿责任。另外，求职者向职介所支付中介费后，便与其形成了委托合同关系。在这一关系中，职介所负有"注意"的义务，包括核准用工单位营业执照等合法证件、提供符合求职者要求的信息等。因此，职介所的这种行为是违法的。阿冰不仅可以向职介所要回中介费，还可以向职介所提请赔偿。职介所提供虚假信息包括两种情况：如果职介所的确不知道用人单位或其信息是虚假的，职介所需负直接责任，应偿还求

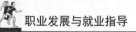

职者在这一过程中支付的所有费用；如果职介所明知用工单位或其信息是虚假的，仍提供用工信息，这就是欺诈，职介所除应接受行政处罚、偿还求职者所支付的费用外，还应赔偿求职者的其他损失，如误工费等。

（一）就业陷阱的特征

1. 欺骗虚伪性

就业陷阱的欺骗虚伪性主要表现在用人单位以虚假宣传、不实承诺来取得求职大学生的良好期望，以此提高招聘条件，隐藏各种不法目的。

2. 诱惑性

就业陷阱的诱惑性主要表现在不法单位用高工资、高待遇来吸引求职大学生的注意力。例如，某单位承诺待遇的高数额，但待求职者入职后却告诉他待遇里边包括"五险一金"、食宿费等。

3. 违法悖德性

就业陷阱的违法性，主要表现在违反《中华人民共和国劳动合同法》，有的甚至违反了《中华人民共和国刑法》。例如，用人单位想留住人才，而在招聘之时采用比较隐晦的手段扣押学生的身份证、毕业证等证件，当学生有了其他好的工作选择时，欲走难行。这就违反了《中华人民共和国劳动合同法》第九条之规定："用人单位招用劳动者，不得扣押劳动者的居民身份证和其他证件。"就业陷阱的悖德性，主要表现在利用社会对学生的认同和信任，诱骗学生从事推销劣质产品等，有悖社会公德，甚至走上违法犯罪的道路。

4. 模糊性

就业陷阱的模糊性，是指用人单位或个人在招聘信息中用词多含歧义，让求职大学生者感觉是有利的，但当他们自己解释时又完全变得不利于求职者。

5. 多面性

就业陷阱的多面性是指就业信息的发布单位功能强大，往往表现为用同样的地址和电话注册多个公司，或者一个公司业务涉及多个领域。如某公司在他们的招聘信息中涉及航空、建筑、医疗、保险等业务。

（二）就业陷阱的类型

1. 就业渠道陷阱

就业渠道陷阱主要是通过招聘网站、QQ、微信、微博等渠道发布具有很大诱惑力的职位信息，吸引求职大学生的注意。例如，某公司打出招聘"储备干部"的广告，并且许以高薪，而且条件也不苛刻，很多符合条件的学生蜂拥而至，实际确是要干销售员的业务，所谓的高薪也要等做到一定年限或职务之后才能享受。

2. 工资待遇陷阱

这类用人单位往往对求职的大学生许以高薪，但是不签订任何书面合同，等到应聘者领工资时，不是打折就是推脱，有的甚至以公司倒闭为由不发一分钱。如果用人单位给求职大学生的岗位年工资远远高于所在城市的年平均工资，那么这样的招聘单位往往存在很多的问题。另外还有些用人单位和个人许诺给求职大学生一个很高的工资总额和无据可查的升职加薪计划，而实际上这个总额包含保险金、养老金、失业金等，左扣右扣到手的工资已所剩无几了，而升职加薪的最终解释权都由用人单位说了算。

3. 单位资质陷阱

有些用人单位或个人，在招聘时对自己单位的描述不切实际，把不属于自己的资质、荣誉、业绩等都攀龙附凤地附加到自己的身上，给自己的单位人为地披上一件光鲜的外衣，让涉世不深的求职大学生觉得这个单位不错，有实力，将来一定能够有所发展，而实际上确是一家不起眼的小公司或小单位，甚至是一个"皮包公司"。

4. 传销陷阱

在大学生求职的路上，总有一些人或组织很主动热情地给他们介绍好工作，而这些热情的背后都可能会隐藏着无法预知的危机。例如，我们常说的传销。此类传销组织以用人单位的名义招聘大学毕业生，他们往往利用求职大学生社会经验不足的弱点，以招工和合伙做生意等为名义，骗取学生的信任。这些传销组织打着直销、连锁经营、特许加盟店及电子网络营销等幌子，骗取他人信任和财物，一旦毕业生深陷其中就会以扣押有效证件等方式控制其人身自由，给学生造成巨大损失。据有关研究，近几年经市场监督管理部门查处、遣散的传销人员，主要集中在18~25岁，其中刚毕业的学生占了相当大的比例，有的甚至是在校的大中专学生和初、高中毕业生。这类传销组织总是在求职大学生面前展示一种成功者的姿态，向求职大学生吹嘘工作报酬高、工作轻松、生活自由、发展空间很大，往往使缺乏生活经验的大学生上当受骗。

5. 合同陷阱

毕业生在与用人单位签订劳动合同时，这几类劳动合同需要加以提防：①口头合同，没有签署书面合同文件；②霸王合同，合同中只从单位角度出发，求职者处于被动地位；③抵押合同，要求抵押证件或财物；④双面合同，一份合法的"假"合同，一份不合法的"真"合同；⑤"暗箱"合同，不向求职者讲明合同内容；⑥卖身合同，要求在几年内求职者不可跳槽至同行业其他公司工作；⑦简单合同，条文没有细节约束；⑧生死合同，含有"工伤概不负责"等字眼，都是单位事先根据自身利益拟定的条款。

6. 试用期陷阱

试用期是指对新录用的员工进行试用的期限，是劳动关系双方当事人相互了解的一个考察期，其目的在于考察员工是否符合录用条件，单位介绍的劳动条件是否符合实际情况。依据《中华人民共和国劳动法》和《中华人民共和国劳动合同法》，试用期是法定的协商条款，约定与否及约定期限的长短由双方依法自行协商。但现实中，关于试用期的陷阱主要有以下三种。

（1）单位不约定试用期　在实践中，有的用人单位只以口头或书面形式与劳动者约定试用期，而不签订劳动合同，这是不合法的。

案例 8-9

试用期中暗藏玄机

小王在毕业后经朋友介绍应聘到一家机电公司工作，只经过一次简单的面试就被录用了。比起其他同学，又签订合同，又办手续，他的就业明显简单多。小王非常高兴，专业对口，工资也不低，每月4000元，真是"踏破铁鞋无觅处，得来全不费工夫"，其他没必要再问了，第三天直接报到上班。然而，"幸福"常与"痛苦"相伴。一晃，小王在这家公司连续工作了三个多月，每个月领到的工资都是2000多元。为此，他找到公司负责人，负责人告诉他："你拿的是试用期工资，你的试用期是3个月。"

　　分析：不签劳动合同，不关注用人单位的用工行为，忽视自己对用人单位的知情权，轻信用人单位的口头承诺，这是初入职场之大忌。根据劳动法规，在劳动合同中用人单位可以与劳动者约定试用期。没签订劳动合同，怎知试用期，小王注定会吃亏！

　　首先，试用期应包括在劳动合同期内。试用期不是劳动合同的必备条款，而是由劳动合同双方当事人协商约定的。如果约定试用期，则只能在劳动合同中约定，不允许只签订试用期合同而不签订劳动合同。单独将试用期的约定从劳动合同中分割出来是违反法律规定的。

　　其次，劳动合同仅约定试用期，而对劳动合同期限没有约定的，试用期不成立，该约定无效。在试用期间不与劳动者订立劳动合同，属故意拖延不订立劳动合同，用人单位必须承担一定的法律责任，对劳动者造成损失的，需赔偿劳动者损失。

　　（2）用人单位滥用权力，试用期内随意解除劳动合同　很多人认为在试用期内用人单位和劳动者都可以随时解除劳动合同。因为根据《中华人民共和国劳动合同法》的有关规定，试用期是劳动者和用人单位在劳动合同中约定的相互了解和选择的期限，当事人双方都可以进一步了解对方，并以此来判断是否适合自己。在试用期中，劳动者和用人单位的劳动关系处于尚未完全稳定的状态，双方都可以依照法律行使单方解除合同权。

　　但是，在试用期内用人单位和劳动者解除劳动合同的条件是不同的。在试用期内劳动者可以随时通知用人单位解除劳动合同并且不需要任何理由；而用人单位只有在证明劳动者不符合录用条件时，才能解除劳动合同。在试用期内解除劳动合同，必须按照法律规定的要求进行，否则是违法的，也是无效的。大学毕业生一定要把握好这一标准，而并非单位说辞退就辞退。

案例8-10

王涛的遭遇

　　王涛与某企业签订了五年期劳动合同，合同约定试用期三个月。在试用期要结束时，该企业通知王涛，由于目前经济不景气的原因决定解除与王涛的劳动合同，并声称在试用期用人单位可以随时解除劳动合同，这是法律规定的。王涛认为自己工作没有任何问题不应当被解除劳动合同，因此双方发生争议。

　　分析：在本例中，该企业解除与王涛的劳动关系并不是因为王涛不符合录用条件，而仅仅是由于企业自身的原因。所以，该企业在不能证明王涛不符合录用条件的情况下就随意解除与王涛的劳动合同是违法的，王涛有权要求该企业继续履行劳动合同。

　　（3）试用期过长或无故延长试用期　有的单位与大学毕业生约定的试用期严重超过《中华人民共和国劳动合同法》规定的标准，有的甚至长达1年以上。也有些用人单位约定的试用期虽在法律规定的范围内，但却以各种理由延长试用期，变相榨取大学毕业生的廉价劳动力。更有甚者，在延长几次后，最终仍将求职者解聘。

大学毕业生应增强法律意识，《中华人民共和国劳动合同法》对试用期有较详细的约定：劳动合同期限三个月以上不满一年的，试用期不得超过一个月；劳动合同期限一年以上不满三年的，试用期不得超过二个月；三年以上固定期限和无固定期限的劳动合同，试用期不得超过六个月。同一用人单位与同一劳动者只能约定一次试用期。试用期包含在劳动合同期限内。劳动合同仅约定试用期的，试用期不成立，该期限为劳动合同期限。

（三）就业陷阱的防范

1. 学校层面

（1）加强就业政策宣传教育　学校就业主管部门要及时对毕业大学生进行就业形势教育，让毕业生认清当前的就业形势，了解国家最新的就业政策，培养多次就业意识和创业精神。例如，让学生了解国家确立了"劳动者自主就业，市场调节就业，政府促进就业"的就业方针、制定了就业优先的政策以稳定和扩大就业。同时，也要让学生认识到目前供需矛盾还比较突出，帮助学生树立正确的择业观和创业观，培养学生的创业思想和创业能力，鼓励学生勇于创业。

（2）加强就业指导针对性　学校的就业指导部门要把国家最新的就业政策及时传达给毕业生，把毕业生职业生涯规划教育和人生目标规划教育结合起来，提高就业指导的针对性，不能笼统地号召、空洞地鼓吹。

（3）多向学生介绍防范就业陷阱的知识　刚毕业的大学生社会阅历较浅，有一种初生牛犊不怕虎的闯劲，但他们对于在就业过程中可能会出现的陷阱不能及时识别。学校应该针对就业陷阱的类型进行相关的防范教育，教会学生从国家、政府、学校或正规的人才交流市场获取就业信息，不要相信小广告和流动招聘者。让学生学会根据实际情况辨别工资的可信度，对于公司资质的描述要多问几个为什么，还可以通过工商部门电话、网站等进行核实，不要轻易相信"老同学""老朋友"，不要贪图一时的虚荣和小利。

2. 学生层面

（1）端正就业心态　首先，在校期间要刻苦学习，努力掌握专业技术知识，储备良好的就业能力，为将来的就业打下良好基层。其次，要相信"一分耕耘，一分收获"，不要随便相信高工资、高待遇、福利好、挣钱快的招聘消息，坚信不会有天上掉馅饼的好事，任何成功都是要经过努力后才能获得的。最后，要认清自己，知道自己的真实水平，当不法分子以不实夸大之词或甜言蜜语游说时能保持清醒的头脑。

（2）不断提高法律意识　大学生要切实了解《中华人民共和国劳动法》《中华人民共和国劳动合同法》等法律的相关内容，在自己的就业过程中增加就业陷阱辨别力。另外，大学生要加强法律观念和维权意识，当自身合法权利受到不法侵害时能够且敢于拿起法律武器来维护自身利益，不给违法分子可乘之机。

关于试用期的权益，你都了解了吗？

三、保护自身合法权益，妥善解决争议

在生产劳动的过程中，由于劳动关系双方各持不同主张，动机取向和利益要求不同及其

他各种因素的影响，发生争议是不可避免的。所以，我们不仅要学习必要的劳动法律常识，而且要了解和掌握解决劳动争议的正确途径和方法，这样才能有效维护自身的合法权益。

（一）发生劳动争议的原因

1）因确认劳动关系发生的争议。

2）因订立、履行、变更、解除和终止劳动合同发生的争议。

3）因除名、辞退和辞职、离职发生的争议。

4）因工作时间、休息休假、社会保险福利、培训及劳动保护发生的争议。

5）因劳动报酬、工伤医疗费、经济补偿或赔偿金等发生的争议。

6）法律、法规规定的其他劳动争议。

（二）发生劳动争议后的解决方式

当事人双方可以协商解决，也可以直接向劳动争议调解委员会申请调解。当事人申请劳动争议调解，可以书面申请，也可以口头申请。口头申请的，调解组织应当当场记录申请人基本情况、申请调解的争议事项、理由和时间。调解劳动争议，应当充分听取双方当事人对事实和理由的陈述，耐心疏导，帮助其达成协议。经调解达成协议的，应当制作调解协议书。调解协议书由双方当事人签名或盖章，经调解员签名并加盖调解组织印章后生效，对双方当事人具有约束力，当事人应当履行。自劳动争议调解组织收到调解申请之日起15日内未达成调解协议的，当事人可以依法申请仲裁。

（三）仲裁申请程序

毕业生与用人单位发生劳动争议后应向劳动争议发生地仲裁委员会提交仲裁申请。如果当发生劳动争议的用人单位与职工不在一个仲裁委员会辖区时，由职工工资关系所在地的仲裁委员会处理。

仲裁申请人应当向劳动争议仲裁委员会提交书面的仲裁申请，并依照被申请人的数量提交副本。申请书应载明法定内容，包括：

1）劳动者的姓名、性别、年龄、职业、工作单位和住所，用人单位的名称、住所和法定代表人或者主要负责人的姓名、职务。

2）仲裁请求和所根据的事实、理由。

3）证据和证据来源、证人姓名和住所。

劳动争议仲裁申请书的一般格式如下。

劳动争议仲裁申请书

申诉人：_____ 性别：_____ 出生年月：_____

民族：_____ 文化程度：_____

工作单位：_____ 职业：_____

住址：_____

被诉人：_____ 地址：_____

电话：_____ 法定代表人姓名：_____ 职务：_____

请求事项：_____

（写明申请仲裁所要达到的目的）

事实和理由：＿＿＿＿＿＿＿＿＿＿＿＿＿＿＿＿＿＿＿＿＿＿＿

＿＿＿＿＿＿＿＿＿＿＿＿＿＿＿＿＿＿＿＿＿＿＿＿＿＿＿＿＿＿＿＿＿

（简单写明事情的经过、申请仲裁的原因、依据及相关的法律条文等，包括证据和证据来源、证人姓名和住址等情况）

此致

＿＿＿＿＿＿＿＿＿＿＿＿ 劳动争议仲裁委员会

申诉人：＿＿＿＿＿＿＿（签名或盖章）

＿＿＿＿年＿＿＿＿月＿＿＿＿日

附：1. 本申请书副本 ＿＿＿＿＿ 份（按被申请人人数确定分数）；

2. 证据 ＿＿＿＿＿ 份；

3. 其他材料 ＿＿＿＿＿ 份。

（如果有多个被申请人，按顺序列在一起就可以了，不必写多份申请表。如果申请人是单位，还应该提交法定代表人身份证明书）

劳动争议申请仲裁的时效期间为一年。仲裁时效期间从当事人知道或者应当知道其权利被侵害之日起计算。毕业生与用人单位发生劳动争议的诉讼时效因当事人一方向对方当事人主张权利，或者向有关部门请求权利救济，或者对方当事人同意履行义务而中断，从中断时起，仲裁时效期间重新计算。因不可抗力或者有其他正当理由，当事人不能在规定的仲裁时效期间申请仲裁的，仲裁时效中止。从中止时效的原因消除之日起，仲裁时效期间继续计算。此外，法律还规定，劳动关系存续期间因拖欠劳动报酬发生争议的，劳动者申请仲裁不受一年的仲裁时效期间的限制。但是，劳动关系终止的，应当自劳动关系终止之日起一年内提出。根据法律规定，劳动争议发生后，必须经过仲裁，一方对仲裁结果有异议的可以向人民法院提起诉讼。

经典分享

就业协议书与劳动合同的区别

尽管就业协议书与劳动合同都是用人单位与毕业生签订的书面协议，但两者存在明显的区别。

1. 主体不同

就业协议书适用于应届毕业生与用人单位（或用人单位上级主管部门）、学校三方，它是学校编制就业方案和发放就业报到证的依据；而劳动合同只适用于劳动者（毕业生）与用人单位，学校既不是劳动合同的见证方也不是合同的签约方。

2. 内容不同

就业协议书的内容主要是毕业生如实介绍自身情况，并表示愿意到用人单位就业，用人单位表示愿意接受毕业生，学校同意推荐毕业生并将其列入就业方案，而一般不涉及毕业生到用人单位报到后所享有的权利义务；劳动合同的内容涉及劳动者的劳动报酬、劳动保护、工作内容、劳动纪律等，内容更为详尽，权利和义务更为明确。

3. 签约时间不同

一般来说，就业协议书应在毕业生正式毕业之前签订，毕业生进入用人单位报到之后，作为签订劳动合同的依据。简而言之，就业协议书签订在前，劳动合同订立在后。

4. 签约目的不同

就业协议书是高校毕业生和用人单位按照国家毕业生就业政策规定，在双方平等自愿、协商一致的基础上达成的初步约定，并经用人单位的上级主管部门和高校就业部门同意，一经毕业生、用人单位、高校、用人单位主管部门签字盖章，即达成的初步约定，是编制毕业生就业方案、发放就业报到证和订立劳动合同的依据。劳动合同是劳动者和用人单位为了确定劳动关系，明确双方当事人的权利和义务而达成的约定。依法订立的劳动合同，经双方签字即具有法律约束力，用人单位与劳动者应当履行劳动合同约定的义务。

5. 适用法律不同

签订就业协议书后若发生争议或违约，主要依据现有的毕业生就业政策和法律对合同的一般规定加以解决；而订立劳动合同后若发生争议，应依据《劳动合同法》来处理。

6. 纠纷解决方式不同

毕业生因就业协议发生纠纷，任何一方均可以向人民法院提起诉讼，不能提请劳动争议仲裁。若因劳动合同发生纠纷，任何一方均可向当地的劳动争议仲裁委员会申请仲裁，当事人对仲裁裁决不服的，可以向人民法院提请诉讼。仲裁是诉讼的前置程序，如当事人就劳动争议直接向人民法院起诉的，人民法院不予受理。

能力训练

模拟签订劳动合同

一、训练目标

使学生建立劳动和社会保障的法律、法规意识，了解《中华人民共和国劳动法》《中华人民共和国劳动合同法》的基本内容，学会依法与用人单位建立劳动关系，正确认识维护个人权益和尊重用人单位合法权益的辩证关系，正确处理劳动关系双方可能出现的问题。

二、程序与规划

（一）训练内容

1）签订劳动合同的基本知识。

2）识别合同陷阱。

（二）建议时间

40分钟。

（三）活动过程

1. 准备程序

1）打印或复制劳动合同参考文本。

2）将学生分成若干组，每组6人，其中3人扮演用人单位方，3人扮演企业的员工。

3）另选出5人组成裁判委员会，任命裁判长1人。裁判委员会主要职责是对劳动合同进行评判，对双方的分歧进行调解。其余学生做观众。

4）为提高训练效果，使每个学生都能参与，以上角色学生可以互换。

5）布置模拟签约场地。在实际签约时，对场地没有要求。因此，在布置模拟情境时以便于为观众观看为原则，可以在教室中安排。

2. 模拟开始

1）教师将准备好的问题合同分发给各组和裁判委员会（同时将正确的合同分发给裁判委员会）。

2）各组当事人双方就合同条款和内容进行协商，协商限时 20 分钟。协商过程应以"用人单位"方为主，即使"用人单位"方发现合同中的问题，如果"员工"方没有提出异议，也不能修改。

3）协商结束。各小组按顺序依次由"员工方"向裁判委员会汇报协商结果。协商内容包括：①对劳动合同是否有异议？②如果有异议，对哪些条款和内容有异议？③对劳动合同的修改意见是什么？④提出修改意见的依据和理由是什么？

4）裁判长代表裁判委员会对劳动合同进行评判，对协商过程中产生的分歧进行调解。

3. 模拟结束

教师组织学生谈个人感受，并就模拟协商劳动合同过程中所反映的问题，以及裁判委员会的评判和调解意见进行点评。

思考与讨论

1. 总结目前存在的就业陷阱类型。

2. 总结目前大学毕业生的就业权益。

3. 当你的权益受到侵害时，该如何维护自身权益？

参考文献

[1] 王李，张彦敏.大学生职业发展与就业指导［M］.长春：吉林大学出版社，2010.

[2] 许远.职业教育专业建设与课程教材开发［M］.北京：中国人民大学出版社，2019.

[3] 卢红，李珍.大学生自我认知对就业倾向影响研究［J］.长沙大学学报，2018，32(6)：147–150.

[4] 孙芷荣.自我认知的矛盾与统一［J］.作文通讯（高中版），2018(7–8)：59.

[5] 胡震鹏.社会主义核心价值观在高校社团实践中的探索与思考［J］.浙江工贸职业技术学院学报，2018，18(1)：61–65.

[6] 张琳，李中斌，王杨.大学生职业生涯规划与就业指导［M］.上海；上海交通大学出版社，2018.

[7] 陈光德，廖锋.适则成：大学生职业适应与就业指导［M］，北京：商务印书馆，2018.

[8] 胡庭胜，廖锋.预则立：大学生职业发展指导教程［M］.北京：商务印书馆，2018.

[9] 彭新宇，陈承欢，陈秀清.职业素养的诊断与提高［M］.北京：电子工业出版社，2018.

[10] 胡文宇.建立合理信念　重塑自我认知［J］.江苏教育，2017(24)：73–74.

[11] 张治军.特色综合实践活动课程开发的几点思考［J］.文理导航，2017(6)：98.

[12] 洪向阳.找出你的职业兴趣［J］.高考，2017(34)：12–13.

[13] 赵健.大学生职业观教育研究［M］.武汉：武汉大学出版社，2017.

[14] 寇宝明.大学生职业生涯规划［M］.北京：北京理工大学出版社，2016.

[15] 人力资源和社会保障部.工匠精神读本［M］.北京：中国劳动社会保障出版社，2016.

[16] 钟谷兰，杨开.大学生职业生涯发展与规划［M］.2版.上海：华东师范大学出版社，2016.

[17] 新锦成研究院.大学生创业基础［M］.北京：现代教育出版社，2015.

[18] 曲秀琴，郭捍华.大学生创业与就业：上册［M］.哈尔滨：哈尔滨工业大学出版社，2014.

[19] 谭艳芳，舒杨.寻找自己内心的方向：大学生职业规划与就业问题研究［M］.成都：西南交通大学出版社，2015.

[20] 方伟.大学生职业生涯规划咨询案例教程［M］.北京：北京大学出版社，2015.

[21] 金树人.生涯咨询与辅导［M］.北京：高等教育出版社，2007.

[22] 钟恒.大学生职业发展与就业指导［M］.北京：商务印书馆，2012.

[23] 贺雯.了解学习：学业心智模型的构建和测评［M］.北京：北京大学出版社，2011.

[24] 方伟，王少浪.大学生职业生涯与发展规划［M］.北京：世界图书出版公司，2011.

[25] 王培俊.职业规划与创业体验［M］.北京：高等教育出版社，2011.

[26] 李肖鸣.大学生创业基础［M］.4版.北京：清华大学出版社，2018.

［27］王海棠．大学生就业指导教程［M］．北京：北京大学出版社，2009．

［28］职业生涯与发展规划课题研究组．大学生职业生涯与发展规划教程：公共类［M］．北京：北京出版社，2008．

［29］周其洪．扬帆：大学生职业生涯与发展规划［M］．北京：中国国际广播出版社，2008．

［30］彭小媚，陈祖新．大学生创业模式的探讨与实践［J］．中国大学生创业，2008（18）：54-56．

［31］曲振国．大学生就业指导与职业生涯规划［M］．北京：清华大学出版社，2008．

［32］胡剑锋．大学生职业指导：精彩人生 从此开始（提高篇）［M］．北京：北京大学出版社，2006．

［33］胡剑锋．大学生职业指导：精彩人生 从此开始（入门篇）［M］．北京：北京大学出版社，2006．